부의 해답

부의 해답

삶을 지배하고 돈과 성공을 얻어라

존 아사라프 ·
머레이 스미스 지음
이경식 옮김

The Answer

알에이치코리아

부의 해답에 맞는 생각을
선택하고 행동하라

이 책은 두 천재에 의해 완성된 놀라운 책이다. 게다가 두 사람 모두 금수저가 아닌 흙수저로 태어나 엄청난 성공을 이룬 놀라운 사람들이다. 두 사람은 가난과 교통사고, 학습 장애라는 지독한 현실적 불운을 딛고 세계 최고의 회사를 운영하게 되었다. 도대체 무엇이 그것을 가능하게 만들었을까?

당신은 하루라도 빨리 성공하고, 더 행복해지고, 더 많은 돈을 벌고 싶어 하지만 오히려 갈수록 사는 게 더 힘들다고 느끼지 않는가? 만약 전설적인 인물들이 당신 곁에서 삶에 대해, 사업에 대해, 돈에 대해 조언을 해준다면 당신의 여정이 얼마나 편하고 쉬워질까?

2007년에 시작된 《시크릿》 열풍으로 비슷한 내용의 책들이 쏟아져 나왔지만 정작 기억에 남는 책은 몇 되지 않았다. 그중에서도 매우 재밌고 뛰어나다고 느낀 책이 바로 《부의 해답》이었다. 이 책의 개정판 출간 소식을 접함과 동시에 추천사 요청을 받고 기쁜 마음으로 다시 읽어 봤다. 역시 명작이다. 14년이 지난 지금도 읽는 이를 놀라게 하는 뛰어난 통찰들과 오늘날에도 그대로 적용되는 부에 대한 금쪽같은 조언들을 보면서, 역시 진리는 시간을 뛰어넘는다는 것을 다시금 확인했다.

이 책은 '생각'이 왜 그토록 중요한지 최신 뇌과학과 신경과학, 양자물리학 이론을 풀어서 명쾌하게 해설한다. 내가 하는 생각이 어떻게 내 삶에 영향을 미치는지, 어떻게 내 삶을 창조하는지 그리고 더 나아가 내 생각을 어떻게 조정해야 삶을 성공적으로 만들 수 있는지에 대한 명확하고 구체적인 정보와 노하우를 준다.

《시크릿》의 대원칙인 '생각이 현실이 된다'는 관점으로 볼 때 자신의 내면, 즉 마음속 생각이 변하지 않으면 현실은 바뀌지 않는다. 삶에 변화를 주기 위해선 자신의 내면부터 바뀌어야 한다. 이 책은 자신의 내적 프로그램, 습관, 고정관념, 낡은 관습을 바꿀 수 있는 훌륭한 방법을 소개하고 있다. 바로 '30일간의 두뇌 재조정'이다. 이것은 정말 간단하지만 놀라운 효과를 발휘하는 비법이니 반드시 따라 해보길 바란다. 한번 가볍게 시작해 보자. 그리고 가이드대로 한 달만 해보자. 당신의 삶이 완전히 바뀌는 경험을 할 것이라 확신한다.

이 책의 중·후반부에서는 자영업자들에게 큰 희망과 도움이 될, 실적을 올리고 영업이익을 증대시키기 위한 경영 컨설팅뿐 아니라 구체적인 실천 방침들까지 알려 준다. 저자들이 평생 고군분투하여 얻은 알짜배기 비밀 노하우를 말이다. 책 한 권으로 경영 천재들의 노하우를 얻게 되다니, 이보다 더 큰 축복이 어디 있을까!

여기 또 하나의 축복이 있다. 이 책은 지루하지 않고 재밌다. 어렵지 않고 쉽다. 자신도 모르게 몰입해서 쭉쭉 책을 읽게 된다. 이렇게 따라만 하면 내 삶도 달라질 것이라는 확신이 든다. 자신의 현재 상황을 분석하고 정리할 기회도 생긴다. 생각이 성공을 만들기 때문에 내 생각에 대한 명확한 분석과 통찰을 가장 우선시해야 한다. 그러니 반드시 책에서 가이드하는 대로 메모장이나 노트에 적어가며 책을 보길 바란다. 다 읽고 나서 해야겠다고 생각하다간 피자로 유명한 레스토랑에 가서 정작 피자 맛은 못 보고 피클만 먹고 나오는 것과 마찬가지인 경험을 하게 될 것이다.

얼마나 많은 책과 강의가 감동적인 이야기를 한껏 나열한 뒤 "자, 이제 여러분들 알아서 하세요!"라고 끝났는가? 그 후로는 구체적으로 어떻게 실천해야 할지 몰라 막연하고 답답하지 않았는가. 결국 또 다른 강의나 책을 찾아 전전하지 않았는가. 이 책의 뒷부분은 사업상 꼭 필요한 실질적인 문제들을 스스로 질문하고 점검할 수 있는 워크북 같은 구성을 띠고 있다. 책을 통해 자기 사업에 도움이 될 만한 하나의 영감만 얻더라도 큰 수확일 텐데, 이 책은 무수한 영감과 해결책과 동기부여를 안겨 줄 것이다. 내 사업을 발전시키기 위해 해야 할 일들이 눈에 보일 것이고 그것을 행할 때마다 불어나는 수익은 삶에 희망과 열정을 가득 채워 줄 것이다.

또한 이 책은 성공을 위한 내적 습관의 형성 과정을 그 어떤 책에서도 볼 수 없었을 정도로 상세히 알려 주고 가이드한다. 아주 값비싼 자기계발 및 성공학 프로그램에서 다루는 핵심적인 기법들을 공개함으로써, 독자가 직접 프로그램에 참여하는 느낌을 주고, 스스로 실천할 수 있게 적극적으로 돕는다. 이 책에서 제시하는 방법들을 가슴 깊이 받아들여 내 것으로 만들자. 무엇보다, 실천을 통해 자신을 바꾸는 강력한 열정의 에너지를 함께 느껴보고 행동하자. 무엇이 당신을 성공하게 할 것인가. 바로 당신 자신의 변화이다. 자신의 변화란 무엇인가. 그것은 내 생각의 변화이다. 부의 해답에 맞는 생각을 선택하고 행동하라.

올해를 성공의 해, 부를 이뤄가는 원년의 해로 만들기 바란다.

– 편기욱
(국내 최대 '시크릿' 카페 네이버 '비욘드 더 시크릿' 운영자·《3분 시크릿》 저자)

꿈꿔 온 바로 그 인생을
살게 해줄 해답을 찾아서

잠시 눈을 감아라. 그리고 더할 나위 없이 큰 성공을 거둘 때 받을수 있는 가장 큰 보상을 상상해라. 그 보상이 화려한 생활이든, 엄청난 돈이든, 남을 위한 봉사이든 상관없다. 그 풍성한 보상을 마음껏누리는 당신의 모습을 상상해라.

가족과 함께 바다 건너 낭만적인 해변으로 휴가를 떠나려 할 때, 당신 개인 소유의 제트 비행기 조종사는 모두가 탑승할 때까지 잠자코 기다린다. 햇볕이 잘 드는 넓은 부엌에서 당신은 세계에서 가장멋진 조리 기구로 요리를 만든다. 무엇을 하든 거기에 들어가는 돈쯤이야 가지고 있는 재산에 비하면 티끌 정도밖에 되지 않는다. 그러니 아무리 호화롭게 살아도 돈 때문에 곤란을 당할 일은 전혀 없다. 게다가 국제 자선 단체에 역사상 유례가 없을 정도로 엄청난 거금을 기부한다. 그리고 이 기관의 관계자가 고맙다고 인사를 할 때 대답 대신 우아한 미소를 짓는다.

그래, 이런 것들이 꿈이다. 그런데 우리에게는 현실이 있다. 자, 이제 눈을 떠라. 당신의 실제 일상은 어떤가? 만일 마음속에 떠오르는 게 걱정과 스트레스와 불확실성이라면, 다시 말해서 눈에 비치는 모든 현실이 원하는 것이 아니라면, 당신은 우리를 제대로 만난 셈이다. 이 책은 당신을 위한 것이다.

어쩌면 당신은 소규모 자영업자일 수도 있다. 몇 년 전에는 원대한 꿈과 목표를 가지고 사업을 시작했지만 지금은 그만두지도 못하고, 그렇다고 해서 계속 밀고 나가기도 버거워서 하루하루가 힘든 소규모 자영업자 말이다. 날마다 열심히 일하지만 노력한 만큼 성과가 나타나지 않는가? 만일 그렇다면 당신만 그런 게 아니다. 소규모 자영업자의 대부분이 당신과 똑같은 어려움을 겪고 있다.

어쩌면 또 당신은 기업이나 비영리단체의 중역이나 부서 책임자 혹은 중간관리자일 수도 있다. 그렇다면 당신은 책임지고 있는 부서가 슬럼프에서 벗어나게 하거나, 경쟁자들을 물리치려 하거나, 연봉 수준을 한 단계 높이려고 애쓸 것이다. 어쩌면 당신은 회사의 운명을 좌우할 중요한 결정을 앞두고 있는 최고경영자일 수도 있다.

어쩌면 또 당신은 대부분의 직장인들이 그렇듯이 창업을 꿈꾸지만 두려워서 감히 결단을 내리지 못할 수도 있다. 사업을 시작한 사람 가운데 95퍼센트가 창업한 지 5년 안에 문을 닫는다는 통계를 들어 본 적이 있을 것이다. 그리고 이 통계 수치를 채우는 데 일조할 마음은 추호도 없다며 이미 창업을 포기했을 수도 있다. 당신은 창업에 필요한 여러 가지 것들이 당신에게는 없다고, 경쟁이 너무 극심하고 위험성이 크다고, 혹은 그나마 가지고 있는 돈까지 모두 잃을지 모른다고 걱정할 것이다. 온갖 걱정들이 머릿속을 떠나지 않고 있을 것이다.

그럼에도 불구하고 여전히 당신은 당신의 꿈을 한낱 백일몽으로 날려버리고 싶지는 않다. 사장이 되는 꿈, 선행을 하면서도 커다란 수익을 올리며 삶을 더욱 풍요롭게 바꾸는 꿈,《포춘》의 표지를 장식하는 인물이 되는 꿈, 자가용 제트기나 리무진을 타고서 고객을 만나러 가는 꿈, 당신이 이 세상에 더는 존재하지 않는다 하더라도 당신의 재산으로 전 세계가 안고 있는 온갖 문제들을 해결할 수 있도록 자선 재단을 만드는 꿈, 그런 온갖 꿈……. 이 꿈을 지금 이대로 포기할 것인가?

한쪽에는 꿈이 있고 다른 한쪽에는 현실이 있다. 수많은 사람들은 결코 이 둘이 하나가 되어 서로 어울릴 것이라고는 생각하지 않는다. 하지만 하나가 되어야 하고 또 어울려야 한다. 그렇게 할 수 있다. 이것이 바로 우리가 이 책을 쓴 배경이고 목적이다.

《시크릿》은 2006년에 책으로 출간된 뒤 다큐멘터리 영화로도 제작되어 DVD로 발매되었다. 이 책과 영화를 통해서 수많은 사람들이 '끌어당김의 법칙'이라는 개념을 접했다. 이것은, 생각을 집중함으로써 우리가 인생에서 가장 열렬하게 바라는 것이 실제 현실에서 일어나게 하며, 결국 아무리 황당하게 보이는 꿈일지라도 이룰 수 있다는 발상이다. 이 책의 공동 저자인 존 아사라프는 《시크릿》의 핵심 저자이기도 하다. 《시크릿》이 출간된 이후로 많은 사람들은 우리에게 이렇게 물었다.

"어떻게 하면 내가 하는 일과 사업에 그런 발상을 실제로 적용할 수 있을까요?"

지난 수십 년 동안 수천 명의 기업가들을 상대로 일해 왔기 때문에 우리는 이런 말 뒤에 숨어 있는 희망과 공포, 열망과 고뇌를 잘 알고 있다. 우리의 귀에는 이 질문 뒤에 도사린 또 하나의 질문이 들린다. 바로 이것이다.

"어떻게 하면 무한히 풍요로워질 수 있을까요?"

《부의 해답》은 높은 수준의 학문을 닦은 학자가 쓴 책이 아니다. 우리 두 사람 가운데 석사 학위나 박사 학위를 가지고 있는 사람은 없다. 우리는 대학교 문턱에도 가지 않았다. 우리는 가난한 집에서 태어났다. 부모들이 우리에게 기업 경영의 어떤 모범을 보여 준 적도 없었다. 사실 우리 두 사람의 성장 배경을 보면 그와는 정반대다. 우리는 인생을 제대로 살지 못하고 패배자가 될 가능성이 훨씬 더 높았다. 어쩌면 패배자가 되도록 운명적으로 결정되어 있었다고 볼 수도 있다.

중동 출신 이민자의 아들로 태어나 캐나다에서 자란 존 아사라프는 문제와 말썽을 달고 살던 청소년들과 어울리면서 10대 시절 대부분을 보냈다. 그러다가 고등학교 시절에 프로 농구 선수가 될 수 있다는 희미한 가능성을 포착하고 거기에 온전히 매달렸다. 문제와 말썽으로만 점철되던 인생을 바꿀 기회가 온 것이었다. 하지만 교통사고가 그를 덮쳤고, 농구 선수가 되겠다는 꿈을 영원히 접어야 했다.

머레이 스미스는 어린 나이에 이미 다른 아이들과 달리 기술학교에 다녀야 했다. 따라서 그는 장차 공장 노동자로 평생을 살아야 하는 운명에 놓였다. 학교를 졸업한 뒤에 그가 처음 얻은 일자리는 지하 30미터에서 하수도를 청소하는 일이었다.

하지만 어떤 이유에선지 우리 두 사람은 성공을 거두었다. 어떻게 했기에? 우리는 굳은 결심을 하고 시행착오를 거듭하며 성공을 보장해 주는 본질적인 법칙들을 깨우쳤다. 그리고 이 법칙들을 실천했다. 지난 30년 동안 우리는 각자 그 '해답'을 우리가 하는 여러 사업에 적용하며 부지런히 노력해 왔다. 우리가 함께한 사업은 18개였고 모두 성공을 거두었다. 반면 우리 주변에 있던 다른 사람들은 실패를 거듭했다. 우리가 배운 것 가운데 하나는, 주변 사람과 함께 성공을 나눌 때 그 성공은 더욱 값지고 달콤하더라는 사실이다. 그래서 우리가 했던 경험과 여기까지 오면서 깨우친 성공에 이르는 비밀을 될 수 있으면 많은 사람들과 함께 나누려고 한다.

서로에게 가장 좋은 친구인 우리 두 사람은 2005년에 각자 해오던 일에서 손을 떼고, 전 세계를 무대로 유망 사업을 지원하는 데 여생을 바치기로 마음먹었다. 이 시기의 경험 덕분에 이 책이 더욱 풍성해질 수 있었다.

《부의 해답》이 담고 있는 내용의 원천은 광범위하다. 이 책을 읽으면서 당신은 모든 것을 깨우칠 것이다. 뇌가 가지고 있는 힘의 방향을 재설정하는 방법이나 삶을 지배하는 우주 법칙을 동원해서 사업을 성공으로 이끄는 방법을 배울 수 있다. 그리고 나아가서 회사의 독특한 가치를 기반으로 한 강력한 마케팅 메시지를 고안하는 방법과 또 당신을 위해서 존재하는 마스터마인드(과제의 수행을 목적으로 연계된 둘 이상의 사람들 사이에 조직화된 협력을 통해 개발되는 심성-옮긴이) 그룹을 구성하는 방법, 억만장자처럼 생각하는 방법까지 깨우칠 것이다. 당신은 세 개의 근본적인 질문, 즉 매출액 증가와 직접적인 관련이 있는 질문, 어떤 고객이 이상적인 고객인지 파악하는 질문, 또 수백 가지의 가능한 행동들 가운데서 어느 것이 가장 핵심적인 사업 활동인지 파악할 수 있는 질문을 접할 것이다.

《부의 해답》을 구성하는 해답들은 모두 과학자, 영업사원, 경제계의 지도자 그리고 억만장자를 상대로 했던 수백 건의 인터뷰를 바탕으로 도출된 것이다. 또한 이 해답들은 수천 명의 고객들과 함께했던 우리의 경험에서, 그리고 전 세계에서 온갖 시행착오를 거치면서 일희일비를 거듭하던 사업 현장에서 비롯된 것이기도 하다.

물리학에 '하이젠베르크의 불확정성의 원리'라는 게 있다. 이 원리에 따르면, 만일 어떤 사람이 평소와 다르게 어떤 사물을 바라보면 그 사물도 여기에 반응해서 예전과 다르게 바뀐다. 이 원리는 아원자 입자 차원에서뿐만 아니라 당신의 인생과 사업에서도 동일하게 적용된다. 《부의 해답》은 당신이 개인 사업을 하든 남에게 고용되어서 일하든 당신이 하는 일을 어떤 식으로 바라보아야 할지 알려

줌으로써 그 일이 당신이 원하는 대로 풀리도록 할 것이다. 이렇게 되면 물론 당신의 인생도 바뀔 것이다.

《부의 해답》은 일과 삶을 어떻게 자신의 일부로 장악하느냐 하는 문제를 다루는 책이다. 일과 삶에서 인과 관계의 여러 원칙들이 어떻게 작동하는지 그리고 당신이 '결과'가 아니라 '원인'으로 작용할 수 있도록, 어떤 행동을 취해야 할지 설명하는 책이다. 우리는 마음속에 더할 나위 없이 선명하고 확실한 이미지를 만들어 냄으로써 '내부에서부터' 꿈을 어떻게 설정해야 하는지 보여줄 것이다. 그리고 매출 규모를 높일 수 있는 검증된 여러 실전 전략들을 채택함으로써 당신이 자기 사업을 어떻게 착실하게 키워가야 하는지 보여줄 것이다.

당신이 자영업자라고 해도 상관없다. 《포춘》 선정 500대 기업의 중역이어도, 독자적인 사업을 막 시작한 사람이어도, 해당 분야 혹은 조직에서 결코 다른 사람들로 대체될 수 없는 특별한 사람이 되고 싶은 샐러리맨이거나 취업 준비생이어도 상관없다. 만일 지금 이 글을 읽고 있는 당신이 돈을 많이 벌고 멋진 삶을 살고자 한다면, 당신과 우리는 행복하게 만날 수 있다. 이 책은 바로 그런 사람들을 위해서 쓴 책이기 때문이다. 우리는 당신이 필요로 하는 자신감과 정보 그리고 꿈을 실현하는 데 필요한 각 단계의 구체적인 행동들을 제시하면서 당신을 격려하려고 이 책을 썼다.

우리는 통찰력을 가지고 있다는 점에 자부심을 느낀다. 《부의 해답》에 기여한 이 통찰력을 우리가 어떻게 획득했는지 보여 주면서 우리가 경험한 성공 사례를 제시할 것이다. 또한 우리와 똑같은 발상으로 접근해서 결국 꿈을 이루며 성공한 수많은 기업가들의 성공 사례도 함께 제시할 것이다.

《부의 해답》의 목적은 딱 하나다. 당신이 가지고 있는 질문에 당신 스스로 해답을 찾을 수 있도록 돕는 것이다. 이때의 해답은 물론 그냥 해답이 아니다. 당신의 삶은 이제 과거와 같지 않을 것이라는 선명하고 강력하며 결코 흔들리지 않는 확실성을 갖춘 해답, 당신이 꿈꾸는 사업이 그저 가능하다거나 그럴 법하다는 정도가 아니라 '도저히 거부하려야 할 수 없이' 확실하다는 해답이다.

"어떻게 하면 무한히 풍요로워질 수 있을까?"

확실한 해답이 이 책에 담겨 있다. 행운을 빈다.

차례

일러두기

이 책은 2008년에 출간된 《해답The Answer》의 개정판으로, 이후 달라진 내용을 편집 과정에서 수정하였으며 현재 상황과 일부 다를 수 있음을 밝힙니다.

당신이 소망하는 사업을 성공으로 이끌고
당신이 소망하는 이상적인 삶을 창출하는 데 필요한
모든 자원과 지능과 명민함은 당신 안에 들어 있다.
당신 안에는 스스로를 드러내고 싶은 열망으로
이글이글 타오르는 천재성이 있다.
당신은 그저 당신의 뇌가 가지고 있는 능력들을 이용해서
뇌의 경이로운 힘을 활용하는 법을 배우기만 하면 된다.

존 아사라프 & 머레이 스미스

1부

끌어당김의 법칙·잉태의 법칙

우주는 우리가 원하는 것을
기꺼이 내어 줄 준비가 되어 있다.
강한 확신으로 원하는 것을 끌어당겨라!

1장
오래된 소원 상자

2000년 5월의 어느 화요일 아침, 아들 키넌과 나는 5년 동안 뜯어보지 않았던 종이 상자를 열었다. 그리고 그 상자 안에 들어 있던 것이 나의 삶을 영원히 바꾸었다.

당시엔 장차 나에게 어떤 변화가 닥칠지 전혀 알지 못했다. 사실 그 종이 상자를 열면서도 나는 우리가 무엇을 보게 될지 정확하게 알지 못했다. 5년 전 이사하느라 짐을 싸면서 테이프로 밀봉했던 상자였다. 이후 나와 가족은 그 상자의 존재를 까맣게 잊은 채 여기저기로 이사를 다니며 수많은 변화들을 두 눈으로 목격했었다.

내가 사회에 처음 발을 들여놓은 건 20년 전이다. 고등학교를 졸업한 직후에 나는 부동산 중개인으로 일했다. 프로 농구 선수가 되겠다는 꿈이 물거품이 된 지는 이미 오래였다. 무엇을 하면서 인생을 살아야 할지 아무것도 몰랐다. 아무 생각도 없었다. 부동산 일은 채소 가게에서 일하지 않아도 되는 유일한 방패막이였다. 그렇게 생각했었다. 그래서 1980년 6월 20일에 열아홉 살 청년은 부동산 중개인 자격 시험을 보았고 면허증을 땄다. 그리고 몇 달 동안 목표 설정 세미나와 워크숍 등에 여러 차례 참가하면서 '시각화visualization'니 '자기 확신affirmation'이니 하는 특이한 명칭의 자기계발 기법들에 대해서 배웠다.

하지만 나는 이런 기법들이 얼마나 가치 있는지 이런 것들이 공식적인 명칭을 얻기 오래전에 이미 깨달았다. 10대 시절에 나는 위대한 농구 선수로 출세하고 싶은 소망을 가지고 있었다. 사실 나는 농구 스타가 되겠다는 꿈에 강렬하게 사로잡혀 있던 터라서 농구 코트에 들어가기 전에는 언제나, NBA 결승전에서 멋진 활약을 하며 우리 팀을 승리로 이끄는 나 자신의 모습을 상상했다. 게임 종료 직전에 결승골을 성공시키는 내 모습을 끊임없이 상상했다. 밤에 잠을 잘 때도 농구공을 끌어안고 잠을 잤다. 나는 나무랄 데 없이 훌륭한 선수였다. 그러나 이 모든 것들은 교통사고로 다치기 전까지의 일이었다.

더 이상 농구 경기에서 이기는 게 문제가 아니었다. 이제는 '일'이라는 경기에서 이기는 게 중요했다.

나는 같은 부동산 사무실에서 일하는 사람들 가운데서 최고의 실적을 올리는 사람들이 무엇을 하는지 살폈다. 매처럼 날카로운 눈으로 그 사람들이 하는 일을 지켜보았다. 그 사람들이 전화로 통화하는 내용도 귀 기울여 들었다. 심지어 회의를 할 때도 나의 관심사는 회의가 아니었다. 그 사람들이 무슨 말을 하고 또 어떤 방식으로 말하는지 지켜보는 것이 나의 가장 큰 관심사였다. 그리고 또 나는 닥치는 대로 온갖 종류의 문서나 기사 혹은 책을 읽으면서 부동산 중개인으로 성공하는 데 조금이라도 도움이 될 수 있는 것이라면 하나도 빼놓지 않고 습득했다. 오디오테이프도 들었고 강연에도 참석했다. 이 과정에서 나의 친구이자 스승이며 사업의 동반자가 될 사람을 만났다. 밥 프록터였다.

1960년대 초에 밥은 고향이던 토론토를 떠나서 시카고로 가서 얼 나이팅게일과 함께 일했다. 나이팅게일은 이미 10년 전에 자기계발 산업의 기반을 닦은 사람이었다. 나이팅게일의 유명한 오디오북인 《가장 낯선 비밀The Strangest Secret》은 대중음악 테이프를 제외하고는 최초로 100만 부가 팔린 베스트셀러였다. 그런데 얼 나이팅게일은, 자기계발 분야에서 여태까지 가장 유명한 책이라고 할 수 있는 《생각하라, 그러면 부자가 되리라Think and Grow Rich》의 저자인 나폴레옹 힐에게서 깨우침을 얻은 사람이었다.

나폴레옹 힐에서 얼 나이팅게일로 그리고 다시 밥 프록터로 이어지는 계보에서 한 가지 주제가 이들의 가르침을 관통했다. 성공의 비밀은 자기 생각을 어떻게 통제하느냐에 달려 있다는 것이 바로 그것이다. 이 위대한 스승들은 나에게 성공을 가로막는 유일한 요소는 스스로 생각에 제한을 가하는 것이라고 가르쳤다. 이들의 가르침을 나는 완벽하게 이해했다. 왜 그런지 그리고 어떻게 해서 그렇게 되는지 알지는 못했지만, 내가 보기에 그들의 가르침이 밝히는 진실은 아주 자명했다.

곧 나는 나의 목표를 글로 쓰는 작업을 진지하게 수행했다. (나는 지금도 1982년 여름에 내가 신중하게 작성했던 '나의 목표' 사본을 하나 가지고 있다.) 나는 내가 얻고자 하는 성공과 관련된 다짐을 종이에 적기 시작했다. 아울러 이런 확신의 내용을 글로 생생하게 묘사했다. 내가 가지고 있는 여러 목표의 이미지를 무의식에 각인하고, 기업가로 성공 가도를 달리는 내 모습을 담은 영화를 머릿속에서 상영했다.

부동산 중개인으로 첫발을 디뎠던 그해에 나는 약 3만 달러를 벌었다. 스무 살 나이에 벌 수 있는 돈으로는 적지 않은 금액이었다. 두 번째 해에는 15만 달러를 벌었다. 목표를 설정하고 시각화하고 자기 확신을 한 게 효과가 있었던 것이다.

세 번째 해에 나는 시간을 따로 빼서 잠시 뒤를 돌아보고 내 활동의 지평을 넓히기로 했다. 그래서 세계 여행에 나섰다. 여행을 하면서 전 세계의 문화를 익히고 내가 할 수 있는 것의 범위가 어디까지인지 가늠했다. 이 여행을 1년 이상 계속했다. 그리고 1984년 말에 토론토로 돌아와서 다시 부동산 중개업을 계속했다. 하지만 그 일을 오래 계속할 수 없었다. 그건 부인할 수 없는 사실이었고, 이런 사실을 나 자신도 잘 알았다. 나는 목이 마를 정도로 더 많은 것을 알고 싶었고 더 많은 걸 하고 싶었다. 나는 더 큰 인물이 되고 싶었다.

2년 뒤인 1986년 말에, 거대 부동산 업체인 '리-맥스'의 캐나다

동부 지역 독점영업권을 소유하고 있던 월터 슈나이더와 프랭크 폴츠러가 나에게 연락해서는 리-맥스의 인디애나 주 독점영업권을 확보했다고 말했다. (지금 월터와 프랭크는 부동산 체인점 분야에서 세계에서 가장 성공한 사람으로 꼽히고 있다.) 내가 더욱 크게 되고 싶어서 안달한다는 사실을 알고 있었던 두 사람은, 만일 내가 인디애나로 가서 지점 사업을 하겠다면 나에게 지분을 제공하고 나를 공동 경영자인 파트너로 삼겠다고 했다.

"존, 같이 일하고 싶은데, 멀리 가주지 않겠나? 인디애나로……."

"물론 가죠! 언제 가면 됩니까?"

그때 나는 '인디애나'라는 지명을 채 듣기도 전에 가겠다고 말했다. 같이 일하고 싶으니 멀리 가달라는 말만 듣고, 그들이 나에게 어떤 기회를 준다는 판단이 들었기에 무조건 가겠다는 말부터 먼저 했던 것이다. 그래서 이렇게 다시 물어야 했다.

"근데 어디로 가라고요?"

인디애나로 간 첫 주에 《인디애나폴리스 비즈니스 저널》의 기자가 찾아와서 어떤 계획을 가지고 있는지 물었다. 그래서 나는 이렇게 대답했다.

"5년 안에 인디애나에서 가장 큰 부동산 회사가 될 겁니다. 다시 말씀드리면, 10억 달러 규모의 매출을 올리겠다는 말입니다."

기자는 내 말을 받아 적고는 곧바로 이렇게 물었다.

"그분들과 미리 얘기는 해보셨나요? 그러니까……."

기자는 인디애나의 최대 부동산 회사의 주요 소유주들의 이름 몇 개를 빠르게 주워섬겼다.

"네? 그건 왜요?"

"허락을 받았나 해서 말입니다."

기자는 씩 웃으며 말했다.

"알고 계시리라고 생각합니다만, 이 사람들의 회사는 이 지역에서 약 80년 동안 영업을 했고, 이 지역의 전체 부동산 시장 가운데 70퍼센트를 장악하고 있거든요."

나는 그런 사실을 몰랐다. 게다가 기자가 줄줄 늘어놓던 이름을 단 한 번도 들어 본 적이 없었다. 인디애나의 부동산 시장에 대해서도 아무것도 몰랐다. 내가 아는 건 전혀 없었다. 사업을 어떻게 이끌어야 할지도 몰랐다. 내가 말했던 10억 달러 매출을 달성하려면 어떻게 해야 할지도 몰랐고, 막강한 시장 지배자의 견제를 어떻게 뚫고 시장에 자리를 잡아야 할지도 몰랐다.

기자는 소리 내어 껄껄 웃었다. 내가 한 말을 주워담기에는 이미 늦었다. 그리고 며칠 뒤 신문에는 내 사진과 함께 인터뷰 기사가 실렸다. 커다랗게 박힌 헤드라인은 다음과 같았다.

"5년 안에 매출 10억 달러 달성 호언 장담"

나는 웃음거리가 되었다. 하지만 5년이 지난 뒤에는 더 이상 웃음거리가 아니었다. 그해에 12억 달러의 매출을 올렸던 것이다.

시각화와 자기 확신은 확실히 효과가 있었다. 나로서도 신기할 뿐이었다. 정확하게 어떻게 그런 일이 일어났는지 알 수 없었기 때문이다. 하지만 무슨 상관이었겠는가, 효과가 있었는데.

1995년에 나는 나의 스승들이 '비전보드vision board'라고 불렀던 것을 만들기 시작했다. 비전보드는 달성하고자 하는 목표와 소망을 나타내는 사진이나 그림을 오려서 게시판에 붙이는 것이었다. 이렇게 함으로써 내 인생이 나아가는 방향을 날마다 상기하며 다짐할 수 있었다. 하지만 그때까지도 나는 이것이 가지고 있는 힘을 온전하게 파악하지 못했다. 그러나 상황은 곧 바뀌었다.

당시 나는 인디애나 주의 리-믹스를 10년째 운영하고 있었다. 지부 사무실은 75개로 늘어났고 직원도 1000명으로 늘어나 있었다. 그런데 나는 다시 점점 더 안절부절못하는 상태가 되어가고 있었다. 좀 더 새롭게 큰 기회를 모색해야 할 때가 되었던 것이다. 나는 후임자를 고용해서 필요한 훈련을 시키며 인수인계 준비를 했다. 그리고는 내 물건을 모두 싸서 이삿짐센터의 물품 보관소에 맡기고는 인디애나를 홀쩍 떠나 캐나다로 돌아갔다.

그 뒤 몇 년 동안 나는 가족을 데리고 여기저기 이사를 다니면서 좀 더 큰 기회를 탐색했다. 여러 개의 기업에 투자를 했고 또 여러 개의 기업을 대상으로 컨설팅을 했다. 그러면서도 계속 이사를 다니면서 다른 사업을 모색했다. 그러다가 1998년 말, 렌 메커디라는 친구가 자기 아들인 케빈과 케빈의 친구 하워드가 개발한 컴퓨터 프로그램을 봐달라고 샌프란시스코로 나를 불렀다.

"이 프로그램은 정말 놀랍다네. 이걸 이용하면 인터넷으로 자동차 세계나 호텔 세계로 가상 여행을 마음껏 할 수 있거든. 따로 내려받기를 하거나 플러그인을 하지 않고도 말이야. 자네가 이걸 꼭 봐야 해."

렌에게 감사했다. 그와 함께 일하는 게 나에겐 배우고 성장할 수 있는 엄청난 기회가 된다는 것을 알았기 때문이다. 당시 렌은 자기가 가지고 있던 회사를 IBM에 매각한 뒤였다. 자산 평가 가치가 상당히 높았던 이 회사를 처분한 뒤라서 렌의 공식적인 직함은 아무 것도 없었다. 렌의 제안을 받자마자 나는 샌프란시스코로 날아갔다. 케빈과 하워드가 개발한 온라인 소프트웨어가 부동산 매매, 자동차 매매, 호텔 객실 광고 및 온갖 종류의 매매의 지평을 넓혀 줄 것이라고 판단하는 데는 그다지 많은 시간과 상상력이 필요하지 않았다. 렌은 나더러 새롭게 세운 회사의 판매 및 마케팅 담당 수석부사장이 되어달라고 했다. 나는 이 제안을 조금도 망설이지 않고 받아들였다. 그런데 그때 렌이 이렇게 말하는 바람에 깜짝 놀랐다.

"이 회사를 주식 시장에 상장하자구. 열심히만 하면 그까짓 거 못 할 것 없잖아. 이번 가을까지 해치워 버리지 뭐."

렌은 기업 공개를 하고 싶다고 했다. 그것도 아홉 달 안에 하고 싶다고 했다. 인터넷 종목의 주가가 한창 붐을 이루던 때라고는 해도 무모한 목표임에는 틀림없었다. 그 또한 내가 읽고 공부했던 바로 그 책들을 읽었으며, 우리가 어떻게 생각하느냐에 따라서 우리 한계가 결정된다는 사실을 알았다.

나는 심호흡을 크게 한 번 한 다음에 이렇게 말했다.

"좋아요, 한번 해봅시다!"

우리 가족은 밴쿠버에서 로스앤젤레스로 이사를 했고, 그 뒤로

1년 동안 나는 로스앤젤레스와 샌프란시스코를 비행기로 오갔다. 동료들과 나는 1999년 초에 새로운 회사를 창립했고, 아홉 달 뒤에 이 회사를 나스닥에 상장하는 데 성공했다. 그리고 그 뒤에 다른 회사와 합병했는데, 우리가 세운 회사의 시장 가치는 무려 250억 달러나 되었다.

이 일은 나에게 세 가지 결과를 가져왔다. 우선 생각이 엄청난 힘을 발휘한다는 생생한 증거를 내 눈으로 직접 목격하는 기회가 되었다. 그리고 이제 현업에서 은퇴를 해도 얼마든지 넉넉하게 살 수 있을 정도로 충분히 많은 돈이 생겼다. 또 나는 다시 여행을 하며 새로운 것을 모색할 수 있었다. 하지만 그 새로운 모색의 지평이 어디에 있는지는 분명하지 않았다. 그러나 가족과 함께 어디에서 살아야 할지는 분명하게 드러났다. 샌디에이고였다.

샌디에이고에 사는 것은 거의 20년 가까이 품어 왔던 소망이었다. 1982년에 세상을 두루 돌아다니다가 샌디에이고에서 나 자신과 이런 약속을 했다.

'언젠가 나중에 내가 살고 싶은 곳에 살 수 있는 여유가 생기면 꼭 여기에서 살 것이다.'

그래서 2000년 초에 나와 가족은 샌디에이고의 주택지에 우선 집을 한 채 빌려서 임시로 지내면서 우리가 살 집을 본격적으로 찾아나섰다. 그리고 4월에 마침내 우리가 바라던 멋진 집을 찾았다. 매매 계약을 한 뒤, 여러 해 동안 인디애나의 물품 보관소에 보관되어 있던 짐을 보내 달라고 했다.

몇 주 뒤에 가구들과 짐을 싼 수십 개의 종이 상자가 도착했다.

그리고 5월의 어느 화요일, 새 집의 서재에서 그 일이 일어났다. 종이 상자가 빼곡하게 들어차 있던 서재에서 나는 이메일을 확인하고 있었다. 그때 여섯 살이던 아들 키넌은 방문 가까이 있던 종이 상자 위에 앉아서 다리를 까딱까딱 흔들면서 발뒤꿈치로 종이 상자를 툭툭 쳤다.

"얘야, 아빠가 지금 뭐 좀 하려고 하는데, 발장난하지 말고 가만히 있어줄래? 신경이 쓰여서 그래."

그러자 아들은 발장난을 계속하면서 물었다.

"이 안에 뭐가 들어 있는데요, 아빠?"

종이 상자에는 매직펜으로 '비전보드'라고 휘갈겨 쓴 글자가 적혀 있었다.

"비전보드들이야. 인디애나에서 썼던…… 인디애나 기억하지?"

인디애나에서 짐을 꾸릴 당시 아들은 아장아장 걸어 다녔다.

"비전보드가 뭐예요?"

일이나 삶에서 내가 얻으려고 하는 것들을 그림이나 사진으로 표시한 것이라고 최대한 쉽게 설명했다.

"그런 걸 왜 하는데요?"

나는 '그냥'이라는 말로 대화를 끊고 싶었다. 이메일 확인을 계속해야겠다는 마음이었다. 그런데 아들 녀석을 흘낏 보고나자 그런 마음이 사라졌다. 녀석은 이 흥미진진한 새 집에서 할 일이 별로 없었던 터라 무료하게 종이 상자에 걸터앉아서 발장난이나 하고 있었던 것이다.

나는 어릴 때, 내가 어른이 되어서 아이들이 생기면 '그냥'이라는 말은 절대로 하지 않을 것이라고 다짐했었다. 하필이면 그때 그 생각이 문득 들었다. 그래서 의자에서 내려와 아들과 함께 포장 테이프를 벗겨 내고 상자를 열었다. 그리고 맨 위에 있던 비전보드를 꺼냈다. 내가 가지고 싶었던 메르세데스였다. 그 메르세데스를 나는 나중에 샀다. 그리고 실컷 탄 다음에 팔아치웠다. 또 멋진 손목시계 사진도 붙어 있었다. 악어가죽으로 만든 구두도 있었다. 나는 추억에 잠겨서 그 사진들을 잠시 바라보았다.

두 번째 비전보드를 꺼냈다. 거기에는 으리으리한 대저택 사진이 있었다. 그때 처음 든 생각은 '이게 왜 여기 있지?'였다. 물품 보관소에서 짐을 싸면서 부동산 홍보 팸플릿이 상자 안으로 쓸려 들어갔다고 생각했다. 아냐, 어떻게 그럴 수가 있지? 이 상자는 여러 해 동안 밀봉되어 있었는데? 나는 사진 속의 집을 다시 바라보았다. 팸플릿이 아니었다. 사진을 풀로 붙인 비전보드의 한 부분이었다.

그걸 확인한 순간 나는 전율을 느끼며 큰 소리로 고함을 질렀다.

비전보드의 그 사진은 내가 5년 전에 《드림 홈즈》라는 잡지에서 오려서 붙인 것이었다. 매우 특이한 집이었다. 대지는 2만 4000평이었고 창문 188개, 오렌지 나무 320그루, 그리고 레몬 나무가 2그루 있는 집이었다. 이 밖에도 이 집만이 가지고 있는 특징은 수두룩했다. 절대로 잘못 볼 수가 없었다. 그 사진 속의 집은 바로 아들과 내가 종이 상자를 앞에 두고 이야기를 나누고 있던 바로 그 집이었던 것이다. 비슷하게 닮은 집이 아니었다. 정확하게 바로 그 집이었다.

내가 그 사진을 오려서 붙일 때 나는 그 집이 어디에 있는지 혹은 가격이 얼마나 되는지 알지 못했다. 그저 잡지 속에 있는 멋진 집일 뿐이었다.

기분이 묘했다. 어떻게 내가 실제로 이 집을 사게 되었을까? 이렇게 될 수 있는 확률이 과연 얼마나 될까?

그 순간 갑자기, 아내와 내가 무엇을 해야 할지 알 수 있었다.

혹시 당신이 〈시크릿〉이라는 영화를 보았다면 내가 이 상황을 설명하는 장면이 생각날 것이다. 그런데 이 영화에서 우리가 묘사하지 않은 게 있다. 그 뒤에 일어난 일이었다. 그 사건은 내 삶을 완전히 바꾸어 버렸다. 그때까지 있었던 모든 일들을 한꺼번에 뭉개 버리는 놀라운 사건이었다. 그래서 당신이 지금 읽고 있는 이 책이 탄생하게 되었다. 20년 동안 나는 자기 확신과 구체적인 목표 설정 그리고 시각화와 명상 등을 실천해 왔다. 그리고 이 모든 것들이 매우 훌륭한 결과를 낳는다는 증거를 수없이 목격해 왔다. 하지만 단 한 번도 어째서 그런 결과가 나왔는지는 알지 못했다. 솔직히, 신경도 쓰지 않았다. 그런데 그걸 깨달은 것이었다.

은퇴를 한 직후이던 2000년, 급하게 해야 할 일도 없었고 또 어떤 일을 서둘러서 시작해야 한다는 압박감도 느끼지 않았다. 당시 나는, 지금 이 책을 읽고 있는 모든 독자가 열망하는 상태, 즉 모든 재정적인 문제에서 완전히 해방된 상태였다. 다시 말해서 일하지 않아도 되었던 것이다.

그래서 비전보드에 붙어 있던 사진 속의 집을 내가 어떻게 해서 사게 되었는지 밝히는 일에 온종일 매달릴 수 있었다.

우선 내가 경험한 신비한 현상의 의문을 밝히는 작업과 조금이라도 관련이 있다 싶은 모든 분야에서 최고로 손꼽히는 과학자들의 이름을 목록으로 작성했다. 그리고 그들이 쓴 글들을 모두 찾아서 읽기 시작했다. 얼마 뒤에는 전국을 누비면서 그들을 만나서 직접 이야기를 듣고 때로는 전화를 걸어서 궁금한 것들을 묻기도 했다. 이렇게 몇 년 동안 나는 양자물리학, 신경과학(주로 행동과 학습에 관한 신경조직 연구의 모든 분야를 아우르는 명칭 – 옮긴이), 철학 및 수많은 관련 분야의 최고 학자들과 대화를 나누었다. 이들이 하는 말을 듣고 나는 흥분해서 펄쩍펄쩍 뛰었다. 이들이 하는 말은 내가 여러 차례 경험한 사업을 성공으로 이끌 수밖에 없었던 이유를 정확하게 설명했다. 비전보드에 대저택의 사진을 붙인 뒤 종이 상자 안에 넣어 두고는 까맣게 잊고 있었는데 결국 나중에 이 집을 사서 살게 된 과정도 정확하게 설명했다.

이제 당신을 이 마법의 종이 상자 안으로 데려갈 생각이다. 그리고 과학자들이 밝혀낸 놀라운 사실들을 가르쳐 줄 생각이다. 기대해도 좋다.

2장
세상을 바꾼 천재들의
에너지를 훔쳐라

1633년 갈릴레오 갈릴레이라는 한 늙은 천문학자가 종교재판소에서 심문을 받은 뒤 이단죄로 종신 징역형을 선고받았다.

갈릴레이가 과연 무슨 죄를 지었기에? 그는 한 세기 전에 지구가 태양계의 중심이 아니라고 했던 가톨릭의 위대한 천문학자, 니콜라우스 코페르니쿠스의 학설이 옳다고 했던 것이다. 그는 그동안 사람들이 믿어 왔던 것과 달리, 태양이 태양계의 한가운데 있으며 지구는 태양의 둘레를 도는 여러 개의 행성 가운데 하나라고 말했다.

이런 발상은 성서가 견지하는 입장과 정반대라고 종교 지도자들은 판단했다. 갈릴레이는 입장을 공개적으로 철회하라는 압력을 받았으며, 그의 저서 《두 개의 주요 세계 체계에 관한 대화Dialogue Concerning the Two Chief World Systems》는 불온한 사상을 담았다는 이유로 금서가 되었다. 그런데 늙은 과학자에 대한 처벌의 집행은 가택 연금으로 완화되어서, 나머지 생애 동안 그는 피렌체 외곽에 있던 집에 연금된 상태로 살았고 말년에는 눈까지 멀었다.

그러나 갈릴레이의 학설은 사람들 사이에서 계속 이어졌다. 그리고 그가 자연과 우주의 본질을 파악하려고 행했던 정교한 여러 실험과 수학적인 모델들은 그 뒤에 이어진 근대 과학 발전의 초석이 되었다. 그 뒤 300년이 지난 다음, 알베르트 아인슈타인이라는 독일의 물리학자는 그를 '근대 과학의 아버지'라고 불렀다.

갈릴레이가 나타나기 전까지 천 년이 넘는 세월 동안 과학은, 현실 모습을 정리한 어떤 내용이 과연 증거로써 증명이 될 수 있는지 확인하려고 노력하기보다는 그 모습을 무조건 인정하고 지적으로 충족시키는 데 더 관심을 가졌다. 하지만 코페르니쿠스와 갈릴레이의 시대와 함께 유럽의 과학자들은 선험적인 증거를 열정적으로 추구하기 시작했다. 관념적인 실험 대신 실제 실험이 자리를 잡았다. 무거운 물체가 가벼운 물체보다 더 빨리 낙하한다는 아리스토텔레스의 주장을 확인하려고 갈릴레이가 직접 피사의 사탑에서 무게가 다른 두 물체로 실험한 것도 바로 이런 사례라고 할 수 있다. 이 실험으로 아리스토텔레스의 주장은 사실이 아님이 밝혀졌다.

갈릴레이 시대 이후로 줄곧 과학자들이 사물을 정확하게 관찰한 덕분에, 사람들은 우리가 사는 세상을 거대한 시계 태엽 장치의 한 부분인 것처럼 바라보게 되었다. 과학자들이 관찰한 이런 내용은 영혼이니 정신이니 의식이니 하는 개념을 이해하는 데는 도움이 되지 않았다. 갈릴레이와 같은 시대를 살았던 프랑스의 철학자이자 수학자 르네 데카르트는 오늘날 '근대 철학의 아버지'로 불리는데, 그는 세상이 어떻게 작동하는지 가장 잘 이해할 수 있는 방법은 세상을 두 부분으로 나누는 것이라고 천명했다. 그가 나눈 두 부분은 과학 법칙의 지배를 받는 객관 세상 혹은 물질 세상과 교회의 영역이 될 수도 있는 정신과 영혼의 주관 세상이었다.

데카르트는 특히 "나는 생각한다. 고로 나는 존재한다."라는 명제로 유명하다. 하지만 사실은 이 명제에서 '생각한다'는 부분이, 수백 년 동안 과학자들을 혼란스럽게 했던 것만큼이나, 데카르트를 무척 혼란스럽게 했다. 생각한다는 것은 어떤 것일까? 우리의 생각은 어디에서 비롯될까? 인간의 의식을 만들어 내는 뇌를 구성하고 있는 물질적인 측면은 어떤 것일까? 이와 관련해서 우리와 같은 시대를 사는 물리학자 존 해길린은 다음과 같이 말했다.

"뇌라는 고깃덩어리에서 의식이 발생하는 것은 철학적 문제와 관계가 깊다."

데카르트가 실체의 깔끔한 분할을 주장하긴 했지만 상식적으로만 생각하더라도 생각은 존재의 나머지 부분과 어떤 연관이 있는 게 분명하다. 하지만 정확하게 어떤 연관이 있을까? 이런 질문들에 대한 해답들은, 우리가 인생을 살면서 무엇을 성취할 수 있을까 하는 엄청나게 큰 새로운 가능성의 세상으로 활짝 열려 있다. 그리고 또 이 해답들이 이 책의 중심적인 한 부분을 구성한다.

원자 속에 존재하는 세상

갈릴레이와 데카르트의 뒤를 이어서 아이작 뉴턴이 자연을 하나의 기계 장치로 바라보는 관념을 한층 더 깊이 파고들었다. 그는 이 기계 장치가 작동하는 원리를 규정하는 정확한 법칙들을 포착했는데 고전물리학의 모든 것 그리고 사실 현대물리학(일반적으로 아인슈타인을 현대물리학의 출발점으로 본다)의 모든 것까지도 뉴턴이 놓은 기초 위에 서 있다. 뉴턴은 3차원 공간의 우주를 묘사했으며, 이 공간 속에 물리적으로 존재하는 사물들은 불변의 법칙들에 따라서 운동한다고 정리했다. 이 운동 법칙들 덕분에, 단순한 증기 기관에서부터 화성의 토양 성분을 분석하는 우주 탐사선에 이르는 현대의 과학기술이 발전할 수 있었다.

뉴턴의 법칙들을 적용해서 우리 인류가 여태까지 성취한 것들을 바라보면 실로 놀라울 따름이다. 하지만 과학자들은 결국 뉴턴의 세계관이 더는 뻗어 나갈 수 없는 어떤 한계 지점에 도달했다. 과학자들의 분석 도구가 정교해지면 정교해질수록, 물리적 세상에 대한 과학자들의 탐구는 원자의 중심부 안으로 깊이 파고들었다. 그런데 원자의 중심부 안에서는 실체의 본성이 데카르트나 뉴턴이 상상했던 것과 전혀 다르다는 사실이 증명되었다.

20세기 벽두, 깔끔하게 잘 정리된 객관적 · 기계적 세계관이 무너지기 시작했다. 1890년대 말에 방사능이 발견되면서 과학자들은 원자핵 내부의 세상까지도 바라보기 시작했는데, 이들은 곧 아원자 차원에서는 물리적인 세계가 뉴턴이 정의한 방식대로 움직이지 않는다는 사실을 발견하고는 충격을 받았다. 원자가 실제로 존재하는 게 아니라 일종의 환상이라고 밝혀진 것이다. 과학자들이 가까이 들여다볼수록 원자의 모습은 점점 더 실재하지 않는 존재로 바뀌었다.

고대 그리스 시대에 탄생한 용어인 '원자'는 '더는 쪼갤 수 없는 최소 단위'를 의미한다. 19세기를 지나면서 과학자들은 우리가 살고 또 물리적으로 존재하는 우주는 원자라는 기본 입자로 구성되어 있다고 믿었다. 그런데 방사능의 존재로 원자도 더 작은 단위로 쪼개질 수 있다는 것이 밝혀졌다. 사실 원자 내부에는 완전히 새로운 현상 세계가 존재한다. 이에 따라 원자에 대한 우리 인식의 기초가 허물어지면서 고전물리학의 기초도 함께 허물어졌다. 이렇게 세상이 작동하는 방식에 대한 인간의 인식은 급격한 변화의 물살을 탔다.

모든 것은 에너지다

알베르트 아인슈타인이라는 이름을 말할 때 무엇이 가장 먼저 머리에 떠오르는가? 갈기처럼 뻗어 있는 흰머리일 수도 있겠고, 아니면 혀를 쑥 내미는 모습이 담긴 유명한 사진일 수도 있다. 혹은 또 '천재'라는 단어를 떠올릴 수도 있다. 하지만 어떤 사실을 떠올리든 간에 나중에는 'E=MC^2'이라는 공식을 떠올릴 것이다. 여기에서 한 가지 궁금한 점이 있다. 도대체 정교한 이론을 설명하는 수학 공식이 어떻게 해서 과학자가 아닌 사람들까지 다 알 정도로 유명할 수 있을까? 그 이유는 이렇다. 아인슈타인은 에너지는 질량에 빛의 속도를 제곱한 것과 같다는 이 간단한 등식으로, 수백 년 동안 계속되어 왔던 사고 체계를 단번에 부숴 버리고 또한 세상이 작동하는 원리에 대한 사람들의 인식을 근본적으로 바꾸어 놓았기 때문이다.

아인슈타인은 빛이 보여 주는 알 수 없는 행동을 설명하려고 노력했다. 하지만 좀처럼 해답을 찾을 수 없었다. 뉴턴 물리학의 틀에서 벗어나는 것만이 유일한 해결책이라는 결론을 내렸다. 그래서 아인슈타인은 세상의 작동 원리를 밝히는 데 뉴턴의 물리학을 버리고 대신 자기가 고안한 상대성 원리라는 개념을 도입했다. 아인슈타인의 사상이 변혁적일 수밖에 없는 이유 하나는, 에너지와 물질은 서로 연관되어 있을 뿐만 아니라 '서로의 형태로 변형될 수 있다'는 점을 처음으로 밝혀냈기 때문이다. 물질의 세계와 에너지의 세계를 물 샐 틈 하나 없이 나누고 있다고 믿었던 벽에 갈라진 틈이 있다는 사실을 밝혀낸 것이다. 언제나 명확하던 뉴턴의 고전물리학은 지배적이던 위치에서 뒤로 물러나, 어딘가 모호하고 낯설며 또한 상상하기조차 힘든 양자물리학이 들어설 자리를 만들어야 했다.

양자물리학은 지구상에 존재하는 것 가운데 가장 작은 규모에서, 즉 원자보다 훨씬 더 작은 규모에서 세상이 어떻게 작동하는지 연구하는 학문이다. 그런데 과학자들이 현실에 존재하는 실체의 본성을 좀 더 작은 규모에서 연구하면 할수록 이상한 일들이 일어나기 시작했다. 실체 속으로 깊이 들어가면 갈수록, 과학자들이 규명하고자 하는 대상은 점점 더 분해되어서 사라지는 것이었다. 물질의 가장 최소 단위를 찾는 과학자들의 탐색 결과, 분명히 존재하기는 하지만 포착하기 매우 어려운 에너지의 묶음을 찾아냈다. 이것이 바로 '양자quantum'다.

아인슈타인이 발견한 귀중한 진리는 한마디로 '모든 것은 에너지다'로 요약할 수 있다. 바위, 행성, 컵에 담긴 물, 사람의 손 그리고 사람이 만지고 맛보고 냄새 맡을 수 있는 모든 것. 이 모든 것들은 분자로 구성되어 있으며, 분자는 다시 원자로, 원자는 다시 양성자와 전자와 중성자로, 이것들은 다시 진동하는 에너지로 구성되어 있다.

바로 이 부분이 내가 종이 상자 안에서 발견한 것과 양자물리학이 교차한 지점이다. 물리학자들이 발견한 객관적인 진리는 우리 모두가 꿈에 그리던 일을 해서 늘 바라던 인생을 창조하는 방식과 직접적으로 관련이 있다. 모든 것은 에너지라는 사실, 다시 말해서 우리가 사물과 에너지가 절대적으로 구분되지 않는다는 사실을 알고 나면, 물리적인 세상과 우리의 정신적인 세상 사이에 존재하는 경계선은 허물어지고 만다.

신의 뜻을 알기 위한 노력들

아인슈타인의 상대성이론이 나온 뒤 수십 년 동안 양자물리학은 매우 특이한 몇몇 사실들을 밝혀내기 시작했다. 양자로 알려진 작은 에너지 다발들이 아주 독특한 행동들을 보인다는 사실이었다. 이 가운데 하나는 이 에너지 다발들이 서로에게 영향을 주고받는, 도저히 설명할 수 없는 어떤 능력을 가지고 있다는 것이었다. 과학자들은 양자의 이런 특성을 '얽힘entanglement'이라고 부른다.

물리학자인 어빈 라즐로는 저서 《과학과 아카식 필드Science and Aksahic Field》에서 거짓말 탐지기 전문가인 클리브 백스터가 실시한 일련의 실험들을 서술했다. (인도 철학에 따르면, 과거에 이 지구상에 살다 간 인간을 포함한 모든 생명체들의 생각과 경험, 지식들은 일련의 에너지로 작용하는데, 이것들은 아카샤라 알려진 광대한 행성 주변의 에너지 장場에 고밀도의 진동수로 각인되어 있다. 이 장場이 바로 '아카식 필드'다. – 옮긴이) 백스터는 피실험자들의 입에서 백혈구 세포를 채취한 다음 이것을 실험관에서 배양했다. 그리고는 이것을 10킬로미터 이상 떨어진 지점으로 옮긴 다음에 이 배양체에 거짓말 탐지기를 부착한 후 피실험자들을 대상으로 일련의 실험을 진행했다.

그 가운데는 피실험자에게 일본의 1941년 진주만 기습을 다룬 텔레비전 프로그램을 보여 주는 실험이 있었다. 이 실험에 참가한 피실험자는 진주만 기습 당시 해군 포병으로 현장에 실제로 있었던 사람인데, 텔레비전 화면에 어떤 해군 포병의 모습이 비치자 이 피실험자의 얼굴에 감정적인 반응이 나타났다. 그런데 놀랍게도 바로 그 순간에 10킬로미터 이상 떨어진 곳의 배양체에 부착된 거짓말 탐지기의 바늘이, 마치 피실험자에게 부착되어 있기라도 한 것처럼 격렬하게 반응했다.

백스터는 이 실험의 환경을 다양하게 변화시키고 거짓말 탐지기를 연결한 배양체를 실제 사람과 수십 킬로미터, 심지어 수백 킬로미터 멀리 위치시켰다. 그런데 놀랍게도 실험 결과는 동일하게 나왔다.

양자물리학의 관점에서 보면, 피실험자의 신체를 구성하는 입자들은 여전히 서로 연결되어 있다. 즉 '얽혀' 있다. 그래서 이 입자들이 아무리 공간적으로 멀리 떨어져 있다 하더라도 서로 영향을 주고받는다. 그리고 이렇게 영향을 주고받는 현상은 빛의 속도보다 더 빠르게 나타나는데, 이것은 아인슈타인이 설정한 기본적인 원리들 가운데 하나에는 위배된다.

과학자들은 동시에 상호 작용을 하는 상상을 초월하는 이 능력 혹은 특성을 '비국지성nonlocality'이라고 부른다. 아인슈타인은 이것을 '멀리 떨어져서 작용하는 괴이한 행동'이라는, 기술적이라기보다는 감성적인 표현으로 불렀다.

어떻게 이런 일이 있을 수 있을까? 이는 에너지보다 더 기본적인 어떤 것이 아닐까? 우리가 아는 모든 종류의 에너지들을 한데 불러 모을 수 있는 근원적인 힘을 탐구하는 노력은 계속되었다. 우주에 존재한다고 알려진 모든 힘들의 행동을 설명할 수 있는 단 한 줄의 수학 공식, 즉 '통일장 이론unified field theory' 혹은 '만물의 법칙theory of everything'을 찾는 탐색은 과학 영역에서의 성배聖杯 찾기가 되었다. 스티븐 호킹과 같은 몇몇 지도적인 천체물리학자들은 이 성배를 찾고 나면 사람은 마침내 신의 뜻을 알 수 있을 것이라고 말한다.

의도가 사물을 움직인다

아인슈타인의 획기적인 작업이 있은 지 20년이 지나지 않아서 세상을 바라보는 관점과 관련해서 또 하나의 혁명이 일어났다. 아인슈타인의 이론만큼이나 엄청난 충격을 안겨 준 발견이 있었다. 이 발견은 양자 세계의 초기 개척자인 네덜란드 물리학자 닐스 보어와 그의 조수이던 베르너 하이젠베르크에게서 시작되었다.

보어와 하이젠베르크는 아원자 입자들의 수수께끼 같은 행동들을 연구했다. 원자의 중심부를 깊이 들여다보면 '더는 쪼갤 수 없는 최소 단위'인 이 원자 입자들이 누구나 기대했던 것처럼 당구공처럼 생긴 모형 공으로 만든 태양계의 깔끔한 축소 모형과 전혀 다르게 훨씬 혼란스럽고 복잡하다는 사실을 깨달았다. 이 원자 입자들이 '가능성'의 작은 다발들과 같다는 사실을 깨달았던 것이다.

각각의 아원자 입자는 고정적이고 안정된 '물질'로 존재하는 것이 아니라 다양한 여러 가능성 가운데 하나의 '잠재적인 상태'로 존재하는 것으로 비춰졌다. 하이젠베르크의 '불확정성의 원리uncertainty pinciple'는, 아원자 입자의 모든 특성들을 동시에 측정할 수 없다고 규정한다. 예를 들면 이렇다. 양성자의 위치에 관한 정보를 기록할 때는 이것의 속도나 궤적을 포착할 수 없으며, 또 속도를 알아내는 순간 위치를 포착할 수 없다.

보어와 하이젠베르크가 한 작업은, 물리적으로 존재하는 물질은 가장 기본적인 차원에서 정확하게 '그 어떤 것'이라고 규정할 수 없다고 주장했다. 이 새로운 발견 및 인식에 따르면, 아원자 차원에서 실체는 고정된 물질로 구성되는 것이 아니라 가능성의 여러 장場들로 구성된다. 어떤 물질 그 자체로서가 아니라 그 물질이 변할 수 있는 여러 가지의 가능성으로서 존재한다는 말이다. 어떤 입자를 측정하거나 관찰할 때 이 입자는 어떤 '물질'의 특정한 한 특성만을 띤다. (과학자들의 용어로 설명을 하자면, 이 물질의 여러 가지 특성들이 단 하나의 상태로 붕괴해 버린다.)

특이한 현상은 또 있었다. '관찰하는 행동 그 자체'가 이 입자의 행동에 영향을 미친다는 사실이 드러난 것이다. 과학자들이 어떤 전자를 찾을 때마다 그 전자는 나타나곤 했다. 그것도 관찰자가 기대하던 바로 그 위치에 나타났다. 그리고 관찰하는 사람이 과학자가 아니라 버스 운전사였어도 결과는 마찬가지였다. 그런데 더욱 기괴할 정도로 놀라운 사실은, 실험자가 입자를 상대로 어떤 의도를 가지기만 해도, 다시 말해서 실험자가 실질적으로 어떤 행동을 취하지 않았음에도 불구하고, 그 입자는 실험자의 의도에 따라서 반응했다. 갑자기 주관성이 객관적 실체의 본성을 구성하는 본질적인 요소가 된 것이다.

순수한 의식의 바다, 영점장

과학자들은 꾸준하게 원자와 아원자를 탐구했다. 그리고는 마침내 자신들이 혼란스럽기 그지없는 현상(상태)을 관찰하고 있다는 사실을 깨달았다. 그리고 이것에 '영점장zero point field, ZPF'이라는 이름을 붙였다. 이 무한 극소 차원에서, 심지어 인간이 알고 있는 모든 에너지의 형태가 소멸한다는 절대 영도(이상 기체의 부피가 이론상으로 0이 되는 섭씨 영하 273.15도 – 옮긴이) 상태에서조차, 어떤 종류의 힘들이 존재하는 것처럼 보였기 때문이다.

이 부분이 바로 '얽힘의 동시적인 연결'이라는 개념 혹은 아인슈타인이 '괴이하다'고 했던 '멀리 떨어져서 작용하는 행동'이 자리를 잡을 수 있는 지점이다. 에너지 차원 아래에 그보다 더 기본적인 차원이 존재한다. 이 차원의 장場은 정확하게 더는 '에너지'가 아니다. 그렇다고 해서 텅 빈 공간도 아니다. 물리학자들은 이것을 '정보장field of information'이라고 부르는 게 가장 적합하다고 생각했다.

이것을 다르게 표현하면, 에너지가 비롯되는 미분화 상태의 바다는 순수한 의식의 바다처럼 보인다. 이 순수한 의식에서 물질은 국지성이 덩어리진 형태로 여기저기에서 떠오른다. 의식은 우주의 구성 요소이고, 물질과 에너지는 의식이 취하는 두 개의 형태다.

어빈 라즐로는 모든 것의 근원이자 이 모든 것을 연결시키는 이 장場을, 인간의 경험을 포함해서 우주에 있는 모든 지식의 비非물리적인 저장소 개념인 아카식 레코드라는 고대 베탄타 철학(범신론적 관념론의 인도 철학 – 옮긴이)의 개념에 경의를 표하며 '아카식 필드'라고 부른다. 심리학자 칼 융은 이것을 '총체적 무의식collective uncon-sciousness'이라고 불렀고, 테야르 드 샤르뎅은 '정신 영역noosphere'(정신noo과 시공간sphere을 결합시킨 용어 - 옮긴이)이라고 불렀으며, 루퍼트 셸드레이크(《세상을 바꿀 일곱 가지 실험들》의 저자 - 옮긴이)는 '형태장morphogenetic field'이라고 불렀다. 인류는 수천 년의 역사 속에서 이것을 다양한 여러 용어로 설명하고 이해해 왔다. 우리가 항상 인식하고 있었지만 단 한 번도 온전하게 설명할 수 없었던 것을 과학이 따라잡은 것은 겨우 수십 년 전부터일 뿐이다.

라즐로는 다음과 같이 말한다.

"고대인들은 공간이 비어 있지 않다는 것을 알았다. 공간은 지금 존재하며 또 여태까지 존재해 왔던 모든 것의 기원이며 기억이다. (중략) 첨단 과학 덕분에 이런 통찰의 재발견이 가능하게 되었다. 그리고 이런 통찰은 21세기 과학 세계의 주된 기둥으로 자리를 잡고 있는데, 우리 자신에 대해서 그리고 세상에 대해서 우리가 가지고 있는 개념을 심오하게 바꾸어 놓을 것이다."[*]

사실 그것은 이미 우리 자신에 대해서 그리고 세상에 대해서 우리가 가지고 있는 개념을 심오하게 바꾸었다. 그리고 이제 일 혹은 인생 운영에 접근하는 방식도 심오하게 바꿀 것이다.

[*] Ervin Laszlo, Science and the Akashic Field (Rochester, VT: Inner Traditions, 2004), p112-113

생각이 모든 것을 창조한다

그렇다면 존재하는 모든 것은 생각으로 만들어졌다는 말인가? 생각이 물리적인 세상을 창조한다는 말인가? 그렇다. 그것이 바로 이 책에서 하려는 말이다. 다음은 세상을 이해하고자 하는 인류의 서사적인 갈증이 내린 결론이다.

물리적인 세상에 존재하는 모든 것은 원자로 만들어졌다.

원자는 에너지로 만들어졌다.

그리고 에너지는 의식으로 만들어졌다.

생각은 모든 것이 비롯되는 원천이다. 또한 당신의 생각은 당신의 일과 삶이 비롯되는 원천이다.

이 모든 것들을 이해하거나 받아들이기 어렵다면, 갈릴레이와 동시대에 살던 사람이 지구가 태양의 주위를 돈다는 명제를 진지하게 검토하고 받아들이라는 말을 들었을 때 이 사람이 어떤 기분이었을지 상상해 보기 바란다. 16세기나 17세기의 일반 사람들에게는 지구가 움직이지 않고 가만히 서 있다는 것은 반박의 여지가 없는 진실이었다. 만일 지구가 우주 공간에서 빠른 속도로 운동한다면, 강력한 바람이 늘 사람들을 덮치고 그렇다면 사람들은 어지럼증을 느껴야 하는데 실제로 그런 일이 일어나지 않는 것만 봐도 알 수 있는 진실이었으니까.

"게다가 아무리 바보라 하더라도 지구가 우주 공간을 요란하게 움직이지 않는다는 사실은 알 수 있어. 봐, 지금 우리는 바로 이 자리에

꼼짝도 하지 않고 서 있잖아!"

혹은 모든 사람들이 세상이 평평하다고 믿었던 수천 년 전으로 거슬러 올라가 보자. 그럼 사람들은 이렇게 말했을 것이다.

"물론이지! 세상은 평평하잖아. 네 눈으로 직접 보면서도 믿지 못하겠다는 거야?"

그런데 현대물리학이 새로운 사실들을 발견함으로써 사람들의 인식은 다시 바뀌었다. 세상에 대한 우리의 관점이 근본적으로 바뀔 때마다 사물은 불편하고 낯설고 기괴하고 초현실적으로 보인다. 심지어 도저히 불가능해 보이기도 한다.

"세상이 둥글다고?"

"그러니까 지금 네 말은, 지구가 움직인다는 거야? 태양 주위의 궤도를 돌고 있다고? 태양이 지구를 도는 게 아니라?"

"물질과 에너지가 실질적으로 동일하다고?"

"뭐야? 너 지금 물질과 에너지 그리고 이 세상의 모든 것이 생각으로 만들어졌다고 말하는 거야? 게다가 우리가 하는 생각이 사물의 형성에 실질적으로 영향을 미친다고?"

그렇다. 사실 초현실적으로 들린다. 하지만 소크라테스 이전의 철학자들에게 지구가 둥글다는 발상도 그랬다. 우리는 실제로 존재하는 것을 바라보지 못한다는 게 진실이다. 우리는 볼 준비가 되어 있을 때 그리고 그런 여건이 갖추어져 있을 때에야 비로소 진실을 보게 된다.

1520년 마젤란 탐험대가 티에라 델 푸에고 해변에 도착했을 때

카누를 타던 토착민들은 탐험대에게 그다지 적극적인 반응을 보이지 않았다. 유럽의 거대한 범선을 한 번도 본 적이 없어서 탐험대가 외계에서 왔다고 생각했기 때문이다. 〈스타 트렉Star Trek〉에 등장하는 엔터프라이즈 호의 커크 선장과 미스터 스폭 그리고 나머지 승무원들이 다른 사람들의 눈에 보이지 않는 장치를 밟고서 우주선에서 밖으로 걸어 나올 때와 마찬가지로, 원주민들은 탐험대가 보이지 않는 어떤 곳에서 갑자기 불쑥 나타났다고 생각했던 것이다.

'두 눈으로 직접 봐야 믿는다'고들 한다. 하지만 이 말은 잘못된 것이다. '믿으면 볼 수도 있다'로 고쳐야 한다. 실질적이고 구체적인 의미로 보자면 믿음은 단순히 실체를 반영하는 게 아니라 실체를 창조한다. 이 원리는 인생에서 엄청난 성공을 거두는 데도 적용이 된다. 이어지는 장들에서 우주에서 가장 강력한 힘인 당신의 믿음을 강화하는 방법을 설명할 것이다. 그리고 당신이 소망하던 사업을 일으키는 과정을 한 걸음씩 뚜벅뚜벅 걸어서 관통하는 법을 배우게 될 것이다.

우주에서 가장 강력한 힘

만일 우주가 생각으로 만들어졌다는 발상이 놀랍다면, 이것과 관련해서 더 놀라운 일을 소개하겠다. 여기에서 논의하는 힘의 규모는 상상조차 할 수 없을 정도로 어마어마하게 거대하다.

우주는 양파나 러시아의 전통 인형 마트료시카(인형 속에서 크기만 작고 똑같이 생긴 다른 인형이 계속 나오도록 만든 목각 인형 – 옮긴이)처럼 여러 개의 겹(혹은 차원)으로 이루어진 것처럼 보인다. 기관 안에 세포가 있고, 세포 안에 분자가, 분자 안에 '더는 쪼갤 수 없는' 원자가, 원자 안에 전자와 양성자가, 그 안에 양자· 보손· 중간자· 광자· 레톤 등이 있다. 그리고 단위 세계가 작아질수록 그 세계 안에 들어 있는 힘의 양은 더욱 커진다.

자연 속으로 깊이 들어갈수록 자연의 특성은 더욱 역동적으로 바뀐다. 다른 말로 하면, 더욱 본질적인 차원으로 들어갈수록 그곳에 있는 힘은 더 커진다는 뜻이다.

예를 들어 보자. 화학적인 상호 작용에서 발생하는 힘은 분자와 원자 차원에서 작동한다. 원자력은 원자핵 차원에서 작동한다. 원자핵의 크기는 100만 배 작지만 원자력의 힘은 100만 배 더 강력하다. 하지만 이 힘도 양자물리학 차원의 힘과 비교하면 형편없이 초라해진다. 라즐로에 따르면 영점장은 $1cm^3$에 $1094erg$(에르그. 일의 단위 – 옮긴이)의 에너지 밀도를 가지고 있다고 한다. $1cm^3$의 '빈 공간'에 들어 있는 힘이, 현재 알려진 우주에 담겨 있는 힘보다 무려 억만의 억만의 억만의 억만의 억만 배나 많다는 뜻이다.

가로, 세로, 높이가 각각 1센티미터인 빈 공간에 이런 엄청난 힘이 들어 있다는 말이다. 그런데 부피로 따질 때 대략 1리터 정도의 빈 공간에 들어 있는 힘을 당신이 가지고 있다고 상상해 보라. 놀랍지 않은가?

성공과 양자물리학의 관계

1900년에 물리학자 막스 플랑크는 빛의 핵심적인 실체를 규정하기 위해서 '양자'라는 단어를 처음 만들었다. 2년 뒤인 1902년에 영국의 젊은 저술가 제임스 앨런은 《사람이 마음속으로 어떤 생각을 하면As a Man Tinketh》이라는 책을 출간했다. 이 책은 제목과 메시지를 《잠언Proverbs》의 한 구절인 "사람이 마음속으로 어떤 생각을 하면, 그 사람의 됨됨이도 그러니라."에서 따왔다. 하지만 그 당시에는 이 두 사람과 이들이 거둔 성과를 연결해서 생각한 사람이 거의 없었다. 한 세기가 지나고 나서야 사람들은 비로소 이 두 사람의 작업이 연관이 있다는 사실을 깨달았다. 그 한 세기 동안 과학자들은 플랑크, 아인슈타인, 보어 그리고 하이젠베르크 등의 개척자들이 열어 놓은 지평을 좇아서 더 멀리 나아가려고 노력했고 이들의 노력은 '양자 진공quantum vacuum'(이론적으로 양자 진공은 무한 에너지를 생산한다 – 옮긴이)이라는 개념으로까지 나아간다. 한편 나폴레옹 힐, 얼 나이팅게일, 밥 프록터 등의 철학자들은 이런 물리적인 개념을 실제 인간 세상에 적용시키려고 노력했다.

우리가 하는 생각이 우리의 실제 현실에 직접적인 영향을 준다는 관념을 과학자와 철학자는 줄곧 관찰해 왔다. 하지만 스스로 합리적인 이성을 가지고 있다고 생각하는 사람들이 느끼기에, 시원한 해답보다는 오히려 혼란스러운 의문이 더 많았다. 그런데 이제 과학이 우리에게 일련의 해답을 내놓았다.

우선 1cm³의 '빈 공간' 혹은 의식 속에 얼마나 엄청난 힘이 들어 있는지 앞에서 설명한 내용을 상기하기 바란다. 빅토르 위고는 "자기 때를 만난 생각보다 더 강력한 힘을 가지고 있는 것은 없다."고 말했다. 우리는 위고의 이 진술이 단순히 비유적인 표현이 아니라는 것을 잘 안다. 생전에는 자신이 한 이 말을 정확히 이해하지 못했을 수도 있다. 하지만 그는 현실이 어떻게 작동하는지 문학적으로 묘사했다.

> 생각은 우주에서 가장 강력한 힘이다. 우리의 생각은 우리가 각자 삶을 살면서 주장하고 창조하는 모든 것을 통제한다.
> 생각이 물질을 앞선다.

내가 손을 대서 성공했던 여러 개의 사업이나 내가 늘 갖고 싶었던 멋진 집을 결국은 사게 되었던 것도, 바로 생각이 물질보다 앞섰기 때문에 가능한 일이었다. 그리고 나 이외의 수많은 사람들이 이런 전략과 전술로써 사업을 했기 때문에 나와 마찬가지로 성공했다. 내가 거둔 성공은 처음에 하나의 그림이나 사진에서 출발했다. 내 마음속에 존재하는 생각으로 출발했다. 그리고 나도 모르는 사이에 나는 그 생각 안에서 살고 있었다.

과학은, 우리가 세상이라고 알고 있는 것 이면에 순수 의식의 장이 펼쳐져 있으며 이것은 과학으로 측정 가능한 어떤 에너지보다도 억만 배의 그리고 여기에 다시 백 배나 더 강력하며, 또 이 절대 의식의 장은 세상에서 일어나는 모든 것을 동시적으로 그리고 한 치의 오차도 없이 정확하게 알고 있음을 보여 준다. 이것은 또한 인간이 수천 년 동안 우주의 궁극적인 본성(어떤 사람은 이것을 '신'이라고 부르기도 한다)을 이해하려 애쓰면서 파악했던 내용과 별반 다르지 않다. 이것을 무엇이라고 부르든 간에 우리 앞에 나타나는 세상은 무한하게 크고 전지전능한 지성이 지배하는 세상이다. 이 세상은 현상 세계에 존재하는 모든 것을 초월해서 이것의 원천이자 궁극적인 목적으로 존재한다.

이것이 바로 우리가 살아가는 꿈의 세상이다. 우리는 이 꿈의 세상을 점토처럼 빚어서 이루고자 하는 일을 이루고 또 성공시킬 수도 있다.

3장
세상을 지배하는 절대 법칙

우리는 절대 법칙이 지배하는 세상에 살고 있다. 모든 차원에서 그리고 모든 세세한 부분에서 절대 법칙은 절대적으로 정확하게 작동한다. 양자 우주에서는 어떤 일들이 무작위로 일어날 수도 있지만 우연은 절대로 존재하지 않는다. 존재하는 모든 입자와 일어나는 모든 행위는 각자 이유를 가지고 있다. 여기에서 작동하는 법칙들은 우주선을 달에 착륙시키고 다시 지구로 귀환시키는 정교한 수학적 계산만큼이나 흥미롭다.

데카르트는 틀렸다. 인간의 재능, 창조성 그리고 도전 정신을 포함하는 모든 생각과 관념의 세상은 화학과 중력과 장場과 숲으로 이루어진 세상과 분리되어 존재하는 것이 아니다. 아원자 입자의 움직임과 태양계의 움직임을 지배하는 법칙들은 우리의 생각과 감정 그리고 가족 더 나아가 우리가 하는 일까지 모든 걸 지배한다.

이런 근본적인 진리를 우리는 일상 속에서 너무도 쉽게 잊어버린다. 왜냐하면 우리는 눈에 보이는 세상과 눈에 보이지 않는 세상이라는 두 개의 세상, 다시 말해서 오감으로 파악할 수 있는 세상과 오감의 장막 뒤에 보이지 않게 존재하는 세상이라는 두 개의 세상에 살고 있기 때문이다. 당신이 하는 일과 관련해서 존재하는 환경이나 일어나는 사건들은 눈에 보이는 세상에 존재한다. 그러나 이 세상은 그 환경이나 사건의 '근원'이 아니다. 이것이 핵심이다. 이 진리를 이해하기 바란다. 그러면 여태까지 살면서 경험했던 모든 성공과 실패 뒤에 존재하는 이유를 파악할 수 있다.

양자물리학이 가르쳐 주듯이 눈에 보이지 않는 세상은 눈에 보이는 세상보다 훨씬 어마어마하게 강력하다. 이 세상은 그야말로 우리가 살아가는 시간의 99퍼센트 동안에는 의식하지 못하는, 수면 밖으로 드러나지 않은 빙산 부분이다. 우리가 '실제 존재하는 세상'이라고 파악하는 물질 세계는 우리 의식의 표면 위로 드러난 그야말로 빙산의 일각일 뿐이다. 타이타닉 호를 침몰시킨 것은 빙산의 눈에 보이지 않는 부분이었다. 인생도 마찬가지다. 눈에 보이지 않는 부분이 삶을 성공으로 이끌기도 하고 실패로 이끌기도 한다.

《시크릿》이 발간된 뒤에 수백만 명이 '끌어당김의 법칙Law of Attraction'이라는 원칙을 알게 되었다. 이 법칙은, 눈에 보이지 않는 세상이 우리가 사는 삶에 사건과 환경을 발생시키는 창조적인 과정을 설명한다. 《시크릿》 출간 후 전 세계에 사는 수천 명이 이메일이나 편지로 우리에게 연락했다. 혹은 직접 찾아오기도 했다. 끌어당김의 법칙을 적용했을 때 삶이 어떻게 바뀌었는지 알리기 위해서였다. 이들의 이야기는 놀랍기도 하고 감동적이다. 이들이 경험한 변화의 범위는 놀라울 정도로 크며 또 이들이 경험한 변화의 양상도 엄청나게 다양하다.

끌어당김의 법칙 안에서는 뚜렷하게 구분되는 여러 개의 법칙 혹은 원리가 작동한다. 이 장에서는 이 법칙 혹은 원리를 하나씩 살펴보면서 이것들이 어떻게 공조해서 작동하는지 따져 볼 것이다. 이런 내용을 온전하게 습득한다면 보이지 않는 세상의 거역할 수 없는 힘을 사용해서 이상적인 삶과 성공을 창조할 수 있을 것이다.

모든 것은 생각에서 비롯된다

아인슈타인의 혁명적인 이론인 상대성이론이 밝혔듯이 모든 것은 에너지로 구성되어 있다. 세포, 분자, 원자, 양성자와 중성자, 쿼크, 글루온(쿼크 간의 상호 작용을 매개하는 입자 – 옮긴이), 중간자 그리고 보손 등은 모두 에너지다. 우리 자신을 포함해서 우리가 만질 수 있는 물질은, 에너지의 운동 속도가 느려져서 우리가 '고체'로서 인식할 수 있는 상태로 존재하는 것이다.

그렇다면 "에너지의 운동 속도가 느려졌다."는 말은 무슨 뜻일까?

냉장고에 있는 얼음 조각 하나를 예로 들어 보자. 우리는 이것의 운동 속도를 높임으로써, 즉 에너지를 가해서 진동 수준을 높임으로써 이것이 어디에서 비롯되었는지 알 수 있다. 이 얼음 조각에 열을 가하면 액체로 변한다. 그런데 계속해서 진동 수준을 더 높이면, 이 액체는 곧 수증기가 되어 증발한다. 그리고 여기에 더욱더 열을 가하면, 얼음 조각을 구성하고 있던 요소들은 순수 에너지 상태로 변환된다. 이 과정이 더욱 진행되면 이 에너지는 데카르트 철학의 장벽을 넘어서 에너지 너머에 존재하는 의식 혹은 정보가 된다.

바로 이것이 얼음 조각이 비롯된 영역이다. 즉, 얼음 조각은 하나의 생각이었던 것이다. 우리는 대개 일상 속에서 눈으로 볼 수 없는 이런 초에너지 상태를 '정신적인 것'으로 규정하고, 눈으로 볼 수 있는 좀 더 안정되고 물질적인 상태를 '물리적인 것'이라고 규정한다. 하지만 이런 구분이 매우 임의적이며 언어나 인식상의 편리함을 위한 것일 뿐이라는 사실은 이미 과학적으로 규명되었다. 수증기, 액체, 얼음이라는 여러 상태의 물은 '양자 가능성' 혹은 생각에서 비롯된 것이다. 하지만 물은 처음 생각과 함께 시작된 것이다.

우리는 우주의 작동 원리를 규명하기 위해 앞에서 인류가 기울인 노력의 역사를 요약했다. 기억하는가?

물리적인 세상에 존재하는 모든 것은 원자로 만들어졌다.
원자는 에너지로 만들어졌다.
그리고 에너지는 의식으로 만들어졌다.

다른 말로 하면, 자연 속에 존재하는 모든 것 그리고 우주에 존재하는 모든 현상은 생각에서 출발한다.

이것이 당신이 꿈꾸는 삶과 어떤 연관이 있을까? 모든 게 다 연관되어 있다. 왜냐하면, 당신이 살면서 드러내는 모든 것 다시 말해서 생각에서부터 물리적인 것까지 모든 것이 정확하게 동일한 경로를 따라가기 때문이다. 우리는 비非물리적인 차원에서 창조한다. 볼 수 없는 것을 볼 수 있는 것으로 전환시킨다.

인과율의 법칙

어떤 중요한 고객 한 명이 '예' 혹은 '아니오'라고 말한다. 엄청난 투자 자본이 들어오기도 하고 빠져나가기도 한다. 부동산 가격이 갑자기 치솟기도 하고 예기치 않게 떨어지기도 한다. 시장이 움직이고 허리케인이 강타하고 또 다른 전개 상황이 우리를 놀라게 한다. 우리는 이 모든 것에 반응하지만, 이 모든 것이 보이지 않는 거대한 빙산의 일각일 뿐이라는 사실을 알지 못한다. 비非물리적인 창조 과정의 물리적인 결과일 뿐이라는 사실을 알지 못한다. 우리는 이런 사건들에 반응하면서도, 이 사건들이 나타나는 데 우리가 어떤 역할을 했다는 사실을 알지 못한다.

우리는 실체가 있는 현상의 세상을 바라본다. 그러나 이 세상을 가능하게 한 훨씬 더 큰 세상은 보지 않는다. 바로 '원인'의 세상이다.

뉴턴은 물리적이고 기계적인 세상에서 작동하는 원인과 결과의 법칙, 즉 인과율을 모든 행동에는 작용과 반작용이 있다는 열역학 법칙의 토대로 삼았다. 하지만 뉴턴 시대의 과학이 포착하지 못했던 진실이 있다. 그것은 바로 물질과 에너지 그리고 의식은 서로 뚜렷하게 구분되는 영역이 아니며 동일한 연속성에 존재하지만 단지 주파수만 다를 뿐이라는 사실이다. 당시의 과학자들은 온전하게 이해하지 못했지만 현대의 과학자들이 알고 있는 사실은, 인과율은 물질의 역학에만 적용되는 것이 아니라 생각을 포함한 모든 것의 역학에도 적용이 된다는 점이다.

사람이 하는 생각은 다른 것과 뚜렷하게 구분되는 특정 주파수를 발산한다. 이 주파수는 마치 잔잔한 호수에 던진 돌멩이가 파문을 일으키듯이 양자 우주에서 어떤 반응을 유도한다. 당신에게 어떤 일이 일어났다고 치자. 어떤 일이 일어나든 그 일은 임의적으로 일어나지 않는다. 당신이 하는 사업에서 일어나는 어떤 사건은 당신의 생각이 반영되어 나타난 것이다. 당신이 하는 행동들과 이 행동들을 하게 한 당신의 생각이 메아리가 되어 돌아온 것이 바로 그 사건이다. 이 진실은 동양의 카르마 사상에도 반영되어 있다. 그리고 서양에는 황금률('무엇이든 남에게 대접을 받고자 하는 대로 너희도 남을 대접하라'는 가르침 - 옮긴이)이 있다. 이 원칙의 핵심은, 인생과 사업에서 일어나는 모든 일의 원인은 자기 자신에게 있다는 내용이다.

많은 사람들에게 이것은 매우 매력적이고 도전적인 법칙이다. 본인에게 모든 권리가 주어지기 때문이다. 이 원칙을 끌어안는다는 것은 삶에서 일어나는 모든 것에 대해서 다른 사람이나 환경을 탓하지 않는다는 뜻이다. 뒤집어서 말하면, 자기 주변의 환경이나 자기에게 일어나는 사건들을 스스로 통제할 수 있는 놀랍고도 어마어마한 능력이 자기 자신에게 있다는 뜻이다.

이런 법칙이 우리 삶에서 작동하고 있다는 사실을 인식하지 못할 때 사람들은 자기 자신을 어떤 일들의 '결과'라고 바라본다. 우리 자신이 이런 일들을 창조한다고 바라보기보다는 그런 일들이 우리에게 우연히 생긴다고 바라보는 것이다. 이럴 때 사람들은 흔히 피해 의식에 쉽게 사로잡힌다.

하는 일이 번창하는 사람에게는 피해 의식이 끼어들 여지가 없다. 피해 의식과 기업가 정신이라는 두 개의 정신 상태는 결코 양립할 수 없다. '기업가entrepreneur'라는 단어는 어떤 일의 근원, 새로 일을 시작하는 사람을 가리키는 프랑스 말에서 비롯되었다. 어떤 사업을 일으키고 성공적으로 꾸려 나가려면, 그리고 궁극적으로 인생의 승리자가 되려면 자기 자신이 결과가 아니라 원인이 되겠다는 강력한 의지가 필요하다.

사업에 성공하려면 꼭 알아야 할 것들이 많이 있다. 이 가운데 많은 것들은 일하면서 배울 수 있다. 그리고 해당 분야에 필요한 기술의 전문성은 그런 걸 가지고 있는 사람을 고용하거나 혹은 동업자로 삼음으로써 얼마든지 확보할 수 있다. 하지만 단 하나 오로지 본인만이 가지고 있어야 할 게 있다. 어떤 사업을 하는 사람이든 반드시 가지고 있어야 하며, 이것 없이는 결코 성공할 수 없는 가장 중요한 요소다. 그것은 바로 사업에 도움이 될 수 있는 여러 가지 생각들을 창조하는 데 익숙해야 한다는 것이다.

공명의 법칙

다시 얼음 조각 이야기로 잠깐 돌아가자. 앞에서 우리는 얼음이 물로 변하고 다시 수증기가 되어 사라지는 변화 과정을 살펴보았다. 하지만 이 모든 변화 양상에도 불구하고 여전히 동일한 존재로 변하지 않는 것은 정확하게 무엇일까? 진동율 혹은 에너지 수준이 변화하면서 형태가 바뀐다. 하지만 변하지 않는 것이 있다. 물이라는 기본적인 특성이다. 물리적인 속성이 모두 바뀜에도 불구하고 여전히 바뀌지 않고 남아 있는 그 본질은 무엇일까?

한마디로 말하면 '원형pattern'(독특한 무늬 혹은 양상이라는 의미-옮긴이)이다. 물리적인 형태나 매질媒質이 아무리 바뀐다 하더라도 통합성을 유지하는 본질적인 정체성, 즉 진동의 형태 혹은 무늬라는 게 존재한다. 우선 소리에서 이 법칙이 작동하는 걸 확인할 수 있다. 눈을 감고 당신이 사는 동네의 거리를 걸어간다고 상상해 보자. 당신은 어떤 집 앞을 지나고 있다. 그 집에서 어떤 여자가 노래 연습을 하는 소리가 들린다. 당신은 그 노래를 인식하지 못하지만 소리가 당신을 사로잡고 발길을 세운다.

노래를 부르는 당신의 이웃이 내는 소리는 그 사람의 성대가 진동해서 발생했다. 하지만 만일 그게 다라면 아무도 그 사람의 노래를 들으려 하지 않을 것이다. 진동하는 그 사람의 성대 조직이 그 진동의 원형을 그 사람의 입안으로 퍼트리고 다시 그 사람이 노래 연습을 하는 방 안에 퍼트렸다. 하지만 이것으로 만족한 대답이 되지 못한다. 어떻게 당신이 들었는지 대답해야 한다. 창문은 모두 닫혀 있다. 그 사람이 있는 방의 공기는 집 바깥으로 나가지 않는다.

공기가 그 방에서 나오지는 않지만 원형은 그 방을 빠져나온다. 진동하는 공기가 창문을 두드릴 때 파형波形이 유리창에 전달되고, 유리창은 창문 밖의 바깥 공간으로 이 파형을 전달하고, 그렇게 해서 그 파형은 당신에게까지 도달한다. 이 파형은 당신의 귓속으로 들어가서 고막을 두드려 동일한 파형을 일으킨다. 그리고 이것은 작고 정교한 일련의 뼈들을 통과하면서 달팽이관 속의 액체 안에서 음파로 변형되고, 다시 동일한 진동 원형을 머리카락처럼 생긴 수천 개의 미세한 조직으로 전달하고, 진동 원형을 전기적인 충격으로 변환시켜서 청신경에 전달하고, 청신경은 이것을 뇌로 전달하고, 마침내 당신이 그 노래를 듣는 것이다.

성대에서 공기와 유리창을 거쳐서 고막과 추골 및 침골 등의 뼈를 지나 청신경으로 그리고 다시 뇌로 전달되기까지 당신 이웃의 목소리 진동이 가지는 듣기 좋은 진동 원형은, '물'이라는 진동이 수증기와 액체 그리고 고체라는 여러 개의 차원을 경유하는 것과 마찬가지로, 여러 개의 각기 다른 물리적인 매질을 통과한다. 하지만 이 과정에서 당신 이웃 사람이 낸 소리는 모두 동일한 어떤 것으로 인식

된다.

얼음과 노래에서 일어나는 변환은 당신 안에서도 일어난다. 그리고 이 과정은 멈춤이 없이 시시각각 전개된다. 수조 개나 되는 세포 가운데서 1초에 약 1000만 개의 세포가 죽고 또 1000만 개의 세포가 새로 만들어진다. 당신 몸의 기관은 며칠 만에 한 번씩 새로운 것으로 대체된다. 지금 현재의 당신 가운데서 앞으로도 계속 당신으로 남아 있을 것은 거의 없다고 볼 수 있다. 하지만 그럼에도 불구하고 당신은 여전히 당신이다. 그렇다면 이때 '당신'은 과연 무엇으로 규정할 수 있을까?

중요한 것은 당신이 무엇으로 만들어졌느냐가 아니라, 당신이라는 물리적인 존재 근저를 관통하는 원형이다.

20세기 최고의 건축가로 불리는 버크민스터 풀러는 밧줄로 이것을 설명했다. 그가 사용한 밧줄은 나일론, 면, 그리고 비단으로 된 작은 조각들을 여러 개 기워서 만든 것이었다. 그는 이 밧줄의 한쪽 끝에 매듭을 만들어 묶은 다음에 길게 늘어뜨리고서는 사람들에게 보이며 이렇게 물었다.

"여러분, 이 매듭은 나일론 매듭입니까, 면 매듭입니까, 아니면 비단 매듭입니까?"

대답은 물론 "다 맞다."이거나, 혹은 관점에 따라서 "다 틀렸다."이다.

매듭은 그것이 띠고 있는 물리적인 형태의 물질과 상관없는 하나의 형태다. 풀러는 사람들에게 이렇게 말하곤 했다.

"여러분은 여러분의 육체가 아닙니다. 여러분은 밧줄이 아닙니다. 여러분은 매듭입니다."

풀러의 설명대로 하자면, '여러분'은 특정한 형태를 띠고, 현재로서는 어떤 특정한 물질로 구성되어 있는 어떤 원형이다.

다시 노래 부르던 이웃 사람 이야기로 돌아가자. 당신이 그 집 앞을 지나갈 때 그 여자는 매우 높은 목소리를 냈다. 그러자 무언가 부서지는 듯한 요란한 소리가 들리고 이어서 짤랑거리는 소리가 들렸다. 노래를 부르는 사람 집이 아니라 그 옆집에서 나는 소리였다. 노래를 부르는 사람이 의도하지 않았음에도 불구하고 이웃집의 샹들리에를 깨고 말았다. 어떻게 이럴 수가 있을까? '공명resonance'이라는 현상을 통해서 가능했다.

라틴어로 '다시 소리가 난다'는 뜻에서 비롯된 공명은 진동이 한 매질에서 다른 매질로 옮겨 가는 것이다. 노래 부르던 이웃이 내지른 고음이 어떻게 해서 옆집의 샹들리에를 깼을까? 수수께끼를 푸는 단서는 다음과 같다. 만일 작은 망치로 그 샹들리에의 특정 부분을 가볍게 칠 경우, 이 샹들리에에서 노래 부르던 사람의 고음과 동일한 음높이의 어떤 소리가 날 것이다.

이것이 바로 소리굽쇠의 원리다. A440헤르츠(음악에서의 표준적인 음높이 - 옮긴이)로 조정된 소리굽쇠를 어떤 악기에든 가까이 댄 다음 이 악기에서 440헤르츠의 소리가 나게 하면 소리굽쇠가 진동한다. 다른 높이에서는 소리굽쇠가 진동하지 않는다. 피아노의 '라' 음은 소리굽쇠와 동일한 파형波形을 가지고 있는데, 마찬가지로 노래를 부르던 이웃의 음높이와 샹들리에의 음높이가 같아서 공명이 일어난 것이다.

당신과 당신 부모의 목소리 파형은 동일하지 않다. 하지만 공명이 일어날 정도로 충분히 비슷하다. 이런 현상은 당신과 배우자, 가장 친한 친구, 당신의 아이들, 심지어 기르는 개 사이에서도 일어난다. 6장에서 좀 더 깊게 살펴보겠지만 당신과 당신이 늘 생각하고 있는 일 사이에서도 이런 공명은 일어난다.

어떤 사람이 부르는 노랫소리가 충분히 크고 또박또박하기만 하면 소리굽쇠를 진동시키고 심지어 유리잔을 깰 수도 있는데, 이와 마찬가지로 어떤 사람이 하는 생각이 충분히 강하고 분명하기만 하면 물리적인 현실 세계에서 어떤 일들이 일어나게 할 수 있다. 선명하며 확고한 단 하나의 생각이 제국 전체를 무너뜨릴 수도 있다. 이것을 간디가 보여 주었다. 마찬가지로, 당신이 선명하고 확고한 생각들을 가지고 있을 경우 당신은 소망하던 일을 이룰 수 있다.

공명의 법칙은, 특정한 주파수 (혹은 '원형' 혹은 음파의 무늬) 안에 있는 에너지는 비슷한 주파수 안에 있는 다른 모든 에너지 형태와 공명한다는 것이다. 끌어당김의 법칙은 한마디로 원인과 결과의 공명 현상이라고 할 수 있다.

사람이 하는 생각들은 이 생각들과 동일한 형태나 무늬를 가진 사건들과 환경들을 만들어 낸다. 이 사건들과 환경들은 그 생각들과 공명한다. 혹은, 제임스 앨런이《잠언Proverbs》을 인용해서 표현한 대로 설명하자면 다음과 같다. "사람이 마음속으로 어떤 생각을 하면,

그 사람의 됨됨이도 그러니라."

씨앗에 담긴 꿈

노래를 부르는 이웃 여자 이야기로 다시 돌아가자. 이 사람이 부르
는 노래의 선율은 그 사람과 함께 처음 시작되었을까? 아마 아닐 것
이다. 그 선율은 다른 공간 그리고 예전의 다른 시간대에 만들어졌
을 가능성이 높다. 어쩌면 그 사람이 부르는 노래는 수백 년 전으로
거슬러 올라갈 수도 있다. 이 노래는 수없이 많은 매체와 형식을 통
해서 이미 존재했었는데, 이 노래의 소리가 드디어 그날 당신의 뇌
에 닿아서 당신을 미소 짓게 한다. 그 사람의 목소리와 노래를 듣고
당신이 짓는 미소는 결실이다. 이 결실 혹은 과일의 씨앗을 창조한
것은 바로 그 노래를 작곡한 사람의 상상력이다.

　도토리 하나를 손바닥 위에 올려 놓고 자세히 살펴보자. 이 순간,
도토리를 만들었던 상수리나무는 어디에 있을까? 도토리 '안'에 있
을까? 이 질문을 쉽게 알아들을 수 있도록 다음과 같이 수정하겠다.
만일 도토리를 깨서 딱딱한 껍질을 벗기면 그 안에서 상수리나무를
찾을 수 있을까? 아니다. 당신이 그 안에서 발견할 수 있는 것은 상
수리나무의 가능성, 즉 상수리나무의 '생각'을 품고 있는 씨앗뿐이
다. 하지만 이 씨앗을 비옥한 땅에 심으면 공명의 원리에 따라 주변
환경 속에서 상수리나무의 생각에 공명하는 요소들은 이 씨앗에 이

끌릴 것이다. 이 씨앗은, 눈에 보이지 않는 비물질적인 존재인 생각을 온전한 하나의 나무로 전환시키는 데 필요한 온갖 영양소와 수분 그리고 햇빛을 끌어당길 것이다.

그렇다면 당신이 처음 이 도토리를 땅에 심었을 때, 상수리나무는 어디에 있었을까? 그것은 도토리 안에 있지 않았다. 그것은 도토리가 놓인 환경 안에 존재하는 '상수리나무가 될 가능성'의 수많은 단편들 속에 흩어져 있었다. 성공하는 사업도 바로 이것과 동일한 방식으로 창조된다. 당신이 어떤 사업을 구상할 때, 실제의 물리적인 사업은 그 안에 들어 있지 않다. 하지만 지금으로부터 몇 해가 지나고 나면 당신은 사업을 통해 수십 명 혹은 수백 명의 직원을 거느리고 수백 명 혹은 수천 명의 고객을 거느릴 것이다. 그리고 수백만 원 혹은 수천만 원의 돈이 들어올 수도 있다. 어쩌면 이보다 수십 배 혹은 수백 배 많은 돈이 디자인, 특허, 판권, 이미지 등과 같은 지적 재산권이나 재고물품, 자본재, 건물 등과 같은 형태로 들어올 수도 있다.

당신이 하고자 하는 일, 현재는 순전히 하나의 생각으로만 존재하는 그 일이 어떤 것이든 간에, 당신이 성공적으로 착수하기만 하면 그 일은 몇 년 안에 수많은 '구체적인 물질'로 채워질 것이다. 그런데 이 구체적인 물질이 지금 당장은 어디에 있을까? 당신이 원하는 고객이며 직원이며 원재료며 디자인이며 또 매출액은 지금 어디에 있을까? 이 모든 것들은 당신이 처한 환경 속의 온갖 것들에 흩어져 있다. 늘 꿈꾸던 사업이나 일을 성공적으로 일으키는 데 필요한 모든 것, 모든 도구, 자원, 자본, 사람, 생각, 기술 등 모든 것들은 지금 현재 당신 주변에 흩어져 있다. 이런 것들을 모아서 하나로 엮어야 하는데 아직 이 과정으로 당신이 들어가지 않았을 뿐이다.

그런데 뿔뿔이 흩어져 있는 이 모든 요소를 찾아내고 모아서 하나로 만드는 힘은 무엇일까? 소망하는 사업이나 일을 성공적으로 일으키려면 아무도 보지 못하는 부분, 즉 빙산의 보이지 않는 부분에서 시작할 필요가 있다. 하고자 하는 일의 씨앗은 미래에 대한 비전이다. 이것은 여태까지 모든 성공한 사람들이 거쳤던 그리고 앞으로도 성공하려면 반드시 거쳐야 하는 정지 작업이다. 미래에 대한 비전은 우선 생각의 힘과 정확성에서부터 출발한다. 당신이 능숙하게 해야 하는 것은 원하는 것의 씨앗을 매우 정확하게 만들어 내는 것이다. 모호한 씨앗은 결코 싹을 틔우지 못한다. 뿌리를 내리지도 못한다. 씨앗 하나가 커다란 나무로 성장할 수 있으려면 우선 실현 가능성이 있어야 한다.

"그건 나도 알죠, 누가 모르나? 근데 어떻게 하면 되냐구요!"

사람들은 보통 '어떻게'에 초점을 맞춘다. 바로 거기에 해답이 있다고 생각한다. 하지만 그렇지 않다. 물론 '어떻게'라는 의문을 풀어줄 온갖 것들을 배울 필요가 있다. 이 책 뒷부분에서는 여러 가지 사업을 성공으로 이끄는 결정적인 사항들을 설명하려고 한다. 하지만 꿈에 그리던 사업이나 일을 실질적으로 일으키고 성공시키는 데 핵심적인 사항은 '어떻게'가 아니다. 그 일에 대한 생각, 즉 씨앗의 선명함과 강력함이다. '어떻게'는 언제나 비전을 마련하고 어떤 결정을 한 뒤에 고려할 사항이다.

이런 까닭에, 어떤 일인가를 새로 시작하는 데 '좀 더 많은 자본금'이 궁극적인 해결책이 되는 경우는 드물다. 사람들은 흔히 돈이 모자라서 새로운 일을 시작하지 못한다고 말하고 또 그렇게 믿는다. 하지만 그렇지 않다. 공기와 물, 햇빛을 찾기가 전혀 어렵지 않은 것처럼, 만일 당신이 매력적이고 실현 가능한 생각과 전략적인 계획을 가지고 있기만 하다면 자본금은 얼마든지 마련할 수 있다. 세상에는 돈이 넘쳐 난다. 당신의 사업이나 일이 유망하다면 돈은 언제든 들어올 수 있다. 6장에서 씨앗을 만드는 문제에 대해서 살펴볼 것이다. 그리고 7장에서는 이 씨앗을 어떻게 비옥한 토지에 심어서 뿌리를 튼튼히 내리고 잘 성장할 수 있도록 할 것인지 살펴볼 것이다.

잉태의 법칙

야망을 가진 사람들은 참을성이 많다. 우리는 야망이 많다. 우리는 강한 성취동기를 가지고 있기에 늘 목이 마르다. 우리는 생각을 크게 하고 꿈을 크게 꾼다. 우리는 일들이 빠르게 진행되길 바란다.

여기에 잘못된 건 없다. 사실 강한 성취동기는 사업에 성공하기 위해서 반드시 필요한 것이다. 꿈을 크게 꾸는 것도 필요하다. 하지만 여기에서 조심해야 할 것이 있다. 《전도서Ecclesiastes》의 내용처럼 씨를 뿌릴 시기가 따로 있고 수확을 거둘 시기가 따로 있다. 껴안을 시기가 있고 껴안지 말아야 할 시기가 있다. 당신이 늘 꿈꾸던 사업을 시작할 때도 인내해야 할 시간이 반드시 필요하다.

'잉태의 법칙Law of Gestation'은 끌어당김의 법칙을 보완한다. 잉태의 법칙을 한마디로 말하면, 모든 씨앗에는 잉태기가 필요하다는 것이다. 특정한 씨앗이 계획의 형태에서 물질적인 형태로 온전하게 진화하려면 숙성 기간이 필요하다는 말이다. 이것은 자연에 존재하는 모든 것에 적용되는 진리다. 사람의 삶도 자연의 일부인 만큼 당연히 잉태의 법칙이 적용된다. 예를 들어 보자. 당근 씨앗을 땅에 심어서 온전한 당근을 얻으려면 70일이 걸린다. 양은 수정이 되어서 태어날 때까지 약 145일이 걸린다. 인간은 약 280일이 걸린다.

당신이 논리정연하게 설정한 여러 목표들은 그 자체로 하나의 씨앗이다. 그리고 이 목표 하나하나는 잉태기, 즉 당신이 처음 이것을 '심은' 시점에서 그것이 온전하게 물질적인 형태로 나타나는 시점에 이르는 기간을 필요로 한다. 이 잉태기는 얼마나 길까? 매우 어려운 문제다. 쉽게 알 수가 없다.

새로운 사업을 하는 데 필요한 여러 가지 도구들, 자원들, 자본 그리고 동업자를 끌어당기는 데 얼마나 많은 시간이 걸릴까? 영혼의 동반자를 소망해서 끌어당기는 데 얼마나 많은 시간이 걸릴까? 당신이 원하는 자리를 잡을 수 있게 세상이 당신을 올바른 환경 속에 위치시키는 데 얼마나 많은 시간이 걸릴까?

우리는 정답을 알지 못한다. 하지만 분명하게 아는 게 있다. 어느 정도의 시간은 꼭 걸린다는 사실이다. 분명하게 아는 게 또 하나 있다. 만일 씨앗을 뿌린 뒤에 계속해서 이 씨앗을 괭이로 파서 들춰내면, 이 씨앗은 제대로 자라지 못한다는 사실이다.

자, 당신이 어떤 멋진 음식점의 웨이터라고 상상하자. 당신이 좋아하는 손님들이 오고, 최고급 요리를 주문한다. 당신은 이들이 주문한 내용을 주방장에게 전달한다. 그리고 주방장은 이 요리를 하기 시작한다. 그런데 당신이 주방장 뒤에 붙어 서서 계속 이렇게 묻는다.

"아직 멀었나요? 아직 멀었나요? 아직 멀었나요? 아직 멀었나요? 아직 멀었나요? 아직……."

이는 주방장에게 전혀 도움이 되지 않는다. 계속 이렇게 할 경우 다음 두 가지 일 가운데 하나가 당신을 우울하게 할 것이다. 주방장의 집중력이 흐트러져서 요리가 엉망이 되어 버려 실망하거나, 주방장에게 엉덩이를 걷어차이거나…….

늘 꿈꾸던 일의 그림을 마음속으로 그릴 때 당신은 이 음식점을 찾은 손님인 동시에 이 음식점의 웨이터다. 당신은 이 손님에게서 맛있는 요리의 주문을 받은 뒤에 이것을 주방에 있는 주방장에게 전달하고, 주방장은 주방에서 이 주문을 받아서 요리를 완성한다. 그런데 당신은 일단 주문 내용을 전달한 뒤에는 주방장을 성가시게 들볶을 수 없다. 음식점의 작업 체계로 볼 때 그렇다. 주문 내용을 주방에 전달한 뒤 나머지 일은 주방 사람들에게 맡겨야 한다.

마당에 있는 꽃밭을 가꿀 때도 마찬가지다. 꽃씨를 심은 뒤에 싹을 틔우는지 확인하고 싶은 마음에 꽃씨를 자꾸 파헤쳐서 확인하다 보면 결국 원하던 꽃을 보지 못하게 된다. 인생도 마찬가지다.

억지로 어떤 생각을 강제하면 이 생각은 결코 물질적인 형태로 발전할 수 없다. 자연 법칙 가운데 하나는 어떤 힘이든 반발한다는 것이다. 만일 어떤 과정에 힘을 가하면 그 과정은 반발한다. 그러니 생각의 씨앗을 심은 뒤에는 싹이 뿌리를 내리고 생장에 필요한 여러 자원들을 스스로 찾을 수 있도록 시간을 주어야 한다.

초조함을 버리고 끈기를 가져야 한다. 자신의 생각이 옳다는 신념을, 자기 주변의 우주가 모든 것을 잘 해낼 것이라는 믿음을 가져야 한다. 양자 진공의 영점장은 전지전능하다는 사실을 명심해야 한다. 일단, 원하는 것을 명확하게 파악하라. 이것이 스스로 일을 시작하게 한동안 내버려 둘 수 있을 정도로 충분히 끈기를 갖추어라. 그렇게 하면 우주는 당신이 원하는 모든 것을 기꺼이 내줄 것이다.

행동의 법칙

이 과정에 또 하나의 요소가 있다. 식물이 성장하려면 단지 씨앗을 심고 기다리는 것만으로는 부족하다. 씨앗이 흙 속에서 자기가 해야 할 일을 하는 동안 당신은 '당신이 해야 할 일'을 해야 한다. 이 말에 다음과 같이 생각할지도 모른다.

"잠깐만요. 만일 모든 것이 하나의 생각에서 출발하고 내가 원하는 것을 수정처럼 선명하게 시각화하면 끌어당김의 법칙이 작동하기 시작한다면서, 굳이 내가 따로 일을 해야 할 필요가 있습니까? 내가 원하는 것을 머릿속에 그리면서 그 일이 이루어지길 기다리기만 하면 되지 않습니까?"

그렇지 않다. 만일 가만히 앉아서 상상만 해도 모든 게 저절로 다 된다면, 작업복을 입은 사람들이 커다란 트럭을 여러 대 가지고 와서 당신 집에 있는 가구들을 몽땅 실어 가버릴 것이고 당신의 집도 경매 처분될 것이다.

《시크릿》을 본 수백만 명의 사람들은 최소한 끌어당김의 법칙에는 익숙해졌다고 볼 수 있다. 하지만 너무도 많은 사람들이 놓치고 파악하지 못하는 사실이 있다. '행동의 법칙Law of Action'을 따르지 않을 경우 끌어당김의 법칙은 효과적으로 작동하지 않는다는 점이다. 엉덩이를 털고 일어나서 무언가를 하지 않으면 그다지 많은 것이 일어나리라고 기대하지 않는 게 좋다. 퀘이커 교도들 사이에는 "기도하면서도 발을 놀려라."라는 표현이 있다. 또, "만일 감자를 얻을 수 있게 해달라고 기도하려면 우선 괭이부터 챙겨라."라는 표현도 있다.

꽃씨를 꽃밭에 심은 뒤에는 물을 주고 잡초를 뽑아야 한다. 씨앗이 저 혼자 해야 할 일을 도와줄 수는 없다. 당신의 힘으로 직접 씨앗이 나무가 되게 하고 꽃이 되게 할 수는 없다. 하지만 씨앗이 그렇게 성장하는 데 필요한 여러 가지 자원들을 얻을 수 있도록 환경을 조성하는 일은 당신이 해야 할 일이다.

그렇다면 '사업을 하고자 하는 사람이 해야 할 일'은 무엇일까? 이것과 관련해서는 이 책 뒷부분에서 사업에서 물 주기와 잡초 뽑기에 비유할 수 있는 사항들을 살펴볼 생각이다. 여기에서는 우선 끌어당끔의 법칙과 잉태의 법칙 그리고 행동의 법칙이라는 세 가지 법칙이 한데 엮여 있다는 사실을 이해하는 게 핵심이다. 이 내용을 다음과 같이 요약할 수 있다. 목적의식을 가져라, 끈기를 가져라, 그리고 행동하라. 이 세 개의 법칙을 일에 적용하는 방법을 배우기 바란다. 그렇게만 하면 쓰라린 시행착오로 점철될 몇 년의 세월을 아낄 수 있을 것이다. 그리고 삶에서나 사업에서 평생의 소원으로 간직해 오던 것을 실현할 수 있을 것이다. 여태까지보다 몇 배나 빠르게.

선명한 비전과 집중의 위력

우주의 정확한 작동에 대한 논의로 이 장을 시작했었다. 늘 꿈꾸던 일을 실현하려면 물리 법칙과 같은 수준의 정확성을 갖추어야 한다. 하고자 하는 그 일에 대한 생각과 비전이 세부적인 모든 면에서 선명하고 명확해야 한다는 말이다. 바로 여기에서, 끌어당김의 법칙의 핵심에 있는 가장 결정적인 개념인 '집중'이 등장한다.

자, 어느 화창한 일요일이라고 상상하자. 당신은 지금 야외에 나가 있다. 당신은 오른손으로 돋보기를 들고 있다. 그리고 왼손으로는 상수리나무의 낙엽을 들고 있다. 당신은 돋보기로 햇빛을 모아서 낙엽에 쏜다. 어떤 일이 일어날까? 낙엽에 불이 붙을 것이다. 이것이 바로 초점이 발휘하는 힘이다.

이것과 동일한 에너지를 가지고서 초점거리를 좀 더 멀리 잡으면 강철조차도 쉽게 자를 수 있는 레이저 광선의 위력을 발휘할 수 있다. 생각과 의도의 초점을 맞추는 방법을 배우면 누구나 이 막강한 힘을 얼마든지 구사할 수 있다. 이때 선명함은 결정적으로 중요한 요소다. 따뜻한 햇살은 낙엽을 그저 따뜻하게 데울 수 있다. 하지만 이 햇살을 돋보기로 한 지점에 모으면 낙엽을 태울 수 있다. 생각의 에너지가 선명한 초점도 없이 모호한 상태일 때 당신의 생각은 낙엽을 그저 따뜻하게 데울 뿐, 결코 낙엽에 불을 붙이거나 낙엽을 태울 수 없다. 이때 필요한 것이 바로 돋보기의 선명함과 초점이다.

앞으로도 반복해서 선명함을 언급할 것이다. 당신이 설정하고 있는 가장 큰 목적에서부터 일상적인 모든 행동의 특정한 것들에 이르기까지 인생의 모든 측면에서 선명함을 강화하면 할수록, 당신이 말하는 것을 이행하고 생각을 물질적인 실체로 전화시키는 양자장의 정신력을 더욱 확실하게 제어할 수 있을 것이다.

세상을 지배하는 절대 법칙

1. 인과율의 법칙 : 모든 일의 근원은 바로 나 자신이다

2. 공명의 법칙 : 확고한 믿음이 확고한 성공을 부른다

3. 잉태의 법칙 : 초조함을 버리고 끈기를 가져라

4. 행동의 법칙 : 목적의식을 가져라, 끈기를 가져라, 그리고 행동하라

4장
우주의 힘,
뇌의 능력을 동원하라

물리학자들이 원자 세계의 놀라운 심원함을 탐구할 때 다른 분야의 과학자들은 인간의 두개골 안에 존재하는 우주에 대해서 역시 놀라운 사실들을 발견했다. 이들이 발견한 것은 인간의 뇌에 대한 우리의 인식을, 양자물리학이 세상에 대한 우리의 인식을 바꾸어 놓은 것만큼이나 혁명적으로 바꾸어 놓고 있다.

최근까지 우리 뇌 속 세상의 실제 작동 방식은 원자 속의 양자 세상의 작동 방식만큼이나 신비한 영역으로 남아 있었다. 그러다가 1980년대와 1990년대에 과학자들은 '전자 공명 장치MRI'라는 기법 그리고 MRI에 이어서 더욱 새롭고 정확하게 뇌를 스캐닝하는 기법들을 개발하는 놀라운 성과를 거두었다. 이 새로운 기법들에는 '양전자 방출 단층 촬영PET'과 '단일광자 방출 단층 촬영SPECT' 그리고 '자기 뇌파 검사MEG' 등이 포함된다. 이런 기법들은 정교함이 더해 져서 뇌에서 일어나는 전기 활동의 양상을 상세하게 포착할 수 있었 다. 과학의 동이 튼 이후 처음으로 사람들은 살아 있는 사람의 뇌를 실시간으로 볼 수 있게 되었다. 뇌가 생각하는 것을 실시간으로 볼 수 있게 된 것이다. 그리고 이들이 본 내용은 기존의 신경과학 체계 를 완전히 뒤집어엎었다.

사실 신경과학자들은 뇌에 대해서 우리가 알고 있는 전체 내용 가 운데 98퍼센트가 지난 10년 동안 밝혀진 것이라고 추정한다. 더욱 더 놀라운 사실은, 그동안 뇌의 작동 방식에 대해서 우리가 안다고 생각했던 것 가운데 80퍼센트가 사실과 다르다고 밝혀졌다는 점이 다. 그야말로 10년 만에, 본질적으로 뉴턴 물리학의 기계적이던 뇌 모델이 양자물리학의 아카식 필드적인 관점으로 완전히 바뀌었다.

신경과학의 새로운 통찰력 덕분에 우리는 뇌가 어떻게 작동하는 지 과학적으로 더욱 선명하게 이해할 수 있게 되었다. 그리고 인간 이 뇌를 사용하는 방식과 관련한 결정적인 오류, 일상적으로 저지르 는 오류를 깨닫게 되었다. 이 결정적인 오류 때문에 사람들은 대부 분 각자 가지고 있는 꿈을 현실에서 이루지 못한 채 반복되는 실패 의 감옥 속에 갇혀 있다. 이 장의 목적은 이 실수가 무엇인지, 우리는 왜 이런 실수를 저지르는지 그리고 가장 중요한 문제이지만 어떻게 하면 인간의 뇌를 이해하는 방식을 바꿈으로써 이런 실수를 다시는 반복하지 않을지 설명하는 것이다.

무한 잠재력의 우주, 뇌

인간의 뇌는 우주에서 가장 복잡하며 강력한 기계 장치다. 사람의 뇌는 총길이 약 11만 6000킬로미터의 혈관과 1000억 개의 뉴런을 갖추고 있으며, 1초에 약 만조 번의 연산을 수행할 수 있는 능력을 가지고 있다. 전 세계의 모든 전화 체계가 얼마나 방대하고 복잡한지 상상해 보기 바란다. 당신이 가지고 있는 '뇌 세포 하나'가 이렇게나 방대하고 복잡한 역량을 가지고 있는 것이다.

이 책을 읽고 있는 지금 당신의 몸에 어떤 일들이 일어나는지 잠시 상상해 보자. 1초마다 약 1000만 개의 세포가 죽고 또 다른 1000만 개의 세포가 생성된다. 비록 전혀 의식하지 못하겠지만, '무한 잠재력의 우주, 뇌'라는 제목의 이 절을 읽기 시작한 뒤로 뇌에서는 1억 개의 세포가 죽었고 또 다른 1억 개의 세포가 생성되었다. 이 과정에서 뇌는 땀 한 방울 흘리지 않았다. 만일 뇌의 잠재적인 역량을 확인하기 위해서 당신의 뇌에서 연결 가능한 신경 연결점의 숫자를 적는다면, 이 연결점들에 동그라미를 다 그리는 데만도 75년이 걸릴 것이다. 이처럼 어마어마한 수준의 능력을 당신은 일상적으로 가지고 있다.

다른 말로 하면, 자기가 원하는 것을 얻고자 하는 인간의 잠재력은 '무한'하다는 말이다.

인체는 뇌를 황제처럼 떠받들도록 설계되어 있다. 사람의 몸 가운데 뇌만큼 세심하고 정교한 보호를 받는 기관은 없다. 딱딱한 뼈 안

인간의 뇌

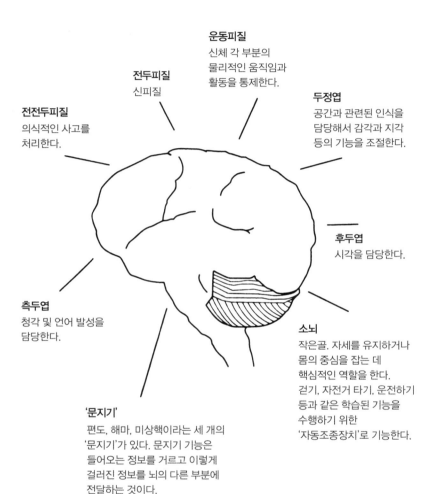

운동피질
신체 각 부분의
물리적인 움직임과
활동을 통제한다.

전두피질
신피질

전전두피질
의식적인 사고를
처리한다.

두정엽
공간과 관련된 인식을
담당해서 감각과 지각
등의 기능을 조절한다.

후두엽
시각을 담당한다.

측두엽
청각 및 언어 발성을
담당한다.

소뇌
작은골. 자세를 유지하거나
몸의 중심을 잡는 데
핵심적인 역할을 한다.
걷기, 자전거 타기, 운전하기
등과 같은 학습된 기능을
수행하기 위한
'자동조종장치'로 기능한다.

'문지기'
편도, 해마, 미상핵이라는 세 개의
'문지기'가 있다. 문지기 기능은
들어오는 정보를 거르고 이렇게
걸러진 정보를 뇌의 다른 부분에
전달하는 것이다.

에 안전하게 보호를 받고 있는 뇌의 무게는 1킬로그램에서 1.4킬로그램밖에 되지 않아서 전체 몸무게에서 차지하는 비중도 1퍼센트나 2퍼센트밖에 되지 않는다. 하지만 사람이 흡입하는 공기의 20퍼센트를, 전체 혈류의 25퍼센트를, 섭취하는 수분의 30퍼센트를, 혈류가 공급하는 모든 영양소의 40퍼센트를 소비한다.

인간의 뇌는 인간이 진화를 해온 단계와 각 단계의 시기를 그대로 반영하는 각각의 층들로 구성되어 있다. 그래서 인간의 뇌는 물리적인 생존을 보장하기 위해서 고안된 성찰 기능에서부터 가장 정교하고 또 진보한 상상력 및 지적 분석 기능에 이르기까지 다양한 기능을 갖추고 있다. 가장 원시적인 기능은 뇌의 한가운데 있는 층들이 담당하는데, 이 층들은 인간 진화의 가장 초기 단계에 계발되었다. 지적으로 가장 정교하며 시기적으로 가장 최근에 계발된 기능은 앞부분 및 뇌의 표면 부분에서 담당한다.

변온동물인 파충류의 뇌와 그 구조 및 기능이 비슷해서 '파충류의 뇌'라고도 불리는 뇌간은 심장 박동, 호흡, 소화 등과 같은 신체의 본능적인 기능들을 통제한다. 본능에 따라서 작동하며 전체 기관이 살아 있도록 하는 일을 책임진다. 다른 포유류가 가지고 있는 뇌의 구조 및 기능과 비슷해서 '초기 포유류 뇌'라고 불리는 부분은 감정 기능과 성적인 기능을 통제하며 기억을 조정하는 데 핵심적인 역할을 한다. 인간의 뇌에서 시기적으로 가장 나중에 개발된 부분은 '전두피질' 혹은 '신피질'인데 이것은 인간의 의식적인 생각을 관장한다. 전두피질은 우리가 어떤 것을 창조하고, 곰곰이 생각하고, 학습하고,

집중하고, 초점을 맞추는 일을 담당한다.

각기 다른 이 모든 기능에 대해서 굳이 세부적으로 정확하게 알아야 할 필요는 없으니 너무 걱정하지 말기 바란다. 가장 중요한 사항은 이런 다양한 기능과 측면들은 모두 두 개의 큰 범주, 즉 '의식적인 뇌'와 '무의식적인 뇌'로 나누어진다는 사실이다. 이것만 이해하면 된다.

뇌의 이 두 부분이 서로 어떻게 상호 작용을 하는지, 그리고 또 외부 세상과 함께 힘을 합쳐서 어떻게 상호 작용을 하는지 설명하는 게 이번 장의 중심 과제다. 이 문제는 또한 당신이 꿈을 실현하는 과정과 직접적으로 관련이 있다. 일단 뇌의 이 두 기능이 어떻게 서로 협력하는지 이해하고 나면, 어째서 그렇게나 많은 사람들이 각자 자기가 세운 목표를 달성하려고 애를 쓰는지 알게 되고 또 어떻게 하면 이 투쟁에서 벗어나서 각자 자기 자신을 위해 설정한 모든 목표를 하나씩 성취할 수 있을지 이해하는 열쇠를 쥐게 될 것이다.

의식적인 뇌의 능력

의식적인 뇌는 생각하고 추론하는 부분이며 자유 의지를 행사할 수 있도록 보장해 주는 부분이다. 또한 선택 가능한 여러 사항들을 놓고 각각을 평가하거나 새로운 판단을 내리기도 한다. 전두피질은 인간이 진화 발전하면서 획득한 왕관이나 마찬가지다. 인간이 다른 동물 종과 구분되는 중요한 특징으로 물건을 집을 수 있게 진화한 엄지손가락이나 먼 곳과 가까운 곳을 동시에 볼 수 있는 시각이나 혹은 다른 여러 특징들을 꼽을 수 있지만 무엇보다 중요한 것은 바로 전체 뇌에서 전두피질이 차지하는 크기가 크다는 점이다. 전두피질은 뇌의 최고경영자로서 초점과 집중을 책임지며 학습과 관찰력을 담당한다. 이 책의 글자를 읽는 것도 바로 전두피질이 기능을 하기 때문이다. 한편 뇌간과 다른 더 원시적인 부분들은 호흡과 심장 박동 그리고 무의식 층에 깔려 있는 수많은 다른 기능들을 담당한다.

만일 당신이 꿈꾸는 삶을 배에 비유하면 당신의 전두피질은 선장이다. 이것이 당신이 어디로 갈지 결정하고 항로를 그리며 명령을 내린다. 그리고 모든 선장들이 각자 다른 사람과 구별되는 뚜렷한 개성을 가지고 있듯이, 인간은 남과 구별되는 독특한 방식으로 명령자 역할을 수행하는 전두피질을 각자 가지고 있다.

우리는 어떤 일을 수행할 수 있는 역량을 의식적으로 과소평가하는 경향이 있다. 그래서 우리가 가지고 있는 지능을 소위 '아이큐'의 숫자로 표시되는 어떤 것쯤으로밖에 생각하지 않는다. 하지만 사실 인간 지능의 범위는 속성과 능력면에서 매우 다양하고 폭이 넓다. 이런 기능들은 낮은 차원에서부터 높은 차원에 이르는 스펙트럼 위에 존재한다.

각 기능은 어떤 것이 다른 것보다 '더 낫다'고 볼 수 없다. 그리고 이런 기능들 가운데 한두 가지만 가지고 있고 나머지는 전혀 가지고 있지 않은 사람도 없다. 사람들은 모두 이 다양한 능력들을 골고루

가지고 있다. 사실 이는 바람직한 현상이다. 성공하는 데는 이 모든 것들이 다 필요하고 또 실제로 작동하기 때문이다. 하지만 어떤 사람들은 몇몇 능력들을 다른 사람보다 더 많이 가지고 있다. 이것이 바로, 다양한 형태의 동업이나 팀워크가 어떤 사업을 성공으로 이끄는 데 결정적으로 작용하는 이유 가운데 하나다.

의식의 스펙트럼에서 낮은 차원에서 높은 차원에 이르는 이 다양한 요소들을 각각 의지, 기억, 지각, 추론, 직관 그리고 상상력이라고 부른다.

의지

정의상으로 볼 때 성공한 사업가들은 대개 강한 의지를 가지고 있다. "해야 할 일이 있으면, 그 일은 내가 한다."라는 태도가 강한 의지를 대변한다. 기업가들은 어떤 일이 저절로 일어나기를 기다리지 않는다. 일이 일어나게 한다. 그렇다고 해서 이것이 인간이 가지고 있는 가장 강력한 의식적 특성이라는 말은 아니다. 여러 가지 유형의 리더십이 있듯이 여러 가지 유형의 기업가 정신이 있다.

의지는 새롭거나 과거와는 다른 어떤 것을 하겠다고 결정을 내릴 때 동원되는 의식적인 기능이다. 환경을 촉진하고 행동을 밀어붙이는 기본적인 동력을 제공하는 것이 바로 의지다. 나는 고객을 상대로 이런 말을 자주 한다.

"만일 여러분이 관심을 가지고 있다면 여러분은 편리한 것은 무엇이든 다 할 것입니다. 그리고 만일 여러분이 결단의 의지를 가지고 있다면 필요한 것은 어떤 일도 다 할 것입니다."

의지는 결단을 의식적으로 수행하는 행위다. 강한 의지의 소유자는 땅을 깊이 팔 수 있는 사람이며 또한 행동하는 데 필요한 것은 무엇이든 할 수 있는 사람이다.

용기, 규율, 결단, 충절, 인내 등은 모두 우리가 의지라고 부르는 이 핵심적인 추동력이 다양하게 모습을 바꾼 것들이다.

기억

신경과학자들은 단기 기억은 전기적인 현상이고 장기 기억은 화학적인 현상이라고 말한다. 하지만 기억 그 자체는 과거의 자료를 저장했다가 꺼내는 단순한 기계적인 행위보다 더 많은 것을 의미한다. 기억은 의식적인 뇌를 사용해서 현재의 상황에 적절한 정보를 찾아서 조합하는 능력이다. 이것은 어떤 사람의 이름이나 전화번호를 떠올리는 것처럼 단순할 수도 있고, 수없이 많은 상이한 경험들 및 요인들에 의존하는 것처럼 믿을 수 없을 정도로 복잡한 과정일 수도 있다.

'기억력이 좋다'는 것은, 어떤 주어진 상황에서 의존할 필요성이 있는 저장된 특정 경험을 동원하는 능력이 잘 발달되어 있음을 의미한다. 어떻게 보면 좋은 기억력은 일종의 연상 논리이기도 하다. 이미 과학적으로 입증되었듯이, 기억력을 높이는 가장 좋은 방법은 어떤 대상을 다른 것과 연관시키는 것이다. 이럴 때 그 대상은 좀 더 쉽게 머리에 떠오른다.

사람들은 여태까지 기억은 그 사람의 뇌에 저장이 되는 것으로 알고 있지만, 일부 연구자들은 사람이 가지고 있는 기억 가운데 일부는, 혹은 이 기억의 '대부분'은, 이 사람의 외부에 존재하는 양자장에 저장된다고 말한다. 이런 발상이 공상과학에서나 나올 법하다고 보일지 모르지만, 당신이 텔레비전으로 어떤 쇼 프로그램을 보는 상황을 한번 생각해 보자. 당신이 텔레비전을 켜기 전에 그 쇼 프로그램은 어디에 있었을까? 텔레비전 안에 있었을까? 아니다. 그것은 당신을 둘러싼 공기 속에 흐르고 있었다. 비슷한 방식으로 과학자들은 지금, 사람이 어떤 경험을 하거나 어떤 생각을 했을 때 이 경험이나 생각은 양자장으로 송출되어서 파형으로 존재하며 누구에게나 접근이 가능하다고 주장한다. 물론 가장 쉽게 접근할 수 있는 사람은 처음 그 경험을 하거나 그 생각을 했던 사람이 될 것이다. 이 사람의 뇌가 그 경험을 처음으로 소유했기 때문이다. 다시 말해 이 사람의 뇌와 그 경험은 독특한 공명을 일으키기 때문이다.

이해하고 전망하고 통찰력을 발휘하고 넓게 바라보는 것은 모두 기억이라는 의식적인 기능을 묘사할 때 사용하는 각기 다른 서술 방식이다.

지각

만일 내가 "당신은 무엇으로 사물을 보시오?"라고 물으면 아마도 당신은 "내 눈으로 보지요."라고 대답할 것이다. 하지만 이 대답은 정확하게 말하자면 틀렸다고 할 수 있다. 사람은 '눈으로' 보는 게 아니라, 안경이나 콘택트렌즈를 끼고 바라볼 때처럼 '눈을 통해서' 사물을 바라볼 뿐이다. 당신은 '뇌로' 사물을 바라본다. 그렇기 때문에 사람이 외부의 사물을 바라보는 행위는 기본적으로 눈이 포착하는 데 의존하는 것이 아니라 뇌에서 일어나는 신경학적인 양상에 의존한다.

그렇기 때문에 인식 내용은 사람에 따라서 천차만별로 달라진다. 똑같은 사물이나 상황을 여러 명이 함께 보았음에도 불구하고, 나중에 이 사람들을 따로 불러서 물어보면 제각기 전혀 다른 내용을 진술하는 모습을 흔히 볼 수 있다. 이들 가운데 단 한 사람만 진실을 말하고 다른 사람은 모두 거짓말을 하는 게 아니다. 이 사람들은 모두 진실을 이야기하는 것일 수도 있다. 단지 각자 다른 것을 보았을 뿐이다.

사람들은 보통, 자기가 지각한 내용이 다른 사람들이 지각한 내용과 다를 때 그들의 지각 내용이 '틀렸다'고 판단하고 싶은 유혹을 느낀다. 하지만 이럴 때 그들이 본 내용을 그들이 어떻게 지각했는지 물어보기 바란다. 이렇게 할 경우, 그들의 경험과 관점을 접할 수 있으며 나아가 이것들을 당신 것으로 만들 수 있다. 그 다음에 비로소 자기 자신에게 이렇게 물어라.

"그들이 인식한 내용이 내가 내 목표를 달성하는 데 도움이 될 것인가, 도움이 되지 않을 것인가?"

다른 사람들의 인식 내용을 받아들이고 나아가 자기 것으로 만들 수 있을 때 당신의 지능은 엄청나게 높아진다.

추론

의지가 물리적인 행위에 그리고 지각이 감각의 자극에 각각 더 많은 관련성을 가지고 있다면, 추론은 우리가 보통 '지능'이라고 생각하는 대뇌 활동과 더 많은 관련성을 가지고 있다. 추론은 특정한 상황의 여러 사실들을 수천 개의 다른 경험들을 바탕으로 해서 (심지어 시공간이 삭제된 경험들을 바탕으로 해서) 더욱 큰 원리들과 연결 짓는 능력이다. 여기에는 두 개의 커다란 의식적인 행동 유형이 있다. 연역적인 것과 귀납적인 것이다. 연역적인 추론은 확보할 수 있는 여러 사실들을 논리적으로 검토해서 일관적인 여러 원리들에 기초를 한 논리적인 결론에 도달하는 능력이다. 귀납적인 추론은 연역적인 추론과 반대 과정을 밟는다. 즉 관찰한 사실들에서 추정하는 방법을 사용해서 어떤 하나의 혹은 여러 개의 원리에 도달하는 능력이다.

현대의 문명 사회에서는 사람들은 추론을 매우 중요하게 여기는 경향이 있다. 물론 분석적인 능력을 가진다는 것은 환상적인 축복이다. 여기에는 의문이 있을 수 없다. 하지만 이 세상에는 분석적인 능력이 뛰어나지 않고도 성공한 기업가들이 수도 없이 많다. 이 능력은 좋거나 혹은 나쁘거나 하는 특성이 아니라, 단지 인간 능력의 전체 스펙트럼에서 또 하나의 색깔일 뿐이다.

예를 하나 들겠다. 이 책의 공동 저자인 우리 두 사람 가운데서 머레이가 존보다 논리적이고 분석적인 감각이 훨씬 뛰어나다. 이 책의 후반부를 머레이가 주로 집필한 것도 바로 이런 이유에서다. 하지만 존에게는 뛰어난 직관이 있다. 그렇기 때문에 우리는 공동 작업을 통해 서로의 모자란 부분을 채우며 제대로 된 한 권의 책을 낼 수 있었다.

직관

직관은 '생각하기 전에 이미 알아차리는' 능력이다. 사업하는 사람들은 흔히 이 능력을 다른 말들로 표현하기도 한다. 예를 들면 직감, 판단력, 본능 등이 그런 말들이다. 그래서 "저 사람은 본능적으로 좋은 방향을 선택해." 혹은 "저 사람은 판단력이 예리해."와 같은 말을 한다. 하지만 이런 표현들 가운에 실제 내용을 정확하게 드러낸 것은 없다. 사람들이 드러내고자 하는 실제 내용은 바로 직관이다.

'직관intuition'이라는 단어는 '바라본다'는 뜻의 라틴어 'intueri'에서 나왔다. 이것은 어떤 상황에 맞닥뜨렸을 때 지각이나 논리적인 추론이 개입하기 전에 즉각적으로 이 상황의 본질을 파악하는 능력을 가리킨다. 이것은 아인슈타인이 '스푸키spooky'라고 불렀던, '멀리 떨어져서 작동하는 행동'과 밀접하게 관련되어 있다.

한 번쯤은 이런 경험이 있을 것이다. 사람들이 꽉 들어차 있는 어떤 방에 들어갔을 때, 아무도 당신에게 어떤 말이나 동작으로 그 방의 상황에 대해서 가르쳐 주지 않았음에도 불구하고, 무언가 잘못되어 있다는 사실을 즉각적으로 알아차렸던 경험……. 그런데 당사자는 자기가 어떻게 그걸 알아차렸는지 모른다. 그냥 알 뿐이다. 이것이 바로 직관이다.

또 이런 상상을 한번 해보자. 당신이 파티에 초대받고 파티가 벌어지는 장소로 걸어 들어간다. 그 순간 당신은 그 공간의 반대편에 있는 어떤 사람을 본다. 그 사람은 웃고 있지 않다. 그러면 당신은 즉각 강한 부정적인 느낌을 갖게 된다. '부정적인 진동'을 느끼는 것이다. 그리고 당신은 이런 생각을 할 것이다. '젠장, 저 사람은 뭐가 고민일까?', 혹은 '내가 저 사람을 화나게 하는 어떤 행동을 했나? 그랬을 수도 있지.' 그게 아니면 그저 '웃기는 사람이네.' 하고 중얼거리고 말 수도 있다. 또 아니면, 그 상황을 나름대로 이치에 맞도록 다르게 해석할 수도 있다. 그런데 어떤 사람이 당신에게 다가와서 귓속말로, 오늘 아침에 그 사람이 기르던 개가 자동차에 치여서 죽었다고 말한다. 이 순간 갑자기 당신은 그 '나쁜 진동'과 이것이 실제로 의미하는 내용을 전혀 다르게 이해하게 된다.

이 과정에서 어떤 일들이 일어났는지 살펴보자. 당신의 직관은 그 상황과 관련된 정보를 정확하게 파악한다. 하지만 당신은 추론하기 시작하고, 이 추론 과정이 이 상황을 잘못 해석하는 길로 인도한다. 잘못된 것은 당신의 직관이 아니라 그 상황을 이해하려고 애썼던 합리적인 과정이었다. 직관력을 강화하는 방법은 이것에 무한한 신뢰를 보내며 또한 동시에 당신이 지각하는 것에 의미나 해석을 덧씌우려는 유혹을 뿌리치는 것이다. 직관은 순수한 에너지를 직접 인식하는 것인데, 에너지는 절대로 거짓말하지 않는다.

직관은 본능과 다르다. 본능은 무의식적인 뇌의 원시적인 기능이다. 즉 뇌가 발달하기 시작한 초기 단계에서 계발된 능력이다. 하지만 직관은 의식적인 기능이다. 이것은 사람이 세상을 파악하는 방법

가운데 진동 주파수가 매우 높은 고도로 세련된 방법이다. 사실 직관은 사람이 가지고 있는 의식적인 여러 능력 가운데서 가장 강력한 것들 가운데 하나로 꼽힌다. 직관은 자기 안에 있는 에너지가 자기 주변에 있는 모든 에너지를 느낄 수 있는 능력을 제공한다.

이 세상에 '직관력이 변변찮은 사람'이나 '직관이라고는 도무지 찾아볼 수 없는 사람'은 없다. 사람은 누구나 다 예리한 직관력을 가지고 있다. 다만 이 직관을 다른 의식적인 여러 능력들과 통합해서 구사하는 능력이 사람마다 다를 뿐이다. 사람들은 흔히 다른 의식적인 능력들은 인정하고 구사하면서도 느끼는 것에 대해서는 물음표를 단다. 어떤 사람이 강한 직관력을 가지고 있다고 말할 때 우리는 사실, 그 사람은 자기의 직관을 제대로 인식하고 있으며 다른 여러 의식적인 능력들 속에서 이 능력을 차별 없이 구사할 줄 안다고 말하는 셈이다.

상상

상상하는 능력은 어쩌면 인간이 타고난 의식적인 능력 가운데 가장 강력한 능력일지 모른다. 사업하는 사람들은 이 능력을 보통 비전이라고 부른다. 창조성, 비전, 상상력……. 이 단어들은 모두 동일한 색깔의 그림자들이다. 그리고 상상력은 인간이 가지고 있는 의식적인 여러 능력의 스펙트럼에서 제일 윗자리를 차지한다.

상상력은 모든 가능성들이 존재하는 양자장에서 어떤 이미지들을 끌어다가 마음속으로 어떤 그림을 만드는 능력, 마치 물리적인 현실에서 실제로 일어나는 사건들을 묘사하는 것처럼 생생한 그림을 만드는 능력을 뜻한다. 그런데 이때 이 그림은 매우 강력한 의미를 내포한다. 모든 성공한 사업이 탄생한 지점이 바로 상상력이다. 상상력은 소망하는 일을 성공시킬 씨앗을 창조하는 놀라운 힘을 가지고 있다. 6장과 7장에서 이를 구사하는 전문적이고 실천적인 여러 기법을 소개할 것이다.

상상력은 흔히 사업을 시작해서 성장시키는 과정에서 발생하는 가장 중요한 과정이 되기도 한다. 30대에 접어든 사람들 가운데 대부분의 경우, 창조적 상상력의 뉴런을 자주 사용하지 않아서 이 가운데 95퍼센트가 위축되어 있다. 왜 그럴까? 어릴 때 이런 말을 자주 듣기 때문이다.

"애야, 잡생각 좀 그만하고 정신 차려라."

"뜬구름 잡는 생각은 제발 하지 마라, 응?"

만일 당신이 꿈에서 그리던 일을 시작해서 성공하고 멋진 인생을 살고 싶다면, 우선 뜬구름 속에 머리를 처박고 상상력을 최대한 발휘해야 한다. 화려한 경력, 늘 꿈꾸던 사업, 멋진 집, 원만하고 만족스러운 인간관계, 우아한 생활 등과 같은 무엇인가를 새롭게 창조할 수 있는 능력은 상상력에 깃든다. 아인슈타인은 이것을 다음과 같이 표현했다.

"상상력은 지식보다 더 중요하다."

위대한 모든 업적은 상상력에서 출발한다. 상상하는 데는 한계가 없다. 상상 속에는 어떤 구속도 존재하지 않는다. 완벽하게 자유롭다. 새로운 것을 창조하려면 어릴 적에 가치 없다고 버렸던 그 능력을 다시 일깨워서 잡생각의 백일몽을 꾸기 시작해야 한다.

바로 이 지점에 최고의 교훈이 있다. 대부분의 사람들이 젊은 시절에 듣지 못했던 교훈이다. 상상력 속에서 비전을 포착했다면, 도토리를 상수리나무로 바꾸는 것과 동일한 과정을 따라서 이 비전을 물리적인 현실로 바꾸는 데 필요한 모든 능력을 가지고 있는 셈이라는 교훈이다. 하지만 당신은 심각한 표정의 얼굴을 들어서 이렇게 반박할지도 모른다.

"잠깐만요. 나는 내가 하는 사업을 놓고 날마다 백일몽을 꾼단 말입니다. 솔직히 하루 종일 그런 꿈을 꾼다구요. 솔직히 엄청나게 큰 꿈들을 꾼다구요. 그런데 이 꿈들이 현실에서 이루어지지 않으니 미치겠다는 거 아닙니까."

맞다, 당신 말이 맞다. 상상력만으로는 해결되지 않는다. 사실 상상력뿐만 아니라 지금까지 설명한 여섯 개의 의식적인 능력을 모두 동원한다고 해서 원하는 것을 얻지는 못한다. 아무리 크고 멋진 꿈을 가지고 있다 하더라도, 수많은 사람들의 소망을 헛되게 했던 오류의 함정에서 벗어나지 못하는 한 당신이 원하는 것은 이루어지지 않는다.

가장 흔하고도 위험한 오류

우선 질문을 하나 하겠다.

여섯 마리의 개구리가 연잎 위에 앉아 있다. 이 가운데 한 마리가 뛰어내리기로 마음먹었다. 그렇다면 연잎에 남은 개구리는 몇 마리일까?

다섯 마리라고? 축하한다! 당신의 분석적 추리 능력은 나쁘지 않다. 하지만 불행하게도 정답은 아니다. 정답은 여섯 마리다.

그렇다. 여섯 마리 모두 연잎 위에 앉아 있다. 왜냐고? 여섯 마리 가운데 한 마리가 뛰어내리기로 '마음먹었지' 실제로 뛰어내리지는 않았기 때문이다.

이 오류가 바로 우리가 가장 흔하게 저지르는 오류다. 우리는 어떤 것을 상상하고, 이해하고, 생각해 내고, 계획했기 때문에 우리가 그것을 할 것이라는 사실은 이미 확정된 결론이라고 생각한다. 하지만 대부분의 경우에 우리는 그 확정된 결론을 실제 행동으로 옮기지 않는다.

사람들은 의식적으로 하는 생각들을 자기 자신과 동일시하는 경향이 있다. 의식적인 생각이 바로 '자기 자신'이라고 여긴다는 말이다. 사람들은 모든 것을 지배하는 것이 의식적인 마음이라고 여긴다. 이것이 실질적으로 행하는 것을 좌우한다고 믿는다. 하지만 사실이 아니다. 그렇지 않다는 증거가 엄청나게 많음에도 불구하고 계속해서 이렇게 믿는다는 사실은 놀라울 뿐이다.

예를 들어 보겠다. 2월 중순경에 헬스클럽에 한번 가보기 바란다. 어떤 헬스클럽이라도 상관없다. 그러면 사람들이 연초에 세웠던 계획이 어떻게 되었는지 알 것이다. 연초에는 수많은 사람들로 북적거리던 헬스클럽에는 몇 사람 없이 썰렁할 것이다.

또 다른 예를 들어 보자. 아무 서점이나 가까운 서점에 가보라. 그리고 다이어트 관련 서적을 모아 놓은 코너에 얼마나 많은 다이어트 서적이 있는지 보라. 마치 다이어트 관련 서적이 부족해서 비만 인구가 늘어나기라도 하는 것처럼, 엄청나게 많은 종의 다이어트 서적들이 진열되어 있을 것이다. 연잎은 수도 없이 많고, 또 가치 있는 결정 역시 수도 없이 많다. 하지만 그렇다고 해서 실제로 결론이 달라지지는 않는다.

《로마서Romans》에서 사도 바울은 사람들이 이런 경험을 하면서 공통적으로 느끼는 좌절감을 놀랍도록 명료하고 아름답게 표현했다.

"내가 선을 행하기를 원하지만 선을 행하지 아니하고, 내가 악을 행하지 않기를 원하지만 악을 행한다."

바로 여기에 커다란 오류가 존재한다. 우리는 우리가 가지고 있는 모든 멋진 의식적인 능력들이 실제로 행하는 것들을 제어한다고 생각한다. 하지만 그렇지 않다. 의식적인 마음은 눈부신 능력을 가지고 있긴 하지만 엄청나게 큰 핸디캡 하나를 가지고 있다. 실질적으로 어떤 변화를 직접 수행하지는 못한다는 점이다. 이것은 어떤 배를 실제로 움직이는 사람은 선장이 아니라 기관실에 있는 선원이라는 사실과 마찬가지다. 사실 우리의 의식적인 능력들이 우리가 실제로 하는 행동을 얼마나 많이 통제하는지 보면 놀라울 정도다. 2퍼센트에서 4퍼센트밖에 되지 않는다. 겨우 그것밖에 안 된다.

의식적인 뇌의
믿을 수 없이 낮은 한계 수준

의식적인 통제와 관련된 이 커다란 오류를 우리가 믿는 이유 가운데 하나는, 의식적인 뇌가 행사하는 통제가 지극히 미미하다는 사실을 우리가 잘 알고 있다는 점 때문이다. 그런데 비록 2퍼센트에서 4퍼센트라는 수치가 지극히 작긴 하지만, 결정적으로 중요한 부분임을 명심해야 한다. 의식적인 뇌는 상상력이 진행되는 곳이며 비전과 꿈이 탄생하는 곳이고 새로운 경로들을 선택하는 곳이며 새로운 위험들을 감행하는 곳이고 새로운 진취적 기상이 발현하는 곳임을 명심해야 한다. 새로운 명령들을 내리고 또 통제하는 곳이 이 의식적인 뇌이며, 또 이런 일은 언제나 원기왕성한 모험이 되기 때문이다.

그런데 문제는 오래 지속되지 않는다는 점이다. 의식적인 마음은 매우 흥미로운 통제력을 행사한다. 하지만 아주 짧은 시간 동안에만 그렇다.

비록 의식적인 뇌가 중요하긴 하지만 실제 과정을 처리하는 능력은 한정되어 있다. 심각할 정도로 한정되어 있다. 이런 사실은 대부분 사람들에게 충격적이다. 하지만 이것이 진실임을 깨닫기는 그다지 어렵지 않다. 무작위로 배열된 한 묶음의 숫자들이 있다고 할 때, 당신은 이 숫자들 가운데 몇 개나 기억할 수 있는가?

인간의 의식적인 뇌는 한꺼번에 예닐곱 개의 숫자를 기억하기 어렵다. 두세 개의 사건을 동시에 기억하기 어렵다. 지금 당장 실험을 한번 해보자. 다음 숫자의 배열을 살펴보아라.

$$492-625-35-86937-4$$

자, 이제 위의 숫자 배열을 손으로 가려라. 이 숫자의 배열을 온전하게 기억하는가? 맨 앞에 있는 세 개의 숫자만이라도 기억하는가? (컨닝하지 말자!) 좋다. 숫자를 기억하지 못하겠다면 이 숫자 배열에는 모두 몇 개의 숫자가 동원되었는지 기억하는가?

만일 방금 던진 세 개의 질문 가운데서 단 하나만이라도 기억하는 사람이 있다면, 이 사람의 단기 기억력은 매우 높은 편이다. 보통 사람은 6초 혹은 10초 만에 초점을 잃어버리기 때문이다.

그렇기 때문에 이 책을 포함해서 거의 모든 책이 문단을 나누고 있다. 만일 처음부터 끝까지 단 하나의 문단으로 이루어진 책이 있다면, 누가 읽으려고 하겠는가?

당신의 의식적인 뇌가 당신 몸의 모든 생화학 현상을 책임지고 있지는 않다는 사실이 기쁘지 않은가? 만일 그 모든 반응이 (이 반응의 횟수를 혹시 잊어버렸을지도 몰라서 다시 한 번 상기시키면, 1초에 1016회이다) 당신 안에서 이루어진다는 사실을 생각해 보라. 만일 이것을 당신의 의식적인 뇌가 처리해야 한다면 당신은 5초도 버텨내지 못할 것이다.

그러나 의식적인 뇌는 대부분의 사람들이 가장 소중한 삶의 목표들을 맡기고 있는 부분이다.

이게 나쁜 소식이라고 한다면, 좋은 소식도 있다. 비록 의식적인 뇌가 이 작업을 할 수 없어도 무의식적인 뇌가 이 일을 할 수 있다. 무의식적인 뇌는 하루에 24시간씩 날마다 평생 이 일을 한다. 당신이 예상한 것보다 의식적인 뇌의 한계가 커서 놀랐다면, 무의식적인 뇌가 하는 일의 범위가 당신이 예상한 것보다 얼마나 넓은지 알면 또 한 번 놀랄 것이다. 의식적인 뇌가 배의 선장이라면 무의식적인 뇌는 기관실에서 일하는 선원이고 갑판에서 일하는 선원이다. 모든 순간에 한 치의 잘못됨도 없이 배를 움직이게 하는 사람은 배의 전체 승무원이다.

사람의 의식적인 뇌가 얼마나 자주 초점을 잃어버리는지 명심해라. 6초에서 10초에 한 번씩 초점을 잃는다. 그렇다면 무의식적인 뇌는 얼마나 자주 초점을 잃을까? 그런 일은 한 번도 일어나지 않는다. 과거에도 없었고 미래에도 없다.

습관과 행동을 통제하는 사령탑, 무의식적인 뇌

뇌의 권력 중심은 무의식적인 뇌에 있다. 여기에서 그 엄청난 양의 지각 현상이 일어난다. 사람의 습관을 기억하는 일이나 어떤 작업의 성취가 일어나는 곳도 바로 이곳이다. 사람은 무언가를 정의하고, 말하고 또 목표를 세울 때 이 의식적인 마음을 사용한다. 하지만 이 목표들을 달성하는 데 필요한 수십, 수백 아니 수백만 개의 행동들을 통제하는 곳이 바로 무의식적인 뇌다.

- 의식적인 뇌는 전체 뇌 용량의 17퍼센트를 차지한다. 그러나 사람이 행하는 실제 인식 및 행동 가운데 2퍼센트에서 4퍼센트만 통제한다. 이에 비해서 무의식적인 뇌는 전체 뇌 용량의 83퍼센트를 차

의식적인 뇌와 무의식적인 뇌

	의식적인 뇌	무의식적인 뇌
뇌의 용량	17%	83%
임펄스 속도	120~140mph	10만mph 이상
초당 비트 수	2000	4000억
인식 및 행동 통제	2~4%	96~98%
기능	의지에 의한 작동	비자주적인 작동
시간	과거와 미래	현재
기억의 범위	20초까지	영원히

지하면서 전체 인식 및 행동의 96퍼센트에서 98퍼센트를 통제한다.

- 의식적인 임펄스는 120~140mph의 속도로 전달된다. 하지만 무의식적인 임펄스는 이보다 800배 이상 빨라서 10만mph 이상의 속도로 전달된다.

- 의식적인 뇌는 1초에 약 2000비트의 정보를 처리하지만, 무의식적인 뇌는 1초에 약 4000억 비트의 정보를 처리한다.

- 의식적인 뇌는 인간의 의지에 따라서 작동한다. 이 부분의 뇌는 의식적인 의지로 작동이 되며 목표를 설정하며 결과를 평가한다. 이에 비해서 무의식적인 뇌는 비자주적으로 작동한다. 스스로 목표를 설정하지 않으며, 이미 설정된 여러 목표들을 단순히 집행만 할 뿐이다. 따라서 어떤 결과를 놓고 이 결과의 가치나 장점을 따지지 않는다. 단지 주어진 목표를 제대로 수행했는지 여부만 따진다.

- 의식적인 뇌는 과거와 미래를 인식하지만 무의식적인 뇌는 과거나 미래에 대해서는 아무런 인식도 하지 않는다. 무의식적인 뇌의 관점에서 보자면 모든 것이 현재에 일어난다.

- 의식적인 뇌는 짧은 기억 범위memory span 안에서 작동하는데, 일반적으로 이 기억 범위는 약 20초다. 이에 비해서 무의식적인 뇌는 경험하는 모든 것을 영원히 기억한다.

무의식적인 뇌의 지극히 작은 한 부분이라 하더라도 지극히 짧은 한순간조차 쉬지 않고 작동하며 이 과정이 사람이 평생을 사는 동안 계속된다는 사실을 생각하면 놀라울 따름이다. 그런데 이 모든 과정을 사람은 조금도 의식하지 못한다는 사실 역시 놀랍다. 하지만 이 것이 '본인이 알지 못하는 사이에' 일어난다고 말하면 정확한 말은 아니다. 이 모든 생화학적 활동을 관장하는 지성이 존재하며 이 지성은 당사자인 본인이기 때문이다. 어떤 사람의 무의식적인 뇌는 그 사람이 가지고 있는 모든 습관, 육체적인 습관과 정신적인 습관을 모두 저장하고 있는 창고이다. 다른 말로 하면, 무의식적인 뇌는 사람 몸의 기본적인 운영 체계를 관장할 뿐만 아니라 프로그램이 가능한 모든 소프트웨어까지도 관장한다는 뜻이다. 이것 역시 어마어마한 양의 순간순간 행동들을 요구한다는 사실이 밝혀졌다.

만일 새끼 코끼리가 걷는 법을 학습하는 과정을 관찰한 적이 있는 사람이라면 이것이 얼마나 복잡한 행동인지 잘 알 것이다. 과학자들이 로봇이 균형을 잃지 않고 자연스럽게 걸을 수 있도록 개발하는 데 수십 년이라는 긴 세월이 걸렸다. 하지만 우리는 일단 이 과정을 한 번 배우고 익히면 따로 생각하지 않고도 언제든 자연스럽게 이 동작을 할 수 있다. 걷거나 넥타이를 매거나 어떤 언어로 말을 하거나 자판으로 타이핑 작업을 하거나 운전을 하는 행동들은 모두 아무런 생각도 하지 않고서도 얼마든지 진행이 가능하다.

더 나아가서 습관은 이런 기본적이고 육체적인 단순 동작들보다 훨씬 더 넓은 영역까지 포괄한다. 예를 들면 이런 것이 있다. 분명히 혼자 승용차에 타서 시동을 걸었는데, 운전을 하는 동안 너무 깊이 생각에 몰두한 바람에 어떻게 운전을 했는지 전혀 기억이 나지 않지만 어느새 집에 도착했던 적이 없는가? 운전을 하는 행위에 충분히 주의를 기울이지 않았음에도 불구하고 어떻게 사고를 내지 않고 무사히 집까지 왔을까? 그리고 어떻게 집을 제대로 찾아올 수 있었을까? 당신이 이렇게 할 수 있었던 것은 모두 습관의 힘 덕분이다. 습관은 신발 끈을 묶는 것보다 조금 더 복잡한 행동 형태다. 하지만 그럼에도 불구하고 습관은 습관일 뿐이다.

습관은 정확히 무엇일까? 습관은 사람이 어떤 일을 반복해서 할 때, 그 과정을 완벽하게 반복하기 위해서 굳이 의식적인 생각을 따로 하지 않아도 될 만큼 그 행위를 반복해서 할 때 생성되는 그 어떤 것이다. 습관은 육체적 행위뿐만 아니라 생각에도 적용이 된다.

동일한 대상을 놓고 동일한 내용을 반복해서 생각한다면, 이것은 결국 생각의 습관이 되고 만다. 생각의 습관이 오래 지속되고 반복되면 태도나 믿음이 된다.

습관의 힘, 믿음의 힘

믿음이라는 것은 우리가 일상적으로 하는 지리멸렬한 생각들보다 높은 진리 단계에 있는 어떤 특별한 관념 범주가 아니다. 믿음은 반드시 진실이어야 할 필요도 없다. (모든 사람이 지구가 평평하다고 믿었던 적이 있다는 사실을 상기하라.) 믿음은 사람의 뇌에 있는 어떤 신경 양상, 즉 완전히 자동화될 정도로 깊이 새겨진 어떤 생각들이다. 믿음은, 내용이 진실이라서 거기 있는 게 아니다. 세대에서 세대로 이

어져 내려왔을 뿐이다. 믿음은 누군가가 그곳에 뒀기 때문에 그곳에 있다.

여기에서 신앙이나 종교적인 관점을 놓고 설명하거나 당신과 토론할 생각은 없다. 당신이 가지고 있는 신앙을 트집 잡을 생각도 없다. 단지 당신이 가지고 있는 여러 가지 믿음들, 즉 생각, 의견, 주변 세상에 대한 태도 등에 관한 습관들을 놓고 이야기하고 싶을 뿐이다. 특히 '당신 자신'과 당신의 삶에 대한 믿음 그리고 돈을 많이 벌게 될 것이라는 비전에 대한 당신의 믿음에 대해서 이야기하고 싶다.

열일곱 살 무렵에 모두 "안 돼. 넌 하면 안 돼."라는 말을 다들 평균적으로 15만 번은 들었을 것이다. 그리고 "그래. 해도 돼."라는 말은 5000번 들었을 것이다. 해도 되는 것 하나에, 하면 안 되는 게 30개씩이다. 그런데 바로 이런 경험이 '나는 하면 안 돼' 혹은 '나는 할 수 없어'와 같은 강력한 믿음을 생성하는 바탕이 된다.

사람들은 대부분 희망이나 바람이라는 방식으로 자기들이 세우고 있는 목표를 바라본다.

"이번 사업에는 꼭 성공하고 싶어."

"딱 10억 원만 벌면 좋겠는데……."

하지만 보통 이 생각은 여기에서 끝나지 않는다. 곧바로 이런 생각이 뒤를 잇는다.

"하지만, 결국 난 못 하고 말 텐데 뭘……."

사람들은 대부분 자기가 생각하는 목표를 이루지 못하는데, 이 과정에서 가장 큰 장애물로 작용하는 것은 외적인 요소가 아니다.

자기가 그 일을 해낼 수 있다고 믿지 않는 게 문제다. 만일 이렇게 믿는다면, 대부분 실제로 그 일이 이루어지지 않는다. 당신이 달성할 수 있다고 믿지 않는 목표라면 당신은 결코 달성할 수 없다. 왜냐하면 비록 인식하지 못한다 하더라도, 그 부정적인 믿음은 그 목표를 달성하려는 노력을 관장하는 뇌 속에 뿌리를 박고 존재하기 때문이다.

자, 이렇게 말해 보자. 가족을 무척 사랑하고, 가족의 가치를 다른 어떤 것보다 소중하게 여기며, 인생의 최고 목표 가운데 하나가 가족과 함께 부유한 생활을 즐기는 것이라고……. 이럴 때 당신은, 돈을 많이 벌어서 방금 말한 이 목적을 이룰 수 있는 유일한 길은 열심히, 아주 열심히 일하는 것이라는 믿음도 함께 가지고 있다. 자, 어떤 일이 벌어질까? 당신은 한 주에 80시간씩 일하면서 가족은 보지도 않을 것이다. 가족을 소중하게 여기지 않아서 그럴까? 아니다, 당신은 가족을 소중하게 여긴다. 하지만 당신의 믿음이 당신을 80시간 노동의 쳇바퀴에 가두어 버렸다. 믿음은 매순간 욕망을 널리 선전한다.

만일 당신이 빚을 많이 지고 있다고 치자. 이때 돈이 없는 것은 문제가 아니다. 이것은 단지 하나의 상황일 뿐이다. 돈이 없다는 것은 결과다. 원인을 찾으려면 씨앗을 바라보아야 한다. 이 씨앗이 바로 생각의 습관이다.

여기에 바로 문제가 있다. 믿음은 자기만족적인 경향이 있다. 습관은 욕망보다 수천 배나 강하기 때문이다. 다시 한번 말하지만, 두 배도 아니고 세 배도 아니다. 습관은 욕망보다 수천 배가 강하다. 수입을 열 배로 늘리고 싶은 마음이 당신에게 있을지도 모른다. 하지만 당신이 가지고 있는 생각의 습관이 이런 일이 일어나기를 전혀 기대하지 않는다면, 실제로 그런 일이 일어나기란 거의 불가능하다. 수입을 열 배로 늘리려는 목표를 달성하기 위해서 지속적이고 생산적인 행동을 하지 않을 것이기 때문이다. 왜 그럴까? 당신이 가지고 있는 습관 때문이다. 욕망이나 바람 혹은 그 밖의 의식적인 생각들이 아니라 습관이 행동을 좌우하기 때문이다.

이것은 지난 10년 동안 신경과학 분야에서 이룩한 위대한 발견들 가운데 하나다. 다시 한 번 말하지만, 사람의 모든 인식과 행동의 96퍼센트 내지 98퍼센트는 자동적으로 이루어진다. 사람들이 목표 설정은 잘하지만 그 목표를 달성하지 못하는 것도 바로 이런 이유에서다. 목표를 설정하는 것은 의식적인 영역에서 이루어지고, 목표에 도달하는 것은 무의식적인 영역에서 이루어지기 때문이다.

무의식을 훈련하는 방법

여기에서 근본적인 질문 하나가 제기된다. 만일 당신이 현재 가지고 있는 믿음이 당신에게 보탬이 되지 않는다면, 과연 이 믿음을 어떻게 바꿀 것인가? 어떻게 하면 새로운 믿음을 심을 수 있을까?

어쩌면 의지력을 동원할 수 있다. 즉, 새로운 믿음을 가지고 '어떤 선택을 결정만 하면' 될 수 있다. 이렇게 하면 적어도 몇 분 동안은 효과를 볼 수 있다. 하지만 앞에서도 살펴보았듯이 의식적인 생각은 오래 지탱하기가 어렵다. 습관과 믿음을 바꾸고자 한다면 이 습관과 믿음이 뿌리를 내리고 있는 곳에서부터 시작해야 한다. 즉, 이 습관과 믿음이 존재하는 무의식적인 마음에서부터 시작해야 한다.

의식적인 마음은 어떤 상황을 파악하고 여기에 따라서 어떤 계획은 잘 세운다. 의식적인 마음의 차원에서는 새로운 믿음을 '설계'하지만 그 믿음을 계속 유지할 수는 없다. 이것은 마치 뛰어난 지휘자와도 같다. 지휘자는 음악을 완벽하게 이해하고 각각의 악기들이 어떻게 소리를 내어야 하는지 확실히 알고 있다. 하지만 지휘자는 실제로 악기를 연주하지 않는다. 오케스트라 단원들이 각자 자기들이 맡고 있는 악기로 훌륭하게 연주를 하게 하지 않는다면, 지휘자가 생각하는 음악은 그의 머릿속에만 존재할 뿐이다. 머릿속에 있는 음악은 청중들에게 전달되지 않는다. 대부분의 사람들이 생각하고 있는 목표도 마찬가지다.

당신의 무의식적인 측면을 재훈련시키는 것은 두 개의 과정으로 이루어진다. 첫째, 당신이 믿음으로 가지고자 하는 생각을 일단 의식적으로 선택한다. 둘째, 이 생각을 무의식적인 뇌에 체계적으로 각인시킨다.

앞에서 어떤 사람이 음식점에 가서 음식을 주문하고 웨이터가 이 손님의 주문을 받아서 주방장에게 전달하는 예를 든 적이 있는데, 기억하는가? 그것과 똑같다. 가능성의 우주에서 어떤 생각 하나를 선택하는 것은 음식점에 들어가서 메뉴판을 보고 마음속으로 어떤 선택을 하는 것이나 마찬가지다. 이 과정에서 우리는 맛있는 어떤 요리를 상상할 수 있다. 그리고 멋진 선택을 했다는 생각에 얼굴에 흐뭇한 미소를 짓는다. 허기진 배에서는 어서 빨리 음식을 달라고 난리를 친다. 우리는 상상력을 동원해서 이 멋진 음식을 이미 맛보았다. 하지만 문제가 하나 있다. 아무리 멋진 선택을 하고 식탁에 실제로 요리가 나타나길 기대한다 하더라도, 이런 일은 결코 일어나지 않는다. 냅킨을 목에 걸고 포크와 나이프를 양손에 쥐고서 음식을 먹을 준비를 하고 있어도, 음식은 오지 않는다.

무엇이 잘못되었을까? 아직 주문을 하지 않았다. 개구리는 연잎에서 뛰어내리겠다고 마음만 먹었을 뿐 아직 뛰어내리지는 않았다. 내가 먹고자 하는 음식이 무엇이라는 내용이 주방에 전달되기 전까지는 실제로 아무런 일도 일어나지 않는다. 무엇을 먹고 싶은지 분명히 알고 있음에도 불구하고, 주방에서는 이 음식을 만들 생각도 하지 않는다.

의식적인 마음의 자랑거리는 의지력과 상상력을 사용한다는 것이다. 즉 가능성의 바다에서 어떤 생각 하나를 건져 올릴 수 있다. 우리는 우리가 생각하는 것을 선택할 수 있다. 그런데 이 생각을 한다고 해서 실제 현실에서 이루어질 것이라고 믿는 게 바로 우리가 저지르는 잘못이다. 생각을 하는 것만으로 이루어진다고 믿지만, 실제로는 그렇지 않다. 이 의식적인 생각을 때 하나 없이 깨끗하게 닦고 명료하게 광을 내서 무의식의 차원으로 넘겨주지 않는 한, 아무것도 이루어지지 않는다.

이것이 바로 목표를 설정하는 것과 목표를 달성하는 것의 차이다. 목표를 설정하는 것은 의식적인 차원에서 이루어진다. 하지만 목표를 달성하는 것은 정신적이며 무의식적인 행동이다. 목적을 달성하려면, 즉 소망하는 일이 실제 현실에서 이루어지려면, 우선 의식적인 뇌와 무의식적인 뇌 둘 다 능숙하게 다룰 줄 알아야 한다. 그런데 대부분의 사람들은 이렇게 하지 않았다. 이렇게 하라고 가르치는 사람들도 없었다. 바로 이 내용을 다음에 이어질 여러 장을 통해서 설명할 생각이다.

우선 의식적인 여러 기능들, 즉 상상력, 직관력, 추론력 등을 사용해서 당신이 소망하는 일에 대한 수정처럼 맑은 그림, 다시 말해서 완벽한 씨앗을 만드는 것부터 시작할 것이다. 그 다음에는 처음 학습했던 방법을 흉내 내는 매우 폭넓은 그러나 단순한 각인 기법들을 사용하도록 해서 무의식적인 뇌라는 비옥한 토양에 이 씨앗을 심을 수 있도록 여러 가지 방법을 가르쳐 줄 것이다.

"원한다고 해서 원하는 것을 모두 얻을 수는 없다."

롤링 스톤스가 노래한 가사다. 전적으로 옳은 말이다. 어떤 것을 원한다는 것과 실제로 그것을 손에 넣는다는 것 사이에는 직접적인 인과 관계가 거의 없기 때문이다. 어떤 것을 가지고 싶다는 소망을 마음에 품는 것만으로는 아무런 소용이 없다. 아무리 원하고 또 원해도 원하는 게 저절로 이루어지지 않는다. 하지만 이 바람을 당신 뇌의 한가운데 새로운 지시 사항으로 각인을 시킨다면, 이 바람을 생각의 습관, 즉 믿음으로 변환시킬 수만 있다면, 이 세상의 그 어떤 힘도 이 바람이 실제 현실에서 이루어지는 걸 막지 못한다.

성공을 위해 계발해야 할 의식적인 뇌의 능력

- 의지 : 변명은 필요 없다, 밀어붙여라
- 기억 : 머릿속에 떠다니는 경험을 끄집어내라
- 지각 : 눈이 아니라 뇌가 본다
- 추론 : 쪼개고 분석하고 연결지어라
- 직관 : 순수 에너지를 오해없이 느껴라
- 상상 : 뜬구름 잡는 생각을 멈추지 말아라

5장
나만의
성공발전소를 세워라

무대 위에 선 소녀, 베스는 고등학교 합창단의 리드싱어라는 사실을 제외하면 함께 서 있는 다른 열여섯 살 소녀와 전혀 달라 보이지 않는다. 연주회가 시작되자 베스는 줄곧 지휘자를 응시하며 그의 동작을 하나도 놓치지 않는다. 그녀의 목소리는 사랑스럽다. 지휘자에 대한 그녀의 예리한 관찰은 그녀의 타고난 음악성과 결합해서 아름다운 음악을 만들어 낸다. 하지만 베스를 특별하게 하는 것은 그녀의 음악적인 감각만이 아니다. 그녀가 합창단의 다른 소녀들과 달리 특별할 수밖에 없는 무언가가 있다.

베스는 앞을 보지 못한다. 태어날 때부터 앞을 보지 못했다.

그럼 어떻게 그녀가 지휘자를 그토록 예리하게 관찰할 수 있었을까? 그녀는 혀로 지휘자를 바라보았다.

베스는 매디슨의 위스콘신 대학교에 재직했던 폴 바치리타 박사가 개발한 장치를 착용하고 있었다. 바치리타는 모든 감각이 동일하게 형성되었을 뿐만 아니라 서로 완전히 대체할 수도 있다는 가설을 세우고 이를 증명하는 데 많은 시간과 노력을 기울인 학자였다.

바치리타는 사람의 혀는 인체 가운데서 입술 다음으로 촉감과 관련된 신경 수용기가 많다고 설명했다. 그래서 혀는 때로 '호기심이 많은 기관'이라고 불리기도 한다. (당신이 가장 최근에 치과 치료를 받았을 때 당신의 혀가 호기심을 충족시키려고 얼마나 부지런을 떨었는지 회상해 보라. 그러면 이런 표현에 충분히 공감할 것이다.) 그러니 사물을 인식하는 데 혀를 사용하지 말라는 법이 어디 있겠는가. 바치리타가 고안한 장치를 설명하면 다음과 같다. 우선 이 장치를 사용하는 사람의 머리에 비디오카메라를 고정시킨다. 이 카메라는 영상 정보를 노트북으로 전송하고, 노트북이 이 이미지를 144픽셀의 신호로 축소한 다음 전극을 통해서 사용자의 혀에 부착한 그리드로 전송하면, 혀는 그 영상 정보를 일종의 점자 이미지로 해독한다.[*]

바치리타는 2006년에 사망했는데, 당시 그는 해군 특수부대와 함께 사람이 혀로 적외선을 읽을 수 있도록 하는 연구를 했다. 나사NASA도 우주인이 우주복을 입은 상태에서 촉감을 느낄 수 있도록 해주는 장치를 개발하는 작업을 그와 함께 했었다. 안경 속에 감춘

---

[*] Michael Abram, "Can You See with Your Tongue?" Discover (June 1, 2003)

작은 카메라와 이 카메라와 무선으로 연결된 컴퓨터를 이용해서 혀로 사물을 볼 수 있는 소형 장치를 개발하는 게 그의 꿈이었다. 그랬기 때문에 그는 다음과 같이 확신했다.

"측정될 수 있는 모든 것은 뇌로 전달될 수 있다. 그리고 만일 이 정보를 뇌로 보낼 수만 있다면, 뇌는 이 정보를 이용하는 방법을 알아낼 것이다."

위의 인용문의 맨 마지막 부분이 기적에 가까운 핵심적인 내용을 담고 있다. 만일 뇌가 혀로써 사물을 보는 방법을 알아낸다면 그리고 손가락 지문으로 글을 읽는 방법을 알아낸다면, 뇌는 다른 능력까지도 발휘할 수 있지 않을까? 그렇다. 뇌는 무엇이든 다 할 수 있다.

뇌는 평생 늙지 않는다

지난 장에서 신경과학이 지난 10년 동안 양자물리학적인 도약을 했다고 말했다. 그런데 이 놀라운 발전을 구체화한 가장 혁명적인 발견 내용을 딱 하나의 단어로 표현하면 '신경가소성neuroplasticity'이다.

살아 있는 사람의 뇌를 실시간으로 촬영하고 관찰하는 장치가 개발되기 전에 과학자들은 새로운 뇌세포를 만드는 세포 분열 과정은 어릴 때 이미 둔화되다가 성년이 되면 완전히 멈춘다고 믿었다.

태아가 약 6개월로 접어들면 뇌세포가 분할해서 서로 접속하기 시작한다. 새로운 접속 관계를 계속해서 축적함으로써 뇌 회로가 구축되는 과정은 약 두 살 때까지 활발하게 계속되는데, 두 살이 되면 기본적인 유전적 신경 유산이 최종적으로 마무리된다. 이로써 성인 뇌 구성의 약 50퍼센트가 확정되는데, 나머지 50퍼센트는 이후의 경험과 관찰 내용으로 채워진다.

어린이의 뇌는 '거울 뉴런mirror neuron'이라 부르는 특정한 유형의 뉴런들을 상당히 많이 포함하고 있다. 거울 뉴런은 이름 그대로 우리가 주변에서 관찰하는 행동을 모방하도록 도움을 준다. 어릴 때 우리는 주변에서 숱하게 많은 사건과 행동, 감정 등을 경험하는데, 이를 거울에 비춤으로써 행동, 감정, 태도, 생각, 믿음 등의 독특한 내용들을 채우며 각자 자기의 독특한 개성을 형성한다. 그리고 더욱 성장하면서 바람직하다고 가르침을 받는 행동과 생각을 습득한다. 성인이 될 무렵에는 각자 나름대로 세상을 바라보는 인식의 여과 장치가 확고하게 자리를 잡는다. 우리의 뇌는 신경망의 배선으로 완성되어 있기 때문에, 과학자들은 각 개인이 자기 자신과 세상을 어떻게 바라보며 또 이 세상에 자기 자신을 어떻게 위치시키는가에 따라서 자기에게 닥치는 새로운 경험을 바라보는 방식도 달라진다고 믿었다.

하지만 '뇌가소성neuroplasticity'이라는 개념이 나타나면서 모든 것이 바뀌었다.

이 극적인 새로운 발견의 내용은, 뇌에서는 나이와 상관없이 언제나 새로운 뇌세포가 만들어지고 또한 새로운 신경 접속이 형성된다는 것이다. 잘 알려져 있듯이, 신경 조직 발생 과정은 청소년기에 끝나는 것이 아니라 그 사람이 죽을 때까지 계속된다. 나이에 상관없이 뇌는 완전히 새로운 신경회로를 만들 수 있는 능력을 언제든 완벽하게 발휘할 수 있다. 10년 전에 과학자들은 뇌가소성과 같은 개념이 존재할 줄은 전혀 알지 못했다. (사실 심지어 '가소성'이라는 단어를 신경과학 논문에 쓰는 것조차 금기시되었다.) 하지만 이제는 달라졌다. 폴 바치리타와 같은 과학자의 연구 업적이 다시금 새롭게 중요한 의미를 띠며 또 베스보다 나이가 많은 사람들이 자기 혀를 통해서 사물을 바라보는 방법을 배웠던 것도 바로 이런 이유에서다. 실제로, 사람이 새로운 생각이나 경험을 할 때마다 뇌는 새로운 신경 접속을 만든다.

당신도 이미 이것은 알고 있다. 느꼈을 테기 때문이다. 갑자기 어떤 영감이 떠올랐다든가, 한 번도 생각해 본 적이 없었던 어떤 진리를 갑자기 깨달았다든가, 그리고 갑자기 떠오른 통찰력이 너무도 명백해서 소름이 돋고 몸이 저절로 떨렸던 적이 있을 것이다. 만일 이런 느낌이 육체적인 것이었다면, 실제로 당신의 신체엔 변화가 있었다. 즉, 뇌 속에서 새로운 신경회로가 생성되고 있었던 것이다.

그렇게 우리는 모두 각자 물려받은 유전자적인 유산과 성장 과정에서 받은 교육의 영향을 받아서 각자 특정한 모습으로 규정된다. 그리고 만일 이 상태로 기존의 배선 체계를 바꿀 정도의 의미 있는 경험이나 생각을 하지 않는다면, 동일한 태도와 비전, 믿음, 사고방식을 가지고서 평생을 살아갈 것이다.

하지만 신경과학에서의 이런 새로운 발견은, 자신의 유전자 암호를 스스로 바꿀 수도 있음을 암시한다. 즉, 만일 이런 태도와 믿음 그리고 사고방식이 저장되어 있는 우리 뇌의 핵심부에 도달하는 법을 배우기만 한다면, 실질적으로 유전자 암호를 새로 쓸 수도 있다는 말이다.

우리는 지금 여기에서 사소한 변화를 이야기하고 있는 게 아니다. 뇌가 평생 동안 만들 수 있는 잠재적인 접속의 개수는 영이 600만 개나 붙는다. 다른 말로 하면, 당신의 뇌는 《뉴욕 타임스》 600만 권이 넘는 분량을 저장할 수 있으며, 무의식적인 뇌는 이 저장 창고에서 필요한 자료를 즉각 찾아낼 수 있을 정도의 역량을 가지고 있다. 당신은 뇌를 극적으로 바꿀 수 있다. 이 모든 것이 가능하도록 당신의 뇌는 '특별하게 설계'되었다. 우리 인간은 평생 창조성과 지성 그리고 업적 수행 능력을 향상시킬 수 있도록 설계되어 있다.

초당 4000억 비트의 정보처리 기능사

마음을 바꾸는 과정을 배우기 시작할 때 당신이 익숙해져야 하는 무의식적인 뇌의 결정적인 기능이 두 개 있다. 이 기능들을 건드리지 않고 그냥 내버려 두면 당신과 목표들 사이의 경로를 완전히 봉쇄할 수 있다. 하지만 조작하는 방법을 배우기만 하면 이 기능들은 곧바로 원하는 것을 얻을 수 있게 도움을 주는 마법의 도우미가 된다. 첫 번째는 마음의 관문에서 보초를 서는 신경망이다.

사람이 무엇을 도구로 삼아서 사물을 바라보는지 기억하는가? 눈도 혀도 아니다. 바로 뇌다. 감각 기관들은 단순히 자료를 뇌로 옮겨줄 뿐이다. 뇌가 그 자료를 인식 내용으로 바꾸어 준다. 그리고 바로 이 지점에 흥미로운 사실이 놓여 있는데, 의식적인 뇌가 바라보는 것과 무의식적인 뇌가 바라보는 것은 동일하지 않다.

뇌는 1초에 4000억 비트의 정보를 처리한다. 하지만 사람은 약 2000개밖에 인식하지 못한다. 다른 말로 하면, 당신이 어떤 정보 하나를 인식할 때마다 당신의 뇌는 의식의 뒤편에서 약 2억 개의 정보를 따로 더 처리한다는 뜻이다. 그렇다면 우리가 '보는' 것과 보지 않고 건너뛰는 것을 뇌가 구분하는 기준은 무엇일까? 이 중요하고도 중요한 판단은 밤낮을 가리지 않고, 또 잠을 자든 깨어 있든 가리지 않고 평생 동안 한시도 쉬지 않고 이루어지는데, 이 판단을 하는 주체는 '망상 활성화 체계reticular activating system, RAS'다.

RAS는 뇌의 기저에 있으면서 척수와 소뇌 및 대뇌와 연결되어 있는 신경망 경로를 가리키는 용어인데, 이것은 뇌가 외부 세계에서 받아들이는 모든 감각적인 입력 내용들을 거르는 여과 장치 역할을 한다. ('작은 그물'을 뜻하는 라틴어에서 비롯된 '망상Reticulum'은 그물 구조를 뜻한다.) 보고, 듣고, 느끼고, 맛보고, 냄새 맡는 모든 것은 이 가는 그물망을 통과하는데, 이 그물망이 입력 내용들을 각기 뇌의 적절한 부분으로 보내서 처리되도록 한다.

망상 체계는 마음의 관문을 지키고 서서 쏟아져 들어오는 외부 정보들을 분류하면서 뇌에 기존에 축적된 정보와 가장 긴밀하게 연관된 정보들을 검색한다. 망상 체계는 당신이 처한 환경에서 비롯되는 모든 감각 내용을 검색해서 만일 특별히 중요한 게 있으면 이런 사실을 당신에게 알리고 경고음을 울리기 위해서 의식적인 뇌에 신호를 보낸다. 이런 과정은 의식적인 뇌의 세포가 작동하는 것보다 800배 빠른 속도로 진행된다.

교실 바깥에 서 있는 어떤 학부모가 교실 안에 있는 50명의 아이들이 동시에 시끄럽게 떠드는 소리 속에서 자기 아들 혹은 딸의 목소리를 구분해 내는 것도 바로 이런 이유 때문이다. 학부모는 수많은 목소리들 속에서 자기 아이의 목소리만 걸러서 듣는 것이다. 어째서 이런 일이 가능할까? 학부모가 자기 아이의 목소리를 인식하고서 다른 아이들의 목소리는 여과 장치로 걸러 내는 프로그램이 작동하기 때문이다.

영화 〈웨스트사이드 스토리West Side Story〉에 젊은 연인 토니와 마리아가 처음으로 만나는 장면이 있다. 두 사람은 커다란 무도장에서 멀리 떨어져 있지만, 서로를 바라보는 순간 갑자기 다른 사람들은 모두 흐릿해지고 두 사람만 서로를 또렷하게 인식한다. 오로지 두 사람만 그곳에 존재하는 것처럼 느낀다.

이런 설정은 단순한 스토리텔링에 그치는 게 아니다. RAS가 작동하는 생생한 증거가 된다. 토니의 무의식적인 뇌는 그의 뇌가 '이상적인 여성'이라고 설정하고 있는 특정한 이미지와 관련이 있는 정보를 검색하도록 설정되어 있다. 마리아의 뇌 역시 '이상적인 남성'이라고 설정된 이미지를 검색하도록 설정되어 있다. 그런데 두 사람은 서로에게, 4000억 개의 정보 가운데서 유일하게 관심이 있는 하나의 정보가 된다.

이런 체계를 보면 구글과 같은 것이라고 생각할 수도 있다. 검색창에 검색어를 써넣고 검색하면 구글의 검색 엔진은 인터넷의 바다를 헤매고 돌아다니면서 검색어와 관련이 있는 것들을 모두 찾아내서 나열해 준다. 이 과정은 불과 몇 초 만에 이루어진다. 사람의 RAS도 마찬가지다. 차이가 있다면 이 과정에 걸리는 시간이 몇 초가 아니라 수천 분의 1초라는 점이다. 사람의 RAS는 매우 빠르고 효율적으로 작동하기 때문에, 여기에 비하면 구글의 검색창에 검색어를 써넣는 행위는 돌에 글자를 새기는 것만큼이나 느리다고 할 수 있다.

RAS와 관련해서 가장 중요한 사실이 하나 있다. 구글에서와 마찬가지로 찾고자 하는 것은 무엇이든 검색창에 써넣을 수 있다. 특정한 생각이나 목표를 RAS에 입력할 경우, 당신이 잠을 자든 깨어 있든 혹은 이 문제를 생각하고 있든 생각하고 있지 않든 간에 RAS는 이 작업을 수행하면서, 외부에서 들어오는 모든 정보를 검색해서 당신이 찾으라고 명령을 내린 대상을 찾는다. 그리고 결정적인 하나의 자료를 당신이 인식할 수 있도록 해주고 나머지 399,999,999,999개는 걸러 버린다.

잠을 자고 있다고 가정해 보자. 단, 옆방에서 잠자는 아기를 돌보고 있는 중이다. 바깥에서 자동차 경적 소리가 들리고 개 짖는 소리가 들리고 옆집 사람이 술에 취해서 현관문을 발로 차는 소리가 들린다 하더라도 당신은 잠에서 깨지 않는다. 하지만 옆방에 있는 아기가 칭얼거리는 소리가 들리면 금방 눈을 뜬다. 무의식적인 뇌는 모든 소리를 다 듣고 있었지만 아이가 칭얼거리는 소리만 당신의 의식을 뚫고 들어갔고 당신은 잠에서 깨어난다. 이 RAS는 우주에서 가장 정교하고 똑똑한 경보 체계다.

만일 당신이 원하는 어떤 선명한 상을 하나 만들어 두면, 뇌의 RAS는 이 상과 일치하는 어떤 것을 찾을 때까지 쉬지 않고 검색한다. 시끄러운 술집에 있을 때라도 이 검색 작업은 쉬지 않고 계속된다. 그러다가 당신에게서 최소한 10미터 밖에 떨어진 곳에서 두 사람이 나누는 대화 가운데서 어떤 단어가 당신의 귀에 들린다. 두 사람 가운데 한 사람이 창고를 잠시 남에게 세놓고 싶다고 한 말이다. 이런 일이 일어난 이유는 당신이 어떤 창고를 한두 달 동안만 빌려야 할 필요가 있기 때문이다. 두 사람이 나누는 대화보다 더 가까이에서 들리는 더 큰 소리들도 많았지만, 그 수많은 소음 속에서 유독 그 말이 들리는 놀라운 일이 벌어진 것이다. RAS가 필요로 하는 소리만 골라서 의식 안으로 밀어넣었기 때문이다. 이게 바로 RAS가 작동하는 방식이다.

이 RAS는, 내가 비전보드에 붙여 놓았던 사진 속의 바로 그 집을 나도 인식하지 못하는 사이에 결국 내가 사고 말았던 놀라운 사실을 설명하는 하나의 대답이 될 수 있다. 그 집을 무의식 속에 각인시켜 두었고, 여러 해 뒤에 내가 우연히 그 집이 있는 지역에서 집을 사려고 돌아다니던 때에 RAS가 신경 레이더로 이 집을 포착했던 것이다.

걱정은 나를 향한 저주다

바닷물을 모두 뒤져서 내가 찾는 한 방울의 물을 찾아내는 이 놀라운 능력은, 당신이 무엇을 찾느냐에 따라서 축복이 될 수도 있고 저주가 될 수도 있다. 두 가지 이유에서 그렇다.

첫째, 만일 RAS가 당신이 진정으로 원하는 것을 찾도록 프로그래밍되어 있지 않다면, 아무리 부지런하게 어떤 목표를 좇는다 하더라도 그 목표를 찾는 데 도움이 될 수 있는 모든 자원과 연결점과 퍼즐 조각들은 그물망을 그냥 통과해 버려서 아무런 단서도 찾지 못할 것이다.

자, 이런 설정을 한번 해보자. 당신은 한 해에 약 5만 달러를 벌고 이것을 '정상'이라 생각한다고 치자. 이것은 다음과 같은 믿음으로 전환된다.

"나는 한 해에 5만 달러 가치가 있는 사람이다. 이것이 나의 정상적인 수입 수준이다."

이 경우 무의식적인 마음은 연봉 5만 달러라는 상을 강하게 붙들고 있기 때문에 설령 100만 달러짜리 아이디어가 포착된다 하더라도 RAS는 그냥 통과시키므로 이 아이디어를 의식적인 차원에서 결코 인식하지 못한다. 이 정보는 무의식적인 뇌의 깊숙한 창고에 처박혀 버리고 만다. 이것을 가리키는 신경학 용어가 '맹점scotoma'이다. 문제를 해결할 수 있는 해답이 바로 코앞에 있어도 이 해답을 보지 못하게 되는 것이다.

RAS가 부정적으로 작동하는 두 번째 방식은 이렇다. 만일 당신이 원하지 않는 것으로 프로그래밍을 해두었다면, RAS는 원하지 않는 것을 계속해서 포착해 의식에 밀어 넣을 것이다. 그래서 원하지 않는 것이 계속 나타난다. 수많은 사람들이 사업 문제든, 애정 문제든, 건강 문제든 혹은 다른 어떤 문제든 간에 똑같은 실수를 반복해서 저지르는 것도 바로 이 때문이다. 당신은 원하지 않는 것에 대해서 어떻게 RAS를 프로그래밍해 두었는가? 단순히 거기에 초점을 맞추기만 한 것은 아닌가? 그렇기에 생각의 습관이 고착화된 것은 아닌가?

삶에 있어 도움이 되지 않거나 불행한 일들에 초점을 맞추는 것은 이 문제들을 검색어 삼아서 RAS를 작동시키는 것이나 마찬가지다. 당연히 RAS라는 검색 엔진은 그 문제들을 찾아 나선다. 뇌는 정말이지 엄청나게 유능하다는 사실을 명심해야 한다. 만일 아무 생각 없이 심장병이니 실망이니 좌절 따위를 찾으라고 했다간 낭패를 당하고 만다. 여지없이 찾아내서 당신 앞에 혹은 당신의 생활 속에 대령하기 때문이다.

이것이 뜻하는 내용은 다음과 같다. 예컨대 당신은 몸무게 5킬로그램을 빼고 싶어 한다. 당신은 2만 달러의 빚을 절대로 지고 싶어 하지 않는다. 당신이 사업을 시작하는데 사업 첫해에는 제발 걱정거리들이 생기지 않으면 좋겠다고 바란다. 이때 뇌간腦幹의 네트워크는 콧노래를 부르면서 신나게 그리고 부지런하게 작동한다. 엄청나게 들어오는 온갖 생각들, 의견들, 다른 사람들의 대화들 그리고 온갖 정보의 조각들을 뒤져서 '정확하게 당신이 원하지 않는 것들'만 가려서 당신의 의식 안으로 들이민다.

왜 이런 일이 일어날까? 당신이 그렇게 하라고 시켰기 때문이다.

더 나아가서 RAS는 다른 모든 것들은 충실하게 무시한다. 실제로 당신이 살을 빼고 빚을 청산하고 사업을 번창하게 하는 데 도움이 되는 모든 증거, 자원, 생각 혹은 기타 유익한 정보들을 RAS가 필요 없는 것이라 판단하고 무의식의 창고 속으로 던져 버린다는 말이다.

예를 들어서 이성을 새로 만나서 가까운 관계를 맺어 나가는 중이라고 하자. 그리고 성장기에 겪었던 여러 가지 경험으로 해서 처음에는 행복한 인간관계라 하더라도 결국에는 비참하게 끝날 것이라는 믿음을 가지고 있다고 하자. 당신은 새로 만난 이성을 사랑하고 또 함께 있어 매우 행복하게 보이겠지만, 두 사람의 관계가 오래 지속되지 못할 것이라고 남몰래 걱정한다. 어쩌면 이런 걱정을 아무에게도 말하지 않았을 수도 있다. 또 어쩌면 이런 걱정을 자신에게조차 입 밖으로 소리 내어 말하지 않았을 수도 있다. 하지만 무의식에는 어떤 비밀도 불가능하다. 이 걱정은 단지 주변만을 돌지 않는다. RAS의 검색 작업이 진행되면서 결국 이 걱정은 전면 무대에 나서고 만다.

자, 그럼 구체적으로 어떤 일이 일어나는지 살펴보자. 당신과 연인 사이의 관계가 더할 나위 없이 단단하고 건강하다는 증거는 이 세상에 널려 있다. 주변의 모든 사람들도 완벽하게 잘 어울리는 한 쌍이라고 생각한다. 그리고 두 사람 주변의 모든 상황도 이런 판단을 지지한다. 하지만 아무리 그래 봐야 이 모든 것들은 아무 소용이 없다. 당신의 RAS가 이것들을 모두 지워 버릴 것이기 때문이다. 만일 아주 작은 비관적인 생각이 얼핏 뇌리를 스치기만 해도, 혹은 은밀하게 시기하는 어떤 사람이 당신과 연인 사이의 관계에 대해서 냉소적인 발언을 슬쩍 던지기만 해도, 잘 훈련되어 있는 당신의 RAS는 2억 가지의 긍정적인 증거들을 내팽개치고 단 하나의 그 부정적인 증거를 당신의 의식 안으로 전달한다. 그리고 이것이 이미 가지고 있던 부정적인 믿음과 결합할 때, 연인과의 관계는 불행하게 끝날 것이라는 걱정은 점차 확신으로 굳어진다. 그리고 믿음과 습관은 바람보다 수천 배나 더 강력하기 때문에, 이 확신은 자기만족적인 예견으로 이어진다. 즉, 불행하게 끝날 것이라고 믿으면, 결국 진짜 그렇게 끝난다는 말이다.

돈 문제나 사업 문제에서도 마찬가지다. 당신의 RAS는, 이미 프로그래밍되어 있는 어떤 관점을 강화하는 증거나 자원을 찾아 나선다. 그런데 만일 그 관점이 부정적이면 당신이 찾고 강화하고 증폭시키는 증거와 '현실' 역시 정확하게 부정적이다.

걱정은 원하지 않는 것이 일어나게 해달라고 비는 기도다.

분명한 목적을 가지고서 RAS에 의식적으로 지시를 내리는 방법을 배우는 게 중요한 것도 이 때문이다. 아울러 뇌가소성이 그 사람의 삶을 완전히 바꾸어 놓는 것도 바로 이 때문이다.

우리가 '두뇌 재조정neural reconditioning'(직역하면 '신경 재조정'으로 옮겨지나 이해의 편의를 위해 두뇌 재조정으로 의역하여 표기했음을 밝힌다 ─ 옮긴이)이라고 부르는 과정은 (이 과정에 대해서는 7장에서 자세하게 다루겠지만) 무의식적인 신경 검색 엔진에 새로운 검색어를 써넣기 위해 마련된 과정이다. 두뇌 재조정을 통해서 원하지 않는 것이 아니라 원하는 것에, 다시 말해서 문제가 아니라 해결책에 초점을 맞추는 놀라운 능력을 발휘하도록 RAS를 훈련시킬 수 있다. 이렇게 할 경우 RAS는, 과연 목표를 이룰 수 있을까 걱정할 때 생기는 온갖 의심과 두려움이 아니라 그 목표를 달성함으로써 얻을 수 있는 만족감과 성취감 그리고 기쁨에 초점을 맞추어서 이런 것들을 가려낸다.

영화 〈나의 그리스식 웨딩My Big Fat Greek Wedding〉에서 주인공 툴라는 어머니에게 아버지가 가부장적 권위를 내세워서 독재자처럼 군림하려 한다고 불평한다.

"엄마, 아빠는 너무 똥고집이야! 툭하면 그러잖아, 남자는 한 집안의 머리라고."

그러자 어머니는 딸을 바라보며 고개를 끄덕인다. 그러고는 자신에 찬 말투로 이렇게 말한다.

"내 말 잘 들어라. 그래, 아빠는 머리야, 맞아. 하지만 나는 목이야. 그러니 언제든 내가 원하는 대로 네 아빠를 돌려놓을 수 있단다."

두뇌 재조정의 간단한 기법을 동원해서 당신의 무의식적인 뇌가 당신이 원하는 방향으로 향하도록 조정할 수 있다.

제자리걸음의 딜레마

당신이 처한 환경에서 원하는 새로운 정보를 검색하도록 RAS를 재조정하는 것과 함께, 뇌를 재조정해서 새로운 정보를 위험 요소로 파악하고 기각시키는 게 아니라 받아들이게 하고 싶을 것이다. 이렇게 하려면 우선 두 번째의 결정적인 무의식적 기능을 살펴볼 필요가 있다. 이 기능은 때로 '세트포인트set point'라고 불리기도 하는데, 이것이 어떻게 작동하는지 설명하려면 우선 '고든의 딜레마'를 살펴봐야 한다.

어느 날 고든은 새로 산 신형 모델의 배에 친구들을 태우고 바다로 낚시를 하러 나갔다. 정서 방향으로 약 1.6킬로미터 정도 간 다음에 배를 세우고 낚시를 하기 시작했다. 몇 시간 동안이나 낚시를 했지만 고기는 잡히지 않았다. 친구들은 남쪽으로 가면 고기가 잘 잡힌다고 들었다면서 고든에게 남쪽으로 가자고 했다.

고든은 친구들이 고기를 많이 잡고 즐거운 시간을 보내면 좋겠다는 마음뿐이었다. 그래서 그는 뱃머리를 90도로 돌려 정남 방향으로 몬 다음에 다시 친구들과 함께 낚시를 했다. 한 시간 동안 낚시를 했지만 고기는 구경도 하지 못했다. 친구 가운데 한 명이 하늘을 바라보더니 이렇게 말했다.

"고든! 우리는 아직도 정서 방향에 있잖아!"

창피했지만 고든은 그게 사실임을 인정해야 했다. 고든은 다시 조타실로 돌아가서 뱃머리를 90도를 지나서 135도까지 돌린 다음에 남동쪽으로 배를 몰았다. 그리고 다시 친구들이 있는 곳으로 돌아갔다. 그리고 한 시간을 더 낚시를 했지만 역시 고기는 잡히지 않았다. 그들은 여전히 정남 방향에 있다는 사실을 깨달았다. 당혹스럽기도 하고 화가 나기도 한 고든은 조타실로 가서 뱃머리를 180도로 돌려서 항구로 향했다. 그런데 15분 뒤에 보니까 신기하게도 여전히 정서 방향으로 향하고 있었다. 고든은 폭발하기 일보직전까지 갔다. 그런데 친구 한 명이 이렇게 말했다.

"이봐, 고든. 혹시 자동 항법 장치가 작동하는 거 아냐?"

고든은 무슨 말을 해야 할지 몰랐다. 자동…… 뭐라고 했지? 그는 자기 배에 그런 장치가 있는지도 몰랐다. 자기 배가 자동 항법 장치에 따라서 움직인다는 사실도 물론 까맣게 몰랐다.

고든이 경험했던 낭패를 혹시 당신도 경험하지 않았는가? 사람들은 대부분 이런 경험들을 한다. 건강한 인간관계를 맺는 데 세 번 실패한 뒤에, 사업에 네 번 실패한 뒤에, 화를 내지 않겠다고 맹세를 해놓고선 일곱 번째로 화를 낸 뒤에 혹은 다이어트에 여덟 번째 (혹은 열여덟 번째) 실패한 뒤에, 사람들은 이렇게 말한다.

"왜 나에게만 자꾸 이런 일이 생길까?"

고든과 마찬가지로 자기에게 자동 항법 장치가 있는 줄 몰랐기 때문이다. 자동 항법 장치는 배에만 있는 게 아니다. 우리에게도 이런 게 있다. 이것을 '사이코사이버네틱스psycho-cybernetics'라고 부른다.

뇌 안의 온도 조절 장치

'사이버네틱cybernetic'이라는 용어는 유기체 및 몇몇 기계 장치에 존재하는 통제-반응 메커니즘을 뜻한다. 이 용어는 노버트 위너가 1940년대에 출간한 그의 저서 덕분에 유명해졌다.[*] 온도 조절 장치가 쉬운 예다. 집에서 온도 조절 장치를 특정한 온도에 맞추어 놓으면, 이 장치는 외부 기온과 상관없이 실내 온도가 그 온도로 유지되도록 냉방기나 난방기를 통제한다. 만일 바깥에서 차가운 공기가 실내로 들어와서 온도가 내려가면, 이 장치는 난방기를 작동시켜서 원래 온도가 되도록 공기를 데울 것이다. 마찬가지로 여름 햇살이 건물을 뜨겁게 달구어서 실내 온도가 올라가면 이 장치는 냉방기를 작동시켜서 원래 온도가 되도록 공기를 차갑게 식힐 것이다.

'세트포인트set point'라는 용어는 흔히 신체의 온도, 몸무게 혹은 기타 호메오스타시스(항상성恒常性. 체온이나 화학적 성분 등과 관련된 생체 내의 균형을 유지하려는 경향 – 옮긴이)의 여러 유형들을 통제하는 생리학적인 버전을 묘사하는 데 사용된다.

1950년대에 성형외과 의사이던 맥스웰 몰츠는 당황스러운 사실 하나를 발견했다. 성형 수술을 받고 얼굴이 상당히 많이 변했음에도 불구하고 정작 본인은 거울을 바라보고는 어디가 얼마나 변했는지 잘 알아보지 못하는 환자가 뜻밖에도 많다는 것이었다. 이런 사실에

---

[*] Cybernetics: or Control and Communication in the Animal and the Machine (1948). 이 단어는 '키잡이'나 '키' 등을 의미하는 그리스어 'kybernetes'에서 유래했다.

몰츠는 매혹되었다. 도대체 어떻게 이런 일이 있을 수 있을까? 그는 사람들이 자기 이미지를 파악하는 방식과 과정을 연구했다. 그리고 결국 내적 자동 보정 과정을 발견했고, 여기에 '사이코사이버네틱스'라는 이름을 붙였다.

사람은 인생을 살면서 얼마든지 변할 수 있다. 몰츠에 따르면 돈, 건강, 정신적 연대, 인간관계 혹은 직업이나 경력 등과 관련된 변화가 사람들이 각자 설정하고 있는 안전지대 바깥으로 사람들을 데리고 갈 경우, 이 변화는 나머지 신경계 전체로 화학적인 신호를 보낸다. 그러면 뇌는 이 신호를 의심, 공포 혹은 걱정 따위로 포착해서 위험한 신호라고 자동적으로 해석하고, 변화가 있기 전의 상태로 되돌리는 데 필요한 조정 작업은 무엇이든 다 하도록 우리의 등을 떠민다. 이런 점에서 보자면 뇌는 자동 온도 조절 장치와 똑같다.

하지만 만일 당신이 이미 만들어져 있는 길에서 벗어나길 바란다면 어떻게 될까?

생존을 추구하는 차원에서 보자면 사이코사이버네틱스는 탁월하다. 차도에 한 발을 내리고 서 있는 당신을 향해 자동차 한 대가 달려온다. 뇌가 보낸 신호에 따라서 아드레날린이 분출하고, 여기에 따라서 당신은 의식적인 생각을 하지 않고도 차도에서 급히 인도로 올라갈 것이다. 덕분에 목숨을 구할 수 있다. 하지만 생존의 위협이 전혀 없는 일상의 세계에서라면, 목숨을 지켜 주는 이 메커니즘이 삶이나 사업에서 변화하고 성장하려는 노력을 가로막을 수도 있다.

문제는 메커니즘 자체가 아니라 화학적인 신호를 위험하다고 해석하는 것이다. 사실 위험을 무릅쓰는 것은 야망을 가진 사람으로서는 당연한 태도다. 위험을 무릅쓰지 않고는 성장도 꾀할 수 없다.

여기에서 우리가 알아야 할 게 있다. 사이코사이버네틱 경보는 '위험'을 알리는 것이 아니다. 이것이 우리에게 전달하는 메시지는 다음과 같다.

"이봐, 자네는 지금 정상 범위에서 벗어나려 하고 있어. 지도에 나와 있지 않은 곳으로 들어가려 한단 말이야. 이런 사실을 알고 있겠지? 이게 정말 자네가 하고자 하는 거 확실해?"

사이코사이버네틱스는 '언제나' 당신이 탄 배가 신경회로에 프로그래밍되어 있는 항로를 벗어나지 않도록 하는 자동 항법 장치다. 고든이 자기 배의 항로를 바꾸려고 시도했을 때 그랬던 것처럼, 의지력과 의식적인 노력은 항로에 영향을 미치지만 이 영향은 오래가지 못한다. 결국 자동 항법 장치에 따라서 원래대로 돌아간다. 이것은 모든 행동 조정 프로그램들에 존재하는 가장 큰 결점이다. 이런 프로그램들은 의식적인 노력일 뿐이며, 의식적인 뇌는 우리의 습관을 바꾸는 데 그다지 효과적이지 않다. 항로를 제대로 바꾸려면, 습관을 바꾸어야 한다. 습관이 자리 잡고 있는 무의식적인 뇌에서 이 작업을 해야 한다.

목표치를 높이고 두려움을 즐겨라

앞 장에서 우리는 설령 어떤 사람이 자기 소득을 10배로 올리길 바란다고 하더라도, 이런 의도를 무의식적인 뇌에 각인시키지 않으면 그저 바람으로 남을 뿐이라는 말을 했다. 고든의 딜레마가 그 이유다. 재정과 관련된 세트포인트(원래는 생물학적으로 인체에 기억된 유전자적인 정보를 일컫는데 여기선 뇌 속에 각인된 일정 수준의 재정상태를 의미한다. 세트포인트를 바꾸려면 꾸준한 노력과 시간이 필요하다는 의미)를 이미 가지고 있다는 말이다. 만일 당신이 소득을 상당한 수준으로 올릴 수 있으려면 우선 이 세트포인트부터 새로 조정해야 한다. 그렇게 하지 않으면 상당히 높은 수준의 소득을 가져다줄 수 있는 어떤 의미 있는 행동을 할 때마다, 사이코사이버네틱스가 작동해 뇌에 아드레날린과 코티솔을 쏟아부어서 당신이 인도 위로 안전하게 올라서게 할 것이다.

그렇다면 이 자동 조절 장치를 어떻게 재조정할 수 있을까? 예를 하나 들어서 설명하겠다.

존 아사라프의 아들 키넌이 유치원에 다니기 2주 전, 존은 키넌을 데리고 유치원으로 가서 창문을 통해 유치원 교실을 들여다보게 했다. 존은 아들에게 자기가 처음 유치원에 갔을 때 얼마나 신나는 일들이 많이 있었는지 모른다면서 그런 이야기들을 해줬다. 그리고 자기가 좋아하는 온갖 장난감들이 교실에 가득해서 얼마나 신이 났는지 모른다는 이야기도 했다. 키넌도 자기처럼 신나게 놀 수 있을 것이라고 말했다.

처음 유치원에 가던 날, 키넌은 기대에 부풀어서 좀처럼 흥분을 가라앉히지 못했다. 존과 키넌은 함께 건물 안으로 들어섰지만, 키넌이 얼마나 빠르게 달렸던지 존은 키넌을 따라잡기 힘들 정도였다. 완전히 새로운 경험이었지만 키넌은 이 경험을 맞을 준비가 완전히 되어 있었다. 사이코사이버네틱스를 이미 재조정해 두었던 것이다.

유치원에는 존과 키넌 외에 다른 부자父子도 있었다. 그런데 이 부자의 모습은 존과 키넌 부자의 모습과는 달랐다. 키넌은 신이 나서 교실로 달려갔지만, 그 부자의 아들은 아버지의 다리를 붙잡고 필사적으로 매달렸다. 금방이라도 울음을 터트릴 것만 같은 표정이었다. 그 아이의 얼굴에 떠오른 표정을 읽기는 어렵지 않았다. 자기가 알고 있던 안전지대에서 벗어나고 싶지 않다는 것이었다. 이 아이의 사이코사이버네틱스가 요란하게 작동해 핏속으로 화학 물질을 마구 뿜어대면서 마치 화재 경보음처럼 고함을 질러댔던 것이다.

"안 돼! 위험해! 돌아가! 도망쳐!"

이 아이의 아버지도 훌륭한 사람이었다. 자상하고 친절하게 아이에게 힘을 보태려고 했다. 하지만 자기 아들이 교실로 들어갈 용기를 어떻게든 가져야 한다고 철저하게 믿는 것 같았다. 아버지는 아이를 어르고 달랬다. 설명하고 용기를 북돋우고 확신을 심어 주려고 애썼다. 하지만 아무리 그래도 소용이 없을 것 같았다. 왜 그랬을까? 이미 너무 늦었기 때문이다. 아이의 아버지가 시도했던 모든 것들은 의식적인 마음 차원에서 진행되었던 것이다.

무의식적인 마음과 의식적인 마음이 싸우면 언제나 무의식적인 마음이 이긴다. 언제나 그렇다.

사이코사이버네틱스는 언제나 설정된 대로, 즉 '내가 편하게 느끼도록 해주면 좋겠다'는 기준에 따라서 작동한다는 사실을 기억하라. 만일 자신의 기분을 분석하는 방법을 익히지 않았다면, 다른 모든 사람들이 하는 것을 하게 될 것이다. 안전지대로 조용히 도망쳐서 안주하는 것이다. 기존에 설정된 호메오스타시스로 돌아가기 위해서, 설정한 목표들을 추구하면서 거둘 수 있는 성공을 고의로 파괴할 것이다. 그리고 보통은 이런 사실을 인식조차 하지 못한다.

한 가지 더 덧붙이면, 이것은 행복과 아무런 관계가 없다. 당신은 비참해질 수 있다. 일의 성과도 형편없을 것이다. 하지만 이게 정상이라고 설정한 기준이라면, 사이코사이버네틱스는 당신을 그 비참한 상태 안에 안전하게 머물도록 하기 위해서 무의식적인 습관, 사고방식과 행동 등을 모두 충실하게 관리하고 보호해 줄 것이다.

유치원에 간 키넌에게 어떤 일이 일어났는지 좀 더 살펴보기로 하자. 아버지는 키넌이 새로운 신경 접속을 만들게 도왔다. 이 신경 접속 덕분에 키넌은 새로운 환경을 편안하게 받아들였다. 그는 내면적인 경험을 창조함으로써 유치원이라는 새로운 환경에 익숙해졌다. 무의식적인 마음은 감각 기관을 통해서 뇌로 전달된 물리적인 세상의 외부적인 경험과 순전히 상상력에 의해서 뇌로 전달된 똑같은 경험을 구분하지 못한다. 엄청난 힘을 가지고 있는 무의식적인 마음이긴 하지만 이런 결정적인 한계를 가지고 있다. 무의식적인 마음의 엄청난 맹점이라고 할 수 있다. 무의식적인 뇌의 무한한 힘에 비하면 보잘것없는 힘을 가지고 있지만, 의식적인 뇌는 상상력을 통해서 어떤 그림들을 만들어 내는 놀라운 능력을 가지고 있다. 이 그림들을 무의식의 발전소는 '실제' 사상事象과 구분하지 못한다.

키넌이 유치원 교실에 가면 새로운 친구들과 신기한 장난감들이 있어서 신나게 놀 수 있다고 상상할 때 실제로 현실에서는 그런 일이 일어난 게 아니었다. 하지만 키넌의 무의식은 이런 사실을 깨닫지 못했으며, 그래도 상관하지 않았다. 그의 무의식 측에서 보자면 아버지의 이야기를 통한 그 경험은, 2주 뒤에 입학해서 실제로 문을 열고 들어갈 유치원 교실에서의 경험과 똑같았다.

존이 키넌에게 했던 것은 당신이 자아와 꿈을 대상으로 해야 하는 것과 같다. 먼저 무의식 속에서 진짜처럼 생생한 경험을 하는 것이다. 이렇게 할 때 뇌의 메커니즘이 재조정되어서, 무의식은 면역 체계가 바이러스를 퇴치하는 방식으로 새로운 일이나 경험을 거부하는 것이 아니라 두 팔을 벌려서 그 새로운 환경을 반기게 된다. 키넌이 유치원에 처음 간 날 신이 나서 그랬던 것처럼.

이때 핵심은 공포를 느끼고, 의심을 느끼고, 불확실성이 존재하는 것을 깨닫지만, 그럼에도 불구하고 그것을 하는 것이다. 성공하는 사람들은 그렇지 않은 사람들보다도 화학적인 경보의 강도가 약하며 횟수도 적다. 이들은 그 경보를 다르게 해석한다. 이들은 그 느낌을 인식하는 방법을 이미 익혔다. 그리고 그 경보에 수동적으로 대응하지 않고 앞으로 나아가는 데 활용한다. 즉, 위험한 요소가 아니라 머지않아 돌파구가 열린다는 징후로 받아들인다.

인생의 경험 속에서 전율을 느꼈던 순간들을 돌이켜 보라. 스키장 리프트에서 내려서 고급 코스를 앞에 두고 섰을 때, 다이빙하려고 다이빙대로 걸어 나갈 때, 사랑하는 사람과 첫 데이트를 할 때, 처음 마련하는 집의 계약서에 서명을 할 때, 무언가 엄청난 일을 지금 막 하려고 한다는 것을 알려 주는 것은 분출하는 아드레날린이다. 이때의 감정을 떠올려라. 그리고 인생이 새롭고 흥미진진한 성공 가도로 들어설 때 그 느낌을 기억해라. 같은 느낌이기 때문이다.

이 역량은 근육과 다르지 않다. 많이 쓰면 쓸수록 더 강해진다. 설정한 목표가 의심스럽고 초조할 때일수록 정신을 바짝 차려라. 그리고 스스로에게 이런 질문을 던져라.

"과연 이것이 정말 위험할까? 정말 나에게 해가 될까? 아니면 목표를 달성할 때 자연스럽게 거치는 성장 과정의 한 부분일까?"

자전거를 타기 시작할 때든, 이제껏 벌었던 것보다 더 많은 돈을 벌겠다고 마음먹었을 때든, 새로운 인간관계를 맺을 때든, 유치원에 처음 갈 때든 새로운 것을 배울 때는 저항이 있게 마련이다. 이때의 저항은 편안한 느낌이 아닌 일종의 두려움이다. 하지만 이것은 당신이 성장하고 있다는 뜻이다.

뇌 속에 새로운 길을 만들어라

RAS를 다시 프로그래밍하기 시작하고 사이코사이버네틱스를 재조정하기 시작할 때 실제로 하는 것이 무엇인지 깨달아야 한다. 당신은 기존에 프로그래밍이 된 설정을 뒤엎고 있다. 오랜 세월의 뿌리 깊은 습관을 송두리째 뽑는 중이다.

상상 속에서 그저 어떤 새로운 생각을 하는 것이 아니다. 헬스클럽에 등록을 하고 운동을 열심히 하겠다거나 쓸데없는 지출을 최대한 줄이겠다는 신년 계획보다 더 오래 지속되지 못할 어떤 새로운 생각을 하는 게 아니다. 뇌 조직 속에 있는 새로운 신경회로들을 물리적으로 생성시킴으로써 뇌가 작동하는 방식을 근본적으로 바꾸는 것이다. 당신의 삶 속에서 당신이 할 수 있는 변화로는 이것보다 더 근본적일 수 없다. 스스로 자기 자신의 정의 내용을 바꾸는 셈이다.

끝없이 펼쳐진 빽빽한 숲을 걸어서 통과하기로 결심했다고 상상해 보자. 수백 년 동안 아무도 지나가지 않은 숲이다. 나뭇가지들을 쳐내고 작은 나무와 풀을 밟으면서 지나가야 한다. 그날 오후에 갔던 길을 다시 되돌아 나올 때 당신이 몇 시간 전에 갔던 그 통로를 알아볼 수 있다. 여기저기에 나뭇가지가 쓰러져 있고 풀이 밟혀서 누워 있을 테기 때문이다. 하지만 처음에는 어느 정도 눈이 밝아야만 이런 것들을 포착할 수 있을 것이다.

다음 날 당신은 같은 길을 따라서 다시 숲으로 들어간다. 그런데 길을 헤쳐 나가기가 전날보다 훨씬 쉽다. 날마다 이렇게 반복하면 길은 점점 넓어지고 분명하게 보이며 또 걷기 수월해진다.

당신이 새로운 신경회로를 만들 때도 이와 똑같은 현상이 벌어진다. 새로운 생각을 가지려면 다시 말해서 뇌 속에 새로운 경로를 만들려면 엄청난 의지력과 상상력이 소요될 것이다. 꿈에 그리던 인생을 사는 모습을 떠올리고 상상 속에서 자기 자신을 수백만 달러의 가치가 있는 존재로 떠올리는 데는 엄청난 신념과 용기와 상상력이 필요하다. 당신은 지금 습관적인 여러 생각들이 빽빽하게 들어차 있는 숲에 새로운 길을 내고 있다. 새로운 생각으로 도약을 시도하고 있다.

이 과정을 신경과학적으로 검토해 보자. 생각은 일련의 전기적인 충격과 함께 전송된다. 생각은 뉴런과 뉴런 사이의 간극 혹은 시냅스(신경 세포의 자극 전달부 - 옮긴이)를 뛰어넘어서 뉴런에서 뉴런으로 옮겨 간다. 이 생각의 전기적인 전하가 시냅스 간극을 뛰어넘으려면 어떤 특정한 전기적인 문지방에 닿아 이것을 넘어야 한다. 그리고 이 도약이 반복되면서 매혹적인 일이 일어난다. 문지방의 문턱이 낮아지기 시작하는 것이다. 다음번에 똑같은 생각을 할 때는 동일한 시냅스 간극에서 전기적인 저항이 지난번보다는 조금 줄어든다. 이런 일을 반복하다 보면 문턱은 점점 더 낮아져서 전하의 이동은 한결 쉬워진다. 그 생각을 하는 게 그만큼 쉬워진다는 말이다. 이렇게 해서 당신은 생각을 가지고서 덤불을 헤치고 새로운 길을 만든다.

신경과학자들은 다음 표현을 자주 쓴다.

"자주 함께 작동하는 뉴런들은 서로 연결되게 마련이다."

새로운 생각이 여러 차례 반복되면 뇌 속에 있던 새로운 신경과 배선이 서로 연결되고 완전히 새로운 신경망을 형성하게 된다. 그리고 시간이 지나면 새로운 신경망의 이 오솔길은 고속도로가 되며, 이 길 위로 새로운 믿음과 새로운 정체성이 힘들이지 않고 자동적으로 끊임없이 오갈 수 있게 된다.

내면에서의 변화를 도모하면서 꿈에 그리던 인생을 펼치기 위한 길을 닦은 게 된다.

뇌 속에 성공발전소를 세우는 7가지 방법

1. 뇌는 평생 늙지 않는다. 젊은 기분으로 생각하고 행동하라
2. 무의식은 초당 4000억 비트의 정보를 처리한다. 무의식을 훈련하라
3. 걱정은 나를 향한 저주다. 만족할 결과가 일어날 것이라고 예언하라
4. 제자리걸음의 딜레마를 벗어나라
5. 변화를 가로막는 사이코사이버네틱스를 역이용하라
6. 목표치를 높이고 두려움을 즐겨라
7. 긍정적이고 꾸준한 생각으로 뇌 속에 새로운 길을 만들어라

2부

행동의 법칙

성공의 씨앗도 물을 주지 않으면 자라지 않는다.
해야 할 행동을 정했다면
날마다 끈기를 가지고 밀어붙여라!

6장
성공의 핵심 연료,
열정을 태워라

최근의 한 연구 논문에서 성공한 사업가 5000명을 대상으로 조사를 해서 이들에게 어떤 특성이 있는지 살펴보았다. 이들의 특성은 다양했다. 그런데 이것은 놀라운 사실이 아니었다. 성공한 사업가들은 신체적으로 보나 출신 배경으로 보나 매우 다양했다. 살아온 이력도 달랐고 개성도 제각각이었다. 단 하나로 묶을 수 있는 소위 '성공한 기업가의 전범'이란 게 없었다. 말하자면 상상할 수 있는 범위만큼이나 다양했다는 말이다. 하지만 연구자들이 찾아낸 단 하나의 공통점이 있었다. 자기들이 하는 일에 대해서 강렬한 열정을 가지고 있다는 점이었다.

성공하려고 '단호한 마음'으로 열심히 노력한다는 것과 성공하는 데 '관심'을 가지고 있다는 것은 다르다. 만일 그저 관심만 가지고 있다면 편한 것을 좇을 것이다. 하지만 꼭 성공해야 한다는 생각을 가지고 있는 사람이라면, 그 사람이 누구든 혹은 어디에 있든 상관없이, 성공하는 데 필요한 것이면 무엇이든 다 한다. 최선의 노력이 아니라 그 노력의 반쯤만 해서는 결코 성공할 수 없다. 과거에는 가능했을지 모르지만 지금은 전혀 불가능하다. 당신은 혹시 이렇게 말할지도 모르겠다.

"맞습니다. 하지만 긴 안목으로 봅시다. 무슨 말이냐 하면, 바로 당장 세상을 바꾸자는 건 아니지 않습니까?"

사실 틀린 말은 아니다. 자기 주변의 세상을 바꾸겠다는 생각이 성공한 기업가를 만들었다. 이들은 자기들의 흔적을 남기고 싶어 한다.

물론 열정의 일부는 돈에서 비롯된다. 특히 사업하는 사람이라면 돈에 초점을 맞추는 것은 당연하다. 돈은 어쨌거나 사업의 매개물이다. 얼마나 성공했는지 따져 보려면 돈을 얼마나 모았는지 보면 된다. 그런데 너무도 많은 사람들이 전혀 깨닫지 못했고 또 가르침을 받은 적도 없는 게 있다. 돈을 향해서 진정한 열정을 가지기는 어렵다는 것이다. 돈 자체는 본원적인 어떤 특성을 가지고 있지 않기 때문이다.

소득에는 두 가지 유형이 있다. 하나는 금전적 소득이고 또 하나는 정신적 소득이다. 금전적 소득이 가져다주는 안락한, 심지어 사치스러운 생활을 하는 것은 굉장한 일이다. 하지만 진정으로 행복하고 또 만족감을 느끼려면, 다시 말해서 진정으로 성공하려면 '정신적 소득'이 탄탄하게 보장되어야 한다. 정신적 소득은 자기가 사회에 기여한다는 생각에서 비롯되는 감정, 자기가 세상에 뚜렷한 흔적을 남긴다는 감정이다. 자기의 삶과 일이 가치 있는 목적과 의미를 지닌다는 느낌보다 더 좋은 건 없다. 이것은 성공의 궁극적인 목적이다.

성공하기 위해서 사람들은 아침 일찍 잠자리에서 일어나 일터로 나간다. 일의 규모는 여기에서 중요한 게 아니다. 중요한 것은 그 일이 발휘하는 충격이다. 당신이 하는 일이 수십만 명의 가난한 사람들에게 의식주를 해결해 주는 국제적인 비영리 사회사업이든, 고급 홍보 책자를 만드는 인쇄업이든, 혹은 이웃사람들에게 편의를 제공하는 카센터든 상관없다.

우리는 신발끈의 맨 끝에 플라스틱 테이프를 동그랗게 말아서 붙이는 일을 하는 사람들이 자기가 하는 일에 열정을 가지고 임하는 모습도 보았다. 이 사람들은 어린이, 운동선수, 학생, 소방관, 간호사 노인 등이 신은 신발에 신발끈이 안전하게 묶여 있는 모습을 상상하면서 자기 일에 열정을 가진다. 이들은 자기들의 신발끈이 세상에 영향을 미친다는 걸 잘 알고 있다. 카페에서 소프트웨어 거대 기업에 이르기까지 어떤 사업을 하든 다른 사람들의 삶에 기여할 수 있다. 필자인 우리 두 사람이 여태껏 각자 무슨 일을 해왔든 간에, 그 일은 늘 우리가 느끼기에 고통받는 암 환자의 암을 고치는 일이나 마찬가지였다. 성공한 기업가는 세상을 바꾸길 진정으로 원한다.

많은 나라들이 오늘날 거대한 빚더미에 묻혀 있다. 도대체 어떻게 이 빚더미에서 헤어날 수 있을까? 딱 한 가지 방법밖에 없다. 꿈에 그리던 사업을 일으키는 창조적이고 열정적인 사람들의 노력을 기대하는 방법이다.

지구의 생태계는 현재 심각한 위협을 받고 있다. 지구를 파괴하지 않고 전 세계의 에너지 문제를 해결할 방법은 없을까? 딱 한 가지 방법밖에 없다. 기업가들의 재간과 열정에 의존하는 방법이다.

우리는 세상을 바꾸기를 단지 원하기만 하는 게 아니다. 실제로 세상을 바꾸고 있다. 바로 우리가 미래를 새롭게 쓰는 중이다. 이제 더는 정부나 기업이나 조직으로는 할 수가 없다. 21세기에 모든 사람들의 삶을 긍정적으로 바꿀 수 있는 영향력을 행사하는 주체는 기업가로서의 꿈을 열정적으로 좇는 개개인이다.

열정이 이끄는 삶

어떤 일에 열정적이라는 말과 어떤 일에 사로잡힌다는 말은 전혀 다르다. 사업을 성공으로 이끌려면 하루 종일 그 사업만 생각하면서 삶의 다른 부분은 무시하면서 살아야 한다고 말하려는 게 결코 아니다. 직장과 가정 사이의 균형 그리고 인간관계, 정신적인 건강과 육체적인 건강, 개인의 발전 등을 포함해서 일과 사생활 사이의 균형을 유지하며 사는 방법을 배우는 일은 매우 중요하다. 하지만 만일 당신이 더욱 빠르게 성장을 이룩하고 이 성장을 유지하고자 한다면,

그리고 꿈에 그리던 사업을 성공적으로 일구고자 한다면, 이 일은 당신이 내비치는 열정의 표현이 될 필요가 있다.

때로 그다지 열정을 가지고 있지도 않은 일을 사업으로 하려는 사람들이 있는데, 그저 놀랍고 안타까울 따름이다. 하지만 이런 사람들은 늘 있게 마련이다. 당신도 이런 사람을 자주 보았을 것이다. 자기가 가지고 있는 열정을 따르면서도 목표를 달성하고 꿈을 이룰 수 있을 만큼 충분히 많은 돈을 벌 수 있다는 사실을 사람들은 믿으려 들지 않는다. 이런 경우가 너무도 많다. 한마디로 말하면, 사람들은 자기들이 원해서가 아니라 자기들에게 선택권이 주어져 있다는 사실을 믿지 않기 때문에 그냥 주저앉고 안주한다. 하지만 그들에게는 선택권이 있다. 당신에게도 선택권이 있다. 선택을 하는 것, 그리고 그것에 대해서 수정처럼 선명하고 명료하게 인식하는 것, 이것이 바로 이 장章에서 다룰 내용이다.

어떤 개념에 근거하거나 본인이 열정을 느끼지 않는 분야에서 사업을 해서 성공할 가능성이 있을까? 있다. 충분히 가능하다. 하지만 오래가지 못한다. 환상을 버리자. 사업을 일으키고 거대하게 성공하는 일은 쉽지 않다. 각고의 노력과 규율이 필요하다. 그리고 숱한 도전에서 이겨야 한다. 편하고 안락한 것을 좇아서 될 일이 아니다. 성공이 제발로 찾아와서 들어가도 되겠느냐며 문을 두드릴 일은 없으니, 그런 일이 일어나기를 기다려서 될 일도 아니다. 그 숱한 도전 과제들과 정면으로 맞서고, 독창적인 사업의 핵심을 놓치지 않고, 노력한 대가를 수확으로 거두어들이는 지점까지 끝까지 붙잡고 늘어져야 한다. 그렇게 하려면 필요한 것은 무엇이든 하겠다는 자세가 우선 필요하다. 과연 당신이 이 일을 할 수 있는지 판단할 수 있는 유일한 기준은, 지금 하고 있는 일을 사랑하는가 하는 점이다.

게다가 만일 그 일에 열정을 가지고 있지 않다면 굳이 그 일로 성가심을 당할 이유는 없지 않은가? 피를 말리는 사업을 하느니 그저 느긋하게 쉬엄쉬엄 할 수 있는 일을 하면서 편하게 안주하는 게 좋지 않겠는가? 그 일을 해서 물질적인 풍요로움을 얻기를 원한다는 것이 하나의 이유가 될 수도 있겠다. 만일 당신이 그렇게 설정되어 있다면 말이다. 한편으로는 당신 안에 그렇게 높은 잠재적인 가능성을 담고 있으면서도, 당신의 삶이 완벽하다고 느끼게 하고 모든 도전 과제들을 가치 있게 하며 당신이 온전하게 깨달을 수 있게 해주는 것을 하지 않는다는 것은 도무지 말이 되지 않는다.

"과연 나는 내가 설정한 목표들에 부합할 만한 가치가 있는가?"라고 묻지 말고 "과연 내가 설정한 목표들은 나에게 부합할 만한 가치가 있는가?"라고 물어라. 꿈에 그리던 사업에 대한 비전을 세웠다면, 당신이 작성한 것을 보아야 하고 자신에게 위의 질문을 던져야 하고 마지막으로 "확실히 그런 가치가 있다!"라는 대답을 자신 있게 할 수 있어야 한다.

목적이 이끄는 삶

근본적인 질문에서 시작해 보자. 왜? 당신은 왜 그 일을 하는가? 당신은 왜 지금 그 사업을 하려고 하는가?

사람들은 외부의 동기 부여가 어쩌고저쩌고 말한다. 하지만 동기 부여라는 측면의 접근은 그다지 능률적이지 않다. 최소한 우리가 동기 부여라는 단어를 해석하는 바로는 그렇다. 다른 사람의 부추김을 받아서 한껏 고무되었다 하더라도 이것은 몇 시간 혹은 며칠 가지 못한다. 하지만 몇 달, 몇 년 그리고 평생 동안 갈 수 있는 게 있다. 그건 바로 각 개인이 가지고 있는 동기다.

목표가 거대하다고 해서 저절로 커다란 성과가 나오지는 않는다. 커다란 성과를 내는 것은 거대한 목표 뒤에 놓여 있다. 그것은 바로 당신의 개인적인 동기, 즉 당신을 추동시키는 힘이다. 이것은 어쩌면 다른 사람들과 관련이 있을 수도 있다. 어쩌면 당신에게 의지하는 사람일 수도 있다. 당신의 아이들, 배우자, 그리고 동업자, 또 어쩌면 당신 스스로 단호하고 확고한 결심을 했을 수도 있다. 하지만 무엇이든 간에 동기는 우리가 '당신의 이유'라고 부르는 것이다. 왜 당신이 설정한 여러 목표들을 달성하고자 하는지 명료하게 아는 것은 그 목표들을 달성하는 데 상당히 중요하다.

씨앗의 힘, 작은 도토리 하나가 자기에게 필요한 모든 것을 주변 환경에서 끌어당길 수 있게 하는 힘을 기억하는가? 당신이 꿈에 그리던 일 역시 하나의 씨앗 주변에서 형성되었고, '당신의 이유'는 그 씨앗의 핵심에 놓여 있다. 반드시 해야만 하는 것들을 하고 싶은 마음이 생기지 않을 때, 장애물이 가능성보다 훨씬 커 보일 때, 당신이 필요로 하는 모든 것을 제공해 줄 것은 당신 자신 안에 있는 그 저항할 수 없는 힘이다.

당신이 소망하던 일을 성공시키는 일련의 과정에서 첫 번째 단계는 올바른 씨앗을 만드는 것이다. 강한 씨앗이라고 되는 것이 아니다. '완벽한' 씨앗이어야 한다. 다른 말로 하면, 마지막 결과까지 최대한 선명하게 그리고 가능한 감정적인 의미까지도 모두 이 씨앗 속에서 파악할 수 있어야 한다.

이 책에서 가장 소중한 교훈을 얻는 법

지금까지 우리는 정보와 통찰력을 함께 나누어 왔다. 바로 여기에서는 기어 변속을 할 것이다. 이제부터 이 책 《부의 해답》의 상호 작용은 더욱 강화될 것이다.

우리는 종종 도중에 본문 내용의 전개를 중단하고 당신에게 무언가를 하라고 주문할 것이다. 대부분은 당신이 생각하는 대답을 쓰라는 주문이 될 것이다. 직접 생각하는 해답을 가능하면 따로 노트를 하나 마련해서 거기에다 쓰라고 권하고 싶다. 그 노트의 표지에 '나의 대답'이라는 제목을 적어라. 그리고 이 책을 읽다가 직접 자기 생각이나 결론을 써야 할 일이 있으면 그 노트에 써라.

자, 여기에서 우리 필자들은 이런 보증을 하겠다. 일단 우리가 권고하는 대로 따르기를 바란다. 이것은 당신이 이 책에서 찾으면 좋겠다고 우리가 기대하는 가치만큼이나 소중하다. 만일 이렇게만 한다면, 그 노트에서 그리고 '당신이 직접 마련한 해답'에서 훨씬 더 소중한 가치들을 찾아낼 수 있을 것이다.

자, 그럼 여기에서 잠시 여유를 가지고 다음 질문을 곰곰이 생각한 다음, 자기가 생각한 내용을 정리하기 바란다.

- 내가 보기에 성공은 어떤 것 같은가? 나에게 성공은 이런 의미가 있다.
- 내가 소망하는 일의 핵심에 자리를 잡고 있으며 또 내가 하기를 간절하게 바라는 그것은 무엇일까? 내가 소망하는 일은 하나의 도구이며, 나는 이 도구를 매개로 다음과 같은 일을 할 수 있다.
- 내가 소망하는 일의 결과로 내가 경험하고 싶은 감정은 무엇일까? 내가 소망하는 일 덕분에 나는 이런 느낌이 든다.
- 내가 소망하는 일 덕분에 나는 날마다 하루가 끝나는 시각이면 이런 느낌이 든다.

우리는 모두 저마다 삶의 목적을 소중하게 간직하고 있다. 삶의 목적은 삶을 의미 있게 한다. 이것은 우리가 사는 이유이며, 또한 무엇을 하든 간에 이 삶의 목적을 강하게 인식하면 할수록 훨씬 더 행복하고 또 일도 훨씬 쉽게 잘 풀린다.

소망하는 사업이나 직업은 당신이 가지고 있는 삶의 목적의 한 표현이다. 앞에서 던진 몇 개의 질문들은 이 삶의 목적을 좀 더 잘 규정하기 위해서 고안된 것이다.

목표의 힘

삶의 목적을 규정하는 것만큼이나 중요한 게 있다. 직업 혹은 사업의 목표를 정하는 것이다. 간혹 어떤 차이가 있느냐고 묻는 사람이 있다. 알아듣기 쉽게 대답하면 이렇다. 목표는 성취하는 것이고, 삶의 목적은 그렇게 사는 것이다. 다른 말로 하면, 계속 진행이 되면서 결코 끝나지 않는 것이다. '끝낼 수 있는 것'이 아니다.

삶의 목적은 삶을 가장 이상적으로 산다면 어떻게 사는 것일까 하는 문제다. 이에 비해서 목표는 구체적이고 한정적이다. 목표는 달성할 수 있는 것이고 또 달성해야 한다. 그리고 어떤 목표를 달성한 다음에는 다시 새로운 목표를 설정한다. 이 새로운 목표를 달성하고 나면 다시 또 새로운 목표를 설정한다. 이 과정은 삶이 끝날 때까지 계속 이어진다. 목표는 삶이라는 여로에 띄엄띄엄 나타나는 이정표와 같은 것이다. 그리고 삶의 목적은 이 길이 가고 있는 방향이다.

더 구체적으로 말하면, 사업이나 직업에서의 목표는 수치로 나타난다. 한정적이고 구체적인 수치를 도출하는 것이 가장 중요하다. 구체적인 수치로 제시된 목표 없이 어떤 사업을 성공시키겠다는 것은, 만날 시간이나 장소를 따로 정해 놓지도 않은 채 누군가를 만날 예정이라고 말하는 것이나 마찬가지다. 언제 어디서 만난다는 게 정해져 있지 않고서는 어떤 만남도 이루어질 수 없다.

수치상의 목표를 설정하는 것은 아이디어를 추상적인 차원에서 현실의 물리적인 차원으로 이끌어내는 첫 번째 핵심적인 단계다. 구체적인 수치로 설정된 목표가 없을 경우에는 이상한 나라의 앨리스가 그랬던 것처럼 영원히 헤매고 다닐 수밖에 없다. 다음은 앨리스와 체셔 고양이가 나누는 대화다.

"고양이야, 여기에서 이제 내가 어디로 가야 하는지 가르쳐다오."

"그건 네가 어디에 가고 싶으냐에 따라서 달라지지."

"아무 데든 상관없어."

"그럼 아무 데로나 가도 상관없잖아."

그러자 앨리스는 다음과 같이 설명을 덧붙였다.

"아냐, 어디든 아무 데나 가기만 하면 돼."

그러자 고양이는 이렇게 대답했다.

"그래? 그럼 그렇게 될 거야. 계속, 충분히 많이 걸으면 말이야."

– 루이스 캐럴, 《이상한 나라의 앨리스Alice's Adventures in Wonderland》

구체적인 수치로 설정된 목표가 없어도 당신은 분명 '어디엔가' 다다를 것이다. 하지만 그곳이 어디인지 아는 사람은 없다. 만일 도달할 그 목적지가 꿈에서까지 소원하던 사업이라면, 당신은 그것의 좌표가 필요할 것이다.

그렇다면 결정적으로 어떤 수치들이 꼭 필요할까? 당신이 하는 사업 혹은 어떤 회사 내에서 당신이 차지하는 위치와 관련된 것들은 무지하게 많다. 즉, 예를 들어서 다음과 같은 여러 측면들에서 목표를 설정할 수 있다는 말이다.

6장 성공의 핵심 연료, 열정을 태워라

- 시장의 크기
- 시장으로 삼아야 할 단위 구역의 개수
- 판매 품목의 개수
- 고객의 수
- 업계의 순위
- 연간 매출액
- 매출액 성장
- 순자산
- 외상 계정
- 순수익
- 주가
- 투자자 배당
- 기타

만일 사업을 시작하고자 한다면 사업과 관련해서 목표로 설정해야 할 것들은 그야말로 수백 가지가 될 수 있다. 하지만 이 책에서는 단순하게 세 가지에만 초점을 맞출 것이다. 이것은 당신이 꾸리는 사업체와 관련된 내용이 아니라 당신 자신과 관련된 내용이다.

1. 당신의 순자산
2. 당신의 연간총소득
3. 당신의 연간총기부액

강력한 재정적 목표를 설정하라

왜 이 세 가지일까? 이 세 가지는 당신의 재무 상태와 관련해서 세 가지의 결정적인 측면을 나타낸다. 순자산은 재무 영역에서 당신이 현재 차지하고 있는 위치를 나타낸다. 연간총소득은 당신이 현재 사업을 경영하고 있는 수준을 나타낸다. 그리고 연간총기부액은 당신이 신봉하는 대의와 주장에 당신이 어느 정도 기여하는지, 다시 말하면 당신 주변의 세상에 재정적으로 얼마나 커다란 영향력을 행사하는지 나타낸다.

돈은 물과 같다. 전 세계에서 공통적으로 지불 가치가 있으며, 어디로든 흘러갈 수 있으며, 어떤 것이든 일으켜 세울 수 있다. 심지어 가장 단단한 바위조차도 닳아 없어지게 할 수 있다. 그리고 또 돈은 물과 마찬가지로 흘러가지 못하고 한곳에 고이면 썩고 나중에는 유독한 물질을 만들어 내기도 한다. 앞의 두 가지 항목은 당신이 가지고 있는 돈의 힘과 크기를 측정하는 것이고, 마지막 세 번째 항목은 돈의 흐름을 측정하는 것이다.

재무 관련 목표를 설정할 때 대부분의 사람들은, 자기가 벌 수 있다고 '생각하는' 수치를 일단 정한 다음에 여기에 조금 더 얹는다. 보통 10퍼센트쯤 얹는데, 이것은 사람들이 그렇게 되면 좋겠다고 바라는 '희망'이다. 하지만 희망은 기업 전략이 될 수 없다.

당신은 진정으로 바라는 만큼은 벌 수 있다. 소득은 도토리가 커다란 상수리나무가 되기 위해서 끌어당기는 햇빛, 공기, 물, 무기물과 똑같다. 주변에 널려 있어서 마음만 먹으면 언제든 가질 수 있다. 얼마나 많이 끌어당길 것인지는 당신이 심는 씨앗에 따라서 달라진다.

목표를 적을 때 자기가 달성할 수 있다고 생각하는 것을 적지 마라. 당신이 '원하는 것'을 적어라.

'desire(소망)'라는 단어의 어원은 '별에서'를 뜻하는 라틴어 'desidere'이다. 당신이 삶에서 바라는 것은 모든 에너지와 물질의 원천인 무한한 지성의 바다에서 솟아 나온다. 하지만 당신의 소망은, 우주가 당신이라는 매개물을 통해서 현실에서 구현된 것이다. 만일 사회적인 조건이 당신의 소망이 무가치하다고 말한다면, 절대로 그 말을 믿지 마라! 가지고 있는 진정한 소망에 회의를 품거나 지레 겁먹지 마라. 소중하게 간직해라. 그 소망은 별에서 오는 것이다.

돈, 그 이면의 가치에 집중하라

마지막으로, 목표에 대한 세 번째의 결정적인 요소가 있다. 구체적인 수치로 제시된 그 목표가 가지고 있는 '의미'다. 돈은 그 자체로는 아무런 가치가 없다는 사실을 명심하기 바란다. 즉, 목표상의 수치들은 그 자체로는 아무런 의미가 없다는 말이다. 그런데도 사람들은 흔히, 글로 작성한 목표를 효율적이고 강력한 힘으로 만드는 결정적인 어떤 연결점을 무시한다.

예를 들어서 어떤 사람이 순자산 50만 달러와 연간총소득 20만 달러를 목표로 설정했다고 치자. 이것이 실질적으로 의미하는 것은 무엇일까? 그 자체로는 아무런 의미가 없다. 어떤 의미를 부여하기 전에는 아무것도 아니다. 의미를 부여하는 일은 아주 단순한 질문 하나로 가능하다.

"그것이 내게 무엇을 가져다줄 수 있을까?"

만일 당신이 연간총소득 5만 달러 혹은 50만 달러 또 혹은 500만 달러의 목표를 달성했을 때, 이 돈은 당신에게 어떤 것을 가져다줄 수 있을까? 새로 입주하는 아파트일 수도 있고, 아이들의 교육비일 수도 있고, 노후 대책일 수도 있고 혹은 배우자를 지긋지긋한 일에서 해방시키는 것일 수도 있다. 만일 당신이 뉴욕 브루클린에서 자기질 타일 총판점을 운영하는 이탈리아 출신의 이민자라면, 여름휴가 때 이탈리아로 여행을 떠나는 것일 수도 있다.

사례 연구 :
회사의 목표를 직원의 목표로 '메롤라 타일'

'메롤라 타일'이라는 회사는 뉴욕 브루클린에 있는 자기질 타일 총판점인데, '홈데포'의 2000개 점포 및 기타 2000개의 소매 유통점에 물품을 공급한다. 나(존)는 이 회사의 영업부를 하루 동안 교육해 달라는 창업자 케빈 메롤라의 부탁을 받고 찾아갔다. 당시 이 회사는 연매출액 1300만 달러를 기록하고 있었다.

케빈은 자기 회사의 비전과 목적을 웹사이트에 올려 두고 있었다. 그것을 소개하면 다음과 같다.

비전

우리는 자기질 타일 업계의 선두 그룹으로서 미국 전역에 있는 거주 공간을 더욱더 낫게 발전시킨다.

목적

우리 고객들이 세상에서 자기가 가장 중요한 사람이라고 느끼게 하는 것이다. 우리에게 고객은 실제로 그런 존재이기 때문이다. 우리는 특별한 서비스를 제공함으로써, 한 걸음이라도 더 부지런히 다님으로써 그리고 고객이 기대하는 것보다 더 많이, 또 더 나은 것을 제공하는 데 필요한 모든 것을 다 함으로써 이 목적을 달성하고자 한다.

하지만 이것은 창업자가 자기 회사의 비전을 설정한 것이다. 그런데 만일 이 회사에 속한 '모든 사람들'이 케빈과 마찬가지로 자기들의 강력한 비전을 설정한다면 어떻게 될까? 케빈은 이렇게 말한다.

"존 아사라프가, 우리가 진정으로 원하는 것에 집중해서 초점을 맞추는 방법을 가르쳐 주었습니다. 내가 원하는 것 혹은 영업 책임자인 코노 타보라로가 원하는 것이 아니라, 우리 모두가 원하는 것에 말입니다."

케빈은 언제나 야심만만한 목표들을 설정하고 이를 달성하기 위해서 있는 힘을 다해야 한다는 것을 굳게 믿는 사람이었다. 우리가 이와 조금 다르게 했던 것 가운데 하나는, 그 회사의 직원 각자가 자기 자신의 목표를 설정하고 또 자기가 소망하는 것들이 무엇인지 정리하게 하는 것이었다. 다음은 코노 타보라로가 한 말이다.

"우리는 늘 회사 차원에서 정한 목표를 가지고 있었습니다. 하지만 이제 직원 각자가 자기 자신의 목표를 설정하기 시작했습니다. 만일 직원이 모두 각자 가지고 있는 생각과 야망과 소망을 정리하도록 할 수 있다면, 모든 것이 더욱 현실적으로 바뀝니다. 존은 직원들에게 자기가 하는 일과 관련해서 그리고 개인적인 차원에서 자기들이 원하는 것을 모두 적으라고 했지요. 그게 무엇이든지 간에 그리고 아무리 터무니없는 내용이라고 하더라도 적으라고 했습니다. 언젠가는 제트 비행기를 가지고 싶지 않나요? 만일 이것을 원한다면 이것도 적으세요, 라고 했습니다. 굉장한 목표들이 많이 나왔습니다. 타일을 팔러 다니는 사람들로서는 굉장한 목표였습니다. 하지만 어떻게 된지 아십니까? 정말 지독하게 원하니까, 정말로 이루어지더군요."

우리가 그날 했던 것은 메롤라 타일을 단지 케빈이 소망하는 회사가 아니라 회사 직원 전체가 소망하는 회사로 만드는 작업이었다.

그 뒤에 메롤라 타일의 매출액은 1300만 달러에서 2000만 달러로 늘어났다. 여기에 대해서 케빈은 다음과 같이 말한다.

"아직 계속 성장하고 있습니다. 이제 방금 시작했으니까 아직 멀었죠."

나의 1년 목표 세우기

자, 이제 당신 차례다. 설명은 잠시 멈추겠다. 당신이 생각하고 있는 목표들을 적어 보기 바란다. 지금부터 1년 뒤를 상상해라. 당신이 소망하는 일, 그리고 그 속에서 당신이 차지하고 있는 위치를 묘사해야 한다. 여기에는 당신의 재정 상태도 물론 포함된다.

완벽하게 묘사해야 한다는 강박관념에 사로잡힐 필요는 없다. 그냥 생각나는 대로 적어라. 목표를 설정하는 것은 언제나 진행 중인 작업이다. 사실 이런 훈련은 1년에 한 번만이 아니라 정기적으로, 즉 계절이 바뀔 때마다 한 번씩, 혹은 한 달에 한 번씩, 심지어 한 주에 한 번씩 하는 게 좋다. 당신이 성장하면 당신이 세우는 목표도 성장하게 된다.

오늘은 _____ 년 ___ 월 ___ 일(오늘 날짜에 연도만 1년 뒤로 적어라)이다. 바쁜 와중에 잠시 짬을 내어서 지난 1년 동안 일어났던 놀라운 일들을 돌아보고 또 내가 도달한 이 놀라운 위치에 대해서 기록하려고 한다.

1. 목적

내가 하는 일은 내 주변 세상을 커다랗게 바꾸고 있다. 구체적인 내용을 적어 보자.

2. 수치상의 목표

현재 나의 순자산은 _____원이다.
현재 나의 연간총소득은 _____원이다.
현재 내가 기부하는 연간총기부액은 _____원이다.

3. 의미

이처럼 재정적으로 풍요로워진 덕분에 지금 나는 어떤 기분인지 기록해 보자.

나만의 독특한 힘을 찾아라

이제 당신이 세운 목표들을 어떻게 실현하는지 자세히 살펴보자.

성공적인 일은 언제나 성공적인 개인이 표현된 것이다. 소망하는 사업이나 일은 자신이 소망하는 '인생'의 한 표현이다. 다른 말로 하면, 자신의 확장된 모습이다. 당신이 하는 일을 더욱 선명하게 파악하려면 자신을 더욱 정밀하게 바라볼 필요가 있다.

많은 사람들은 성장하는 동안, 자기 자신에 관한 온갖 종류의 메시지, 특히 우리가 가진 진정한 힘과 가치를 왜곡하는 메시지를 들었다. 예를 들어 보자. 당신은 얼마나 똑똑한가? 여기서 잠깐, 이 질문에 대답하기 전에 '똑똑하다'는 것이 어떤 의미인지 살펴보자.

내가 아직 어린이일 때 그는 학교에서 좋은 점수를 받지 못하면 가족을 돌볼 수도 없고 변변찮은 인물이 되고 말 것이라는 말을 숱하게 들었다. 머레이는 이보다 더 심했다. 특수학교에 다녔던 것이다. 두 사람 모두 똑똑하지도 않았고 착하지도 않았기 때문에, 어른이 되면 번듯하게 잘 살지 못할 것이라는 얘기를 귀에 못이 박히도록 들으면서 성장했다. 나는 언행이 거친 패거리들과 어울리며 어릴 때부터 범죄로 이어지는 길을 향해 걸었다. 머레이는 생계를 해결하려고 하수도 청소 일을 했다.

하지만 몇 년 지나지 않아서 우리 두 사람 모두 자수성가한 백만장자가 되었다. 어떻게 이런 일이 일어날 수 있었을까?

우선, 사람들이 우리 둘에게 딱지를 붙일 때 썼던 어떤 기준 혹은 정의가 성공의 진정한 가능성을 예측하는 데 아무 소용이 없었던 것이다. 오늘날 새로 확인된 정보를 취합한 결과, 지능은 일차원의 단일한 특성이 아니라 여러 개의 각기 다른 방식으로 표출된다는 사실이 이미 밝혀져 있다.

예를 들어 보자. 사람의 뇌는 두 개의 반구로 나누어져 있는데 이 둘은 '뇌량腦梁, corpus callosum'이라는 섬유 다발로 연결되어 있다. 이 뇌량을 통해서 좌뇌와 우뇌 사이에 통신이 이루어진다. 좌뇌와 우뇌의 기능에 대해서는 당신도 이미 어느 정도 알고 있을 것이다. 좌뇌가 발달한 사람은 좀 더 분석적이고 사고 체계가 조직적이다. 하지만 우뇌가 발달한 사람은 예술적으로 좀 더 창조적이며 사고방식도 유연하다. IQ 검사나 읽기와 쓰기와 셈을 중심으로 하는 전통적인 학습 능력 검사는 우뇌보다 좌뇌의 역량에 더 많은 비중을 둔다.

좌뇌와 우뇌 어느 한쪽이 다른 쪽보다 우월하다고 말할 수는 없다. 사업을 해서 성공한다는 측면에서 보더라도 양쪽 다 거의 동일

지능의 두 영역

좌뇌	우뇌
단어	운율
연속성	리듬
숫자	그림
수학	음악
논리	상상력

하게 기여한다. 그런데 중요한 점은 우리는 모두 각자 독특하며, 이렇게 독특하도록 해주는 여러 특성들 덕분에 각자 나름대로 빛이 난다는 사실이다. 깨달아야 할 점은 어떤 재능이 당신에게 특별하게 더 많이 있는가 하는 것이다.

모든 지능의 기준으로 여겨지는 전통적인 방법인 IQ 검사 외에도 지능을 측정하는 방법은 수도 없이 많이 있다. IQ 검사가 특정한 지능 역량을 측정하는 매우 편협한 방식임은 이미 밝혀진 사실이다. 예를 들어서 《뉴욕 타임스》의 베스트셀러 저자인 다니얼 골먼 박사는 《감성 지능Emotional Intelligence》이라는 책에서 감성 지능EQ이라고 이름을 붙인 것에 대해서 정리했다. 그는 또 다른 책에서는 사회 지능SQ에 대해서 설명하기도 했다. 또 물리학자인 다나 조하르는 다른 사람과 함께 집필한 저서에서 '정신 지능spiritual intelligence'이라고 이름을 붙인 영역을 연구했다.

사람이 천성적으로 타고난 지능에는 다양하게 많은 측면들이 존재한다. 그렇기 때문에 어떤 한 측면에 초점을 맞춘 검사 방법으로는 인간의 마음이 담고 있는 복잡한 측면을 올바르게 반영하지 못한다. 이런 유형들 가운데 일부는 지금도 과학자들의 활발한 연구 대상이 되고 있다. 아직 미처 밝혀지지 않은 부분이 엄청나게 많을 가능성도 매우 높다. 여태까지 사람의 지능에 대해서 밝혀진 몇몇 측면들을 소개하면 다음과 같다. 다음 여러 지능들 가운데 어느 유형이 혹은 어느 유형들이 당신에게 가장 잘 맞는다고 생각하는가?

여러 가지 지능 유형

언어 지능

어휘들이 가지고 있는 소리와 의미와 순서에 민감하다. 읽고 말하고 듣고 쓰기를 좋아한다. 작가와 웅변가 그리고 언어학자는 지능을 주로 활용한다.

논리수학 지능

수학 및 기타 논리학적 분야에서 능력을 발휘한다. 문제를 해결하고 복잡한 사물들의 관계를 추론하고 정리하기를 좋아한다. 프로그래머, 기술자 그리고 과학자가 이 유형의 사람이다.

음악 지능

음악에 대한 타고난 이해력과 파악력이 있다. 노래하고 박자에 맞추어서 두드리고 음악에 따라 몸을 흔들기를 좋아한다. 연주가, 작곡가, 가수 그리고 무용가가 이 유형의 지능이 높다.

시각공간 지능

시각적인 세계를 정확하게 감지하고 예술을 창조한다. 디자이너, 건축가 그리고 그래픽 전문가들은 모두 이 유형의 지능을 활용해서 작업을 한다.

신체운동 지능

자기 신체를 능숙하게 사용해서 자기를 표현하거나 목표를 달성하거나 사람들을 즐겁게 한다. 운동선수, 무용가 그리고 배우가 이 유형의 지능이 높다.

인간친화 지능

다른 사람들의 감정과 기분, 소망, 동기 부여 등을 인식하고 이해한다. 대화를 나누고 듣고 설득하고 협상하기를 좋아한다. 이 유형의 지능이 높은 사람들 가운데는 기업계의 지도자, 정치가, 영업 전문가, 컨설팅 전문가 그리고 심리치료사 등이 많다.

자기성찰 지능

자기 자신의 감정과 가치와 개인적인 철학을 이해한다. 혼자서 곰곰이 생각하기를 좋아하고 내적인 과정을 중시하며 내적인 성장을 추구한다. 카운슬러, 발명가, 종교 지도자 그리고 작가 등이 이 유형의 지능이 높다.

자연친화 지능

식물군과 동물군에 속한 온갖 생명체를 잘 알며, 이런 능력을 생산적으로 사용한다. 자연에 특히 가깝게 밀착해 있다. 동물계와 식물계를 포함한 이 세상의 여러 연관 및 양상을 잘 인식한다. 생물학자, 식물학자, 농부 그리고 탐험가 등에게 이 유형의 지능이 필요하다.

당신의 지능 유형을 인지하고, 능력과 열정을 어떤 비율로 가졌는지 아는 것은 중요하다. 이는 울창한 숲을 뚫어 자신을 표현하는 길을 내는 것과 같다. 우리는 모두 각자 이런 여러 능력들을 가득 담고 있는 저수지를 하나씩 가지고 있다. 우리가 가지고 있는 독특한 재능을 예리하게 인식하고 또 배울 때, 목표와 꿈을 이루는 데 많은 도움을 받을 수 있을 것이다.

목록 작성

자신의 힘과 능력을 객관적으로 인식하는 데 도움이 되는 한 가지 방법은, 여태까지 자기가 성취한 일들을 철저하게 정리하고 분석하는 것이다.

이 작업을 할 때 주의해야 할 점이 있다. 상이나 자격증, 혹은 다른 사람들로부터 인정받은 굵직한 성과물들만 정리해서는 안 된다. 오히려 이것들을 사업 관련 목록에서 제외해라. 당신에게 커다란 승리감을 안겨 주었던 일을 생각해 보라. 수많은 사람이 목격한 공적인 일일 수도 있고, 아니면 당신 말고는 아무도 알지 못하는 사적인 일일 수도 있다. 맨 처음 혼자 힘으로 자전거를 탔을 때, 부끄러움을 떨쳐내고 이성 친구에게 춤을 추자고 손을 내밀었을 때, 어려운 학교 숙제를 완성해서 제출했을 때, 축구를 하다가 결승 골을 넣었을 때, 악기 하나를 완벽하게 다루게 되었을 때, 첫 아이가 태어났을 때, 용

기 내어 싫어하는 일을 싫다고 했을 때…… 승리는 크기나 형태와
상관없이 우리를 찾아온다.

나의 성취 목록 작성하기

☐ 고등학교 졸업

☐ 대학교 졸업

☐ 대학교를 졸업할 때까지 빚을 전혀 지지 않았다

☐ 마라톤 완주

☐ 멋진 두 아이를 낳아 길렀다

☐ 사랑하는 아내와 6년째 행복한 결혼 생활을 하고 있다

☐ 3만 달러이던 연간 소득이 한 해 만에 5만 달러로 늘었다

☐ 조기축구회를 조직했다

☐ 운전면허증을 땄다

☐ 중병으로 입원한 이모를 간병했다

☐ 기타 치는 법을 배웠다(꽤 그럴듯하게 친다!)

☐ 컨설턴트로 성공했다

자, 이제 당신 차례다. 될 수 있으면 먼 과거의 어린 시절로 돌아가
서 당신이 소망하는 일과 관련해서 혹은 그 일에서 활용하고자 하는
특정한 기술들과 관련해서 당신이 성취한 것들을 모두 적어 보아라.

그리고 다른 것들을 보태 보자. 앞서 살펴보았던 여러 가지 유형
의 지능들을 생각하면서 당신이 가지고 있는 핵심적인 힘과 독특한

능력의 목록을 만들어 보자. 핵심적인 힘은 당신이 가지고 있는 추론 능력이나 통찰력이 될 수 있다. 당신의 친절함이 될 수도 있고, 혹은 모든 사람들이 당신을 정직하고 공정한 사람이라고 인정한다는 사실이 될 수도 있다.

나의 장점 목록 작성하기

☐ 낙관적이다

☐ 우호적이다

☐ 열정적이다

☐ 의지가 굳다

☐ 삶의 큰 목적을 추구한다

☐ 정직하다

☐ 배우기를 좋아한다

☐ 융통성이 있다

☐ 진실하다

☐ 어떤 상황에서도 긍정적인 태도를 잃지 않는다

☐ 남보다 빨리 배운다

☐ 남을 웃길 줄 안다

☐ 남과 의사소통을 잘한다

☐ 남의 단점을 잘 참는다

☐ 생각을 깊이 한다

☐ 자연에 대해서 빼어난 감각을 가지고 있다

약점보다 강점에 집중하라

사람들은 보통, 어릴 때 다음과 같은 가르침을 받는다.

"네 약점이 무엇인지 파악해라. 그리고 약점을 보완해라. 그래야 균형 잡힌 사람이 될 수 있다."

하지만 저자인 우리는 이런 가르침에 따라서 쏟는 시간과 노력은 헛되다고 생각한다. 그리고 '균형 잡힌 사람'이라는 발상은 참혹할 정도로 파괴적인 교육적 오류라고 생각한다. 그러니 인생의 단 한순간이라도 약한 부분을 강하게 하기 위해 노력하지 말라고 당부하고 싶다.

그렇지만, 일에 있어서는 조금 다르다. 당신이 어느 부분에 강하며 또 어느 부분에서 조바심을 내지 말아야 할지 파악해야 한다. 이는 결정적이라고 할 만큼 중요하다. 사람들은 대부분 이런 작업을 거의 하지 않은 채로 일에 덤벼든다. 결국 이것이 치명적인 실수가 되기도 한다.

예를 들어서 당신이 단골손님들을 많이 확보한 미용사라고 치자. 당신은 독립해서 미용실을 차리려고 한다. 다른 미용사 몇 명을 고용해서 미용실을 차리면 더욱더 큰 성공의 길로 나아갈 수 있다.

매우 멋진 계획이지만, 실행하기 전에 먼저 우선시 되었으면 하는 작업이 있다. 우선 당신이 가지고 있는 핵심적인 힘과 독특한 능력이 무엇인지 목록을 작성해 보기를 추천한다. 당신은 가지고 있지 않지만, 미용실을 경영하는 데 없어서는 안 되는 중요한 몇 개의 자질이 존재한다는 사실을 깨달을 것이다. 어쩌면 당신은 고객의 머리를 어떻게 다듬으면 가장 좋을지 직감적으로 간파하는 감각을 지니고 있을 수도 있다. 그 감각으로 고객을 만족시킬 수 있다. 더 나아가, 당신이 매우 사교적이고 사람을 좋아한다고 치자. 고객들은 당신을 좋아하고 또 당신의 솜씨를 좋아한다. 하지만 당신은 논리적이거나 수학적인 사고가 부족해 회계 작업을 어려워할 수 있다. 논리적인 문제를 해결해도 미용실을 더욱 큰 사업체로 키우는 데 필요한 좀 더 분석적인 여러 사항에 대해서 당신은 아무것도 아는 것이 없을 텐데, 이 문제는 어떻게 해결할 것인가?

미용사로 성공한다는 것과 미용실 경영자로 성공한다는 것은 별개의 문제다. 미용사가 미용실 경영자로 성공하는 것은 외과 의사가 병원 경영자로 성공하는 것만큼이나 어려운 일이다. 미용실 경영자가 되려면 몇 가지 어려운 기술들을 갖추어야 한다. 이런 문제를 파악하고 당신이 가지고 있지 않은 특성들을 포착할 때, 어떤 능력을 갖추고 있는 사람들을 고용해야 할지 알 수 있게 된다.

약점을 보완해 줄 사람을 끌어당겨라

이 점을 분명하게 해야 한다. 약점은 부정적인 요소가 아니라, 단지 당신이 다른 사람들에게서 어떤 힘을 찾아야 할지 가르쳐 주는 지표

일 뿐이다. 당신이 가지고 있는 힘과 열정 그리고 독특한 능력은 가장 귀중한 자산이다. 그리고 그 다음으로 중요한 자산은 당신이 가지고 있지 않은 부분을 보완해 줄 수 있는 사람들과 맺는 협력적인 인간관계다.

사람은 누구나 이 작업을 혼자 힘으로 해야 한다고 생각한다. 하지만 혼자 힘으로는 할 수 없다. 다른 사람이 필요하다. 외로운 투사 '론 레인저'(1940년~50년대 미국에서 인기를 끌었던 서부극 TV 시리즈 〈론 레인저Lone Ranger〉의 주인공을 가리킨다. 악당들과 싸워 유일하게 살아남은 순찰대원이 죽은 대원의 옷을 찢어 검은 가면을 만들어 쓰고 백마를 타고 다니며 악당들을 쳐부순다는 줄거리 - 옮긴이)가 된다는 것은 힘든 일이다. 사실 론 레인저조차도 톤토라는 인디언에게 의지했다. 목표를 달성하는 비법 가운데 하나는 당신에게 없는 기술을 가진 이에게 도움을 청하는 방법을 아는 것이다. 여기에 대한 보상으로 당신은 그들에게 없는 기술을 제공하면 된다. 그들이 설정한 목표를 달성하려면 보통 당신이 가진 기술이 필요하다. 상부상조는 여기에 관련된 모든 사람이 함께 득을 보는 전략이다.

당신은 숫자에 대해서 열정을 가지고 있는가? 몇 시간씩 집중해서 온갖 숫자들과 씨름하며 회계 장부를 만질 수 있는가? 만일 전혀 그렇지 않다면, 이런 충고를 해주고 싶다. 세상에는 숫자와 씨름하는 걸 좋아하는 사람들이 있다. 그들을 찾아라.

수많은 사람들 앞에 나서서 이들을 상대로 말하기를 좋아하는 사람이 있는가 하면, 사람들 앞에 나서느니 차라리 마취약 없이 치과 수술을 받는 게 낫다고 생각하는 사람이 있다. 사람들에게 물건을 파는 것을 끔찍하게 여기는 사람이 있는가 하면, "예, 사겠소."라는 한 마디 말을 들을 때의 희열을 즐기는 사람이 있다. 어휘를 다루는 일은 무척 좋아하면서도 숫자 감각은 완전히 젬병인 사람이 있다. 물론 이와 반대인 사람도 있다. 어떤 사람과도 쉽게 친해지고 또 이 과정을 좋아하는 사람이 있는가 하면, 혼자 있기를 좋아해서 하루에 몇 시간씩 고객을 상대하는 일보다 광장에서 수많은 사람들이 지켜보는 가운데 태형을 당하는 일이 더 편하다고 생각하는 사람이 있다.

사업에 성공할 수 있는 최고의 비법 가운데 하나로 꼽히지만 사람들이 보통 무시하고 마는 것이 바로, "당신에게는 힘든 일이지만 그 일을 놀이처럼 즐길 수 있는 사람을 찾아라."라는 원칙이다.

나와 머레이가 좋은 예다. 우리가 함께 일하기에 좋은 이유 중 하나가 우리 두 사람은 완전히 다르다는 점이다. 나는 무엇이든 배우고 싶어 안달이 나서 만족할 줄 모르고 책을 읽는다. 그 예로 끌어당김의 법칙, 시각화와 자기 확신 그리고 목표를 달성하는 기술에 대해서 벌써 여러 해째 배우고 또 연구하고 있다. 머레이는 완전히 반대다. 그는 처음 개인의 자기계발 분야 산업에 대해서 회의적이었다. 그래서 그는 자신이 가진 분석적인 기술들을 연마하는 데 집중했다. 우리는 너무도 많이 달랐다. 하지만 우리는 바늘과 실처럼 상대방을 충실하게 보완했다.

"자기가 가지고 있는 약점을 강점으로 바꾸려고 노력하라."라는 가르침은 아무런 의미가 없다. 대신 우리는 이렇게 말한다. 당신이 강한 분야, 당신이 특히 지능이 높은 분야들을 찾아라. 그리고 거기에 초점을 맞추어라. 당신만이 독특하게 타고난 재능이 무엇인지 찾아내라. 그런 다음에 이 재능을 최대한 활용하는 방식으로 사업을 하고 또 인생을 살아라. 그러면 인생이 물 흐르듯 흘러가고, 목표도 쉽게 달성할 수 있을 것이다.

당신이 가지고 있는 재능들을 포착해서 사업과 삶의 기둥으로 삼아라. 그런 다음에 당신에게는 없는 다른 재능과 지능을 갖춘 사람들을 찾아서 당신에게 도움이 되도록 만들어라. 당신이 가지고 있는 재능을 세상과 함께 나누는 것을 목표로 삼아라. 당신이 좋아하는 것에, 당신이 얼마나 대단한지 보여 줄 수 있는 것에 초점을 맞출 때, 당신의 삶은 훨씬 더 유쾌해질 것이다.

다음을 명심해야 한다. 당신이 설정한 여러 목표들을 달성하는 데 필요한 모든 것이 지금 당신 안에 존재한다. 이 자원들을 바깥으로 풀어놓으려면 사고방식의 습관이나 내용에 변화를 줄 필요가 있다. 당신이 약한 분야에 강한 사람들, 당신에게는 고된 일들을 마치 즐거운 놀이처럼 하는 사람들과 협력할 필요가 있다. 앞에서 도토리 하나가 자기가 성장하는 데 필요한 햇볕과 물, 질소, 그리고 무기물 등을 주변 환경에서 끌어당긴다고 설명했다. 당신 또한 꿈꾸는 일을 성공으로 이끌고 또 삶의 목적을 추구하는 데 필요한 모든 요소를 끌어당기는 능력을 갖추고 있다.

생생한 현재의 비전을 마련하라

자, 그럼 이제 여기에서 여태까지 살펴보았던 모든 요소(삶의 목적, 수치로 표시되는 구체적인 목표와 이것이 당신에게 가져다주는 것, 당신이 가지고 있는 독특한 힘과 능력 그리고 이것들이 당신이 하는 일을 통해서 실현되는 방식 등)를 하나로 뭉뚱그린 다음에, 이 모든 정보를 묶어서 당신이 하는 일의 비전을 드러내는 하나의 글을 만들어 보자. 진술서라고 할 수도 있겠고 성명서라고 할 수도 있겠고 혹은 강령이라고 할 수도 있다.

당신이 원하는 모든 것이 적절하게 제자리에 놓여 있을 때, 커다란 열정과 힘을 바탕으로 한 당신의 일이 원하는 모든 것을 가져다줄 때, 그리고 이렇게 함으로써 마땅히 해야 하는 수준과 규모의 기여를 세상에 다할 때, 이 모습은 어떨지 상상해 보라.

다시 한 번 더 말하지만 완벽함을 추구하자는 게 아니다. 나중에라도 얼마든지 정교하게 다듬고 고칠 수 있다. 미래의 성공적인 모습을 그저 관찰하고 기록하는 것에서부터 출발해라. 상상 속에서 당신이 바라보는 것이 당신을 흥분시키는지, 당신의 영혼을 흔들어 놓는지 그리고 당신의 상상력에 불을 붙이는지 확인해라.

여기엔 몇 개의 지침이 필요하다.

현재형으로 서술하라

당신의 무의식적인 뇌는 모든 것을 '현재'로 인식한다. 모든 게 다 현재다. 만일 자신이 "내가 생각하는 사업은 수백만 명을 고객으로 삼을 거야."라고 당신의 무의식에 말을 하면, 그것은 언제나 미래의 일로 남을 것이다. 시각화하는 진술 문장을 반드시 현재 시제로 작성해야 한다는 사실을 명심해라. 예컨대 이렇게. "내가 하는 사업은 수백만 명을 고객으로 삼고 있다."

생생하게 그리고 정서적으로 서술하라

이 상상 속의 모습이 생생하면 생생할수록 더 실감나게 느껴진다. 그리고 당신이 원하는 것을 실제 현실에 '구현하는manifest' 데 필요한 것들을 더욱 빨리 끌어당길 수 있다. 'manifest'의 어원은 '손'을 뜻하는 라틴어 'manus'이며, '(구체적으로) 손으로 잡는다.'는 뜻이다.

우주 끝까지 꿈꿔라

꿈을 꾸고 상상하면서 쩨쩨하게 굴지 마라. '하늘 끝까지'라는 표현을 알고 있을 것이다. 꿈은 그렇게 꾸어야 한다. 당신이 품고 있는 가능성을 놓고 보자면 이것도 부족할지 모른다. '우주 끝까지'로 바꾸자. 그리고 서술하는 동안 줄곧 자기 자신에게 다음과 같은 질문들을 던져라.

- "이 글은 내가 가지고 있는 핵심적인 힘과 능력 그리고 관심을 제대로 표현하고 있는가?"
- "이 글은 내가 소중하게 여기는 여러 가치들을 명예롭게 하고 내가

생각하는 삶의 목적을 충족하는가?"

- "이 글은 내가 상상할 수 있는 수준에서 가장 흥미롭게 나를 표현하
는가?"
- "이 글은 독특한가? 이 글은 '퍼플 카우(보랏빛 소)'인가? 사람들이
내가 하는 사업과 관련해서 독특하고 만족스러운 경험을 했다는
이유로 이 글을 화제로 삼아서 다른 사람들과 대화를 나눌까?"

일단 당신이 가지고 있는 여러 생각들을 종이에 옮긴 뒤에는 이
글을 다듬는 작업을 해야 한다. 우선 소리를 내어 읽어라. 이 글이 정
말 당신이 말하고 싶은 것을 정확하게 담고 있는가? 당신이 정말 의
지할 수 있고 짜릿한 희열을 느낄 수 있도록 전체 내용을 단 하나의
문단으로 줄여라.

다음 장^章으로 넘어가기 전에 당신이 소망하는 사업이 어떤 모습
일지 직접 정리해 보라.

구체적인 사업 비전 작성하기

따로 마련한 노트 〈나의 대답〉에 당신이 소망하는 일이나 사업에 대
한 비전을 적어라.

당신이 소망하는 사업을 글로 적는 작업을 할 때 당신이 실제로
하는 일은 정말 놀라울 따름이다. 당신은 지금 돋보기로 햇빛을 모

아서 낙엽을 태우는 일을 한다. 여기서 돋보기는 당신 뇌의 전두엽이다. 당신은 모든 생각들이 존재하는 양자장에서 어떤 아이디어들을 끌어와서 상상력이라는 의식적인 힘으로 이 아이디어들에 초점을 맞춘다. 이 아이디어들을 당신에게 의미 있는 방식으로 종이에 옮겨 적을 때, 당신은 직관, 논리적 추론, 기억력, 지각, 의지 등 다른 모든 의식적인 능력을 활용하는 셈이다.

이 아이디어들에 선명하게 초점을 맞추어서 종이에 옮겨 적음으로써 당신은 우주의 가장 강력한 법칙들에 직접 호소한다. 당신은 지금 의도를 영점장에 직접 선언하는데, 이 행위는 잔잔한 호수에 돌멩이 하나를 던지는 것과 같다. 당신은 지금 먼 곳까지 도달하는 파문을 일으키는 중이다.

설정하고 있는 목표들을 글로 적음으로써 우주 일반에 어떤 선언을 할 뿐만 아니라 그 선언을 자기 자신에게도 하는 것이 된다. 이렇게 함으로써 당신은 무의식적인 뇌에 특정한 지시를 한다. 이에 대해서는 다음 장에서 좀 더 자세하게 살펴볼 것이다.

방법은 저절로 마련된다

사람들은 대부분 처음 자기들이 바라는 것 혹은 목표를 글로 적어나갈 때 진정으로 원하는 것을 적지 않는다. 그것을 얻을 수 있는 방법을 알지 못하기 때문이다. 사람들은 어릴 때부터 원하는 것을 얻을 수 있는 방법을 알지 못하면 얻겠다는 생각은 아예 잊어버리라는 가르침을 받아 왔다. 어릴 때 우리는 무언가에 들뜨면 부모에게 달려가서 이렇게 말했다.

"나 이 멋진 자전거 갖고 싶어요!"

그러면 부모는 대부분 이렇게 대꾸했다.

"근데, 어떻게 그 자전거를 가질 건데?"

제발, 일단은 그 방법에 대해서는 걱정하지 마라. 아예 생각도 하지 마라. 방법에 대해서는 나중에 자세하게 설명할 것이다. 그러니 일단 우선은 잉태의 법칙만 생각해라. 제대로 된 씨앗을 만들고 이 씨앗이 뿌리를 내릴 수 있도록 여유를 가져라. 만일 이 씨앗이 올바른 씨앗이고 제대로 잘 심었다면, 방법 문제는 저절로 풀릴 것이다.

4장에서 우리는 무의식적인 뇌의 기능 두 가지를 언급했다. 당신이라는 유기체는 생존하는 데 필요한 모든 복잡한 과정을 관장하며, 또한 일상적인 행위나 습관 그리고 믿음 등의 소프트웨어들을 관장한다. 하지만 이것 말고도 무의식적인 뇌가 수행하는 세 번째의 주요한 기능이 있다. 그것은 당신을 무한한 지성의 양자장에 연결시키는 것이다.

무의식적인 뇌의 3 가지 기능

무의식적인 뇌의 세 가지 기능은 다음과 같다.

1. 한 개체의 생화학적인 운영 체계를 관장한다.
2. 일상적인 행위나 습관 그리고 믿음 따위의 프로그램이 가능한 소프트웨어들을 관장한다.
3. 당신을 무한한 지성의 양자장에 연결시킨다.

우리는 보이는 세상과 보이지 않는 세상이라는 두 개의 세상에 살고 있음을 명심해라. 뇌는 전자기적인 스위치 조작 센터다. 여태까지 알려진 이런 종류의 장치 가운데 가장 복잡한 장치가 바로 뇌다. 그리고 뇌는 또한 우리가 보이는 세상 및 보이지 않는 세상과 상호작용을 할 수 있도록 이들 세상과 연결해 준다.

1860년대에 독일의 화학자 아우구스트 케쿨레는 벤젠의 분자 구조를 알아내려고 골머리를 앓았다. 아무리 애를 쓰고 밝혀내려고 해도 도무지 알 수 없었다. 그러던 어느 날 그는 난로 앞에서 이 문제를 생각하다 잠깐 졸면서 꿈을 꾸었다. 뱀이 자기 꼬리를 물고 있는 꿈이었다. 꿈에서 깨어난 그는 바로 이 꿈이 벤젠의 분자 구조를 암시한다는 사실을 깨달았다. 실제로 벤젠의 분자 구조는 원형이었다. 케쿨레는 여러 해 뒤에 사람들 앞에서 연설하면서 이 경험을 밝혔는데, 이때 그는 다음과 같은 말도 함께 했다.

"신사 여러분, 꿈을 꾸는 방법을 배웁시다. 그러면 어쩌면 세상의 진리를 찾아낼 수 있을지도 모릅니다."

케쿨레가 벤젠의 분자 구조를 밝혀낼 때와 거의 같은 시기에 러시아의 화학자 드미트리 멘델레예프도 이 세상에 존재하는 원소들을 일정한 규칙에 따라서 배열하고 분류하는 방법을 찾고 있었다. 그리고 찾아냈다. 이와 관련해서 그는 나중에 다음과 같이 말했다.

"꿈을 꾸었는데, 꿈에서 모든 원소들이 각기 자기가 있어야 할 자리에 배치되어 있는 표를 보았습니다. 꿈에서 깨어나자마자 기억이 사라지기 전에 급히 서둘러 그 표를 종이에 옮겨 적었습니다. 그런데 신기하게도, 이 표가 잘못된 부분은 딱 한 군데밖에 없었습니다."

이렇게 해서 나타난 것이 바로 원소의 주기율표다.

프랑스의 수학자 르네 데카르트의 일화도 있다. 1619년 11월 10일에 그는 꿈을 하나 꾸었는데, 이 꿈 속에서 그는 나중에 해석기하학(공리와 정리를 적용하는 대신 좌표라고 하는 한 짝의 수를 변수로 하는 방정식의 형태로써 도형의 성질을 연구하는 학문 – 옮긴이)이라는 이름으로 정리된 학문의 토대를 발견했다.

이런 일화들은, 위대한 발견이 어떤 사람의 무의식으로 들어간 다음에 그 사람의 의식으로 침투했던 몇 개의 사례들일 뿐이다. 발명왕 토머스 에디슨도 발명 작업을 하다가 까다로운 문제에 막혀서 해결책을 찾지 못할 때는 꿈을 꾸려고 일부러 잠을 청했다. 그런데 이런 경험을 할 수 있는 사람은 유명한 과학자나 발명가만이 아니다. 무한한 가능성의 양자장은 모든 사람에게 열려 있다.

당신의 무의식적인 뇌는 이 우주에 존재하는 모든 지식에 접근할 수 있다. 문제나 과제가 무엇이든 간에 무의식적인 뇌는 어디에 가면 해답을 찾을 수 있을지 알고 있다. 그런데 무의적인 뇌가 알지 못하는 게 있다. 그것은 바로 당신이 어떤 대답을 원하는가 하는 것이다. 그러니 당신은 어떤 대답을 원하는지 '말해야' 한다. 햇볕만 있으면 어떤 요리든 만들어 낼 수 있는 주방에 언제든 들어갈 수 있다. 하지만 주문이 있어야 무슨 요리를 만들 것인지를 알 수 있다. 어떤 요리를 만들어 달라고 주문하는 것, 이것이 바로 의식적인 뇌의 목적이다.

성공을 위한 5가지 필수 사항

사업이나 일에 대한 비전을 선명하게 정리하는 것은 성공에 이르는 결정적인 첫걸음이다. 하지만 첫걸음은 어디까지나 첫걸음일 뿐이다. 비전이 아무리 선명하다 해도, 어떤 목표를 가진다고 해서 저절로 그 목표가 달성되지는 않는다. 목표를 글로 적었지만 끝내 그 목표를 달성하지 못했던 사례를 오랜 기간 동안 우리는 숱하게 목격했다.

만일 당신이 진정으로 그리고 열정적으로 성공을 거두고자 한다면, 경제적 자유를 얻어 행복하고 만족한 삶을 살고자 한다면, 다섯 가지 요소를 실천해야 한다. 나는 이것을 큰 성공을 거두기 위한 '필수 사항'이라고 부른다.

1. 영혼을 움직이는 어떤 것을 찾아야 한다.
2. 그것을 뛰어나게 잘해야 한다.

3. 그것을 가질 수 있고 성취할 수 있다고 스스로 믿게끔 자기 마음을 재조정해야 한다.

4. 그것으로 어떻게 돈을 벌지 알아야 한다.

5. 날마다 행동을 취해야 한다.

이 장에서는 맨 앞의 두 가지 필수 사항을 이야기했다. 즉 당신의 영혼을 휘저어 놓는 것이 무엇인지 파악하는 문제와, 당신이 잘하거나 잘하게 될 수 있도록 스스로를 설계하는 문제를 다루었다. 다음 장에서는 세 번째 사항, 즉 무의식적인 뇌가 당신이 새로 시작하는 사업의 비전을 끌어안고 추구하도록 재조정하는 문제를 다룬다.

이제 우리는 어떤 벽을 앞에 두고 있다. 대부분의 사람들이 가졌던 목표와 희망과 꿈이 넘어가지 못했던 바로 그 벽이다. 사람들이 목표를 설정했지만 끝내 그 목표에 도달하지 못하게 했던 바로 그 벽이다. 비전을 상상하고 분명하게 밝히는 것은 의식적인 뇌가 잘한다. 하지만 이 비전이 현실에 실현될 수 있으려면 새로운 일련의 지시 사항들이 무의식적인 뇌에 각인되어야 한다.

지금까지 당신이 한 것은 강력하고 실현 가능한 씨앗 하나를 만드는 것이었다. 이제 이 씨앗을 기름진 땅에 심을 차례다.

7장

30일간의
두뇌 재조정*

오래전 나사NASA에서는 매혹적인 실험 하나를 했다. 우주인이 오랜 시간 무중력 환경에서 노출될 때 경험할 수 있는 공간 및 방향 감각의 상실이 생리적으로나 심리적으로 어떤 영향을 주는가에 대한 실험이었다. 나사는 실험 대상자들에게 특수 제작한 안경을 쓰게 했다. 눈에 비치는 모든 상이 180도 뒤집어져 보이는 안경이었다. 실험에 참가한 사람들은 하루 24시간 내내 이 안경을 착용했다. 심지어 잠을 잘 때도 이 안경을 벗지 못하게 했다. 이렇게 한 뒤 대상자들에게 어떤 일이 일어나는지 관찰했다.

---

* 두뇌 재조정은 Neural Reconditioning(신경 재조정)의 이해를 돕기 위해 의역한 것이다. - 옮긴이

처음에 사람들은 극단적인 스트레스와 불안에 휩싸였다. 이런 사실은 혈압 및 기타 생체 상태를 나타내는 수치로 확인할 수 있었다. 그런데 점차 사람들은 이 새로운 스트레스에 적응하기 시작했다. 하지만 그렇다고 해서 스트레스가 완전히 사라진 것은 아니었다. 눈에 보이는 모든 세상이 거꾸로 뒤집어져 있었으니 그럴 수밖에 없었을 것이다. 그런데 실험이 시작된 지 27일째, 한 사람에게 놀라운 일이 일어났다. 그의 눈에 비친 세상이 다시 원래대로 돌아왔던 것이다. 여전히 이 안경을 쓰고 있었음에도 불구하고 거꾸로 뒤집혀 보이던 세상이 다시 똑바로 보이기 시작했다. 그래서 주변의 모든 것을 정상적으로 바라볼 수 있게 되었다. 그리고 며칠 더 지나자 실험에 참가한 모든 사람들에게도 같은 현상이 일어났다.

도대체 어떻게 된 것일까? 낯선 정보가 26일에서 30일 동안 계속 입력되자, 뇌가 신경회로의 배선을 새로 조정했다. 시각 및 공간 인식 체계가 정상적인 것을 180도 뒤집어서 인식하도록 했던 것이다.

연구자들은 또 실험이 시작되고 3~4주 뒤에 사람들에게서 안경을 벗기는 실험을 해봤다. 그러자, 비록 안경을 벗기는 기간이 짧았다 하더라도 이런 신경 적응 현상은 일어나지 않았다. 요컨대, 새로운 지각 정보가 25일에서 30일 동안 지속적으로 주입될 때 무의식적인 뇌는 이 새로운 환경에 적응해야 함을 인정하고 이 새로운 환경을 정상적인 상태라 여긴다는 말이다.

그렇다면 필자인 우리는 어떤 결론을 내렸을까? 무의식적인 뇌가 새로운 결정 사항을 받아들여 인정할 수 있도록 하려면, 약 30일 동안 두뇌 재조정 기법들을 꾸준하게 실시해야 한다는 게 우리가 내린 결론이다. 지난 20년 동안 수천 명의 고객들을 상대한 결과를 바탕으로 우리는 이 점을 확신한다.

두뇌 재조정이란

당신이 마라톤 대회에 참가하고 싶다고 마음먹었다고 상상하자. 과거에 마라톤을 해본 적이 있거나 말거나 상관없이, 아마도 당신은 마라톤을 완주하는 데 어떤 것들이 필요한지 잘 알고 있을 것이다. 그저 오늘 이렇게 결정했다고 내일 당장 할 수 있는 게 아니다. 마라톤 완주 준비는 사나흘 만에 뚝딱 끝나는 그런 것이 아니다. 시간이 필요하고 꾸준한 노력이 필요하다. 날마다 훈련해야 한다. 근육을 기르고 강화해야 하며 폐와 심장을 훈련시켜야 하며 신체 전반을 마라톤이라는 새로운 활동에 점차 적응시켜야 한다.

뇌도 마찬가지다. 어떻게 하면 뇌의 신경망을 재조정해서 새로운 믿음에 걸맞은 새로운 습관을 갖추도록 하고, 또 외부적으로 억지로 하려는 게 아니라 성공이 자연스럽고도 유기적인 과정을 통해 내부적으로 이루어지게 할 수 있을지 지금부터 제시할 것이다. 우리는, 당신이 설정한 목표와 소망들을 당신의 무의식적인 뇌의 신경 양상으로 변환시킬 수 있는 소위 '두뇌 재조정neural reconditioning'이라는 과정을 개발했다. 이것은 의식적인 뇌를 위해서 목표와 소망을 종이에 적은 뒤 잊어버리는 것과는 완전히 다른 것이다.

마라톤 대회에 참가하려고 준비를 할 때와 마찬가지로 이 과정은, 당신의 신경망이 목표를 성공으로 이끄는 데 필요한 것을 수행할 수 있도록 당신 두뇌의 신경망을 재조정한다. 그렇기 때문에 이 과정은 날마다 꾸준한 노력을 필요로 한다. 그렇다고 해서 엄청난 노력을 들여야 하는 거대한 작업은 아니다. 솔직하게 말하면 우습다고 할 정도로 쉽다. 사람들이 하지 않을 뿐이지 결코 어렵거나 힘든 게 아니다. 하지만 해보면 모든 게 달라질 것이다.

우선, 달성하고자 하는 비전이나 목표를 세운다. 여기에 관해서는 6장에서 비전을 글로써 선명하게 정리해야 한다는 내용으로 일단 기본적으로는 살펴보았다. 여기에 이어서 이 비전을 지지하는 데 필요한 믿음들을 글로 정리하고 선언하는 것에 대해서 더 설명을 할 것이다. 아울러 이 비전을 마음이라는 스크린에 마치 마음의 영화처

두뇌 재조정 6단계
- 1단계 : 수정처럼 선명한 새로운 비전을 세워라
- 2단계 : 비전을 큰 소리로 선언하고 강력한 자기 확신을 가져라
- 3단계 : 긍정적 기억을 이용하여 뇌 속 신경회로를 바꿔라
- 4단계 : 신경회로 변경을 위한 재료를 준비하라(비전보드, 청각 자료 등)
- 5단계 : 날마다 하루에 세 번, 30분씩의 명상으로 무의식을 훈련하라
- 6단계 : 신경공학 기술들을 활용해 비전을 각인하라(오디오, 영상, 잠재 의식 소프트웨어)

럼 영사하는 과정, 다시 말해서 글로 쓴 비전을 생생하게 시각화하는 과정을 연습할 것이다. 또한 새로운 믿음에 힘과 충격을 줄, 과거 경험을 바탕으로 한 정서적인 여러 닻들을 만들어 내면서 '신경 연결neural linking'이라는 기법에 대해서 탐구할 것이다.

그 다음에 새로운 비전과 자기 확신을 구체적이고 물질적인 소재로 전환시키는 방법에 대해서 살펴볼 것이다. 여기에서 물질적인 소재란 얇은 판자에 글자를 적은 것이나, 녹음한 것 혹은 (내가 가지고 싶은 집의 사진을 붙였던 것과 같은, 1장에서 설명했던) 비전보드 등으로, 한 번만 쓰고 버리는 것이 아니라 여러 차례 반복해서 사용할 수 있다.

그리고 마지막으로 이 소재들이 담고 있는 내용들이 무의식 속으로 깊이 들어갈 수 있도록 날마다 할 수 있는 간단한 실행 과정을 만든다. 가장 기본적인 과정인 간단한 명상 방법에 대해서 살펴볼 것이다.

이 과정을 3~4주 동안만 계속 반복하면, 나사의 실험이 보여 주었듯이 구체적인 효과가 나타나기 시작한다. 당신이 만지고 읽고 바라보는 그 새로운 영상들의 무의식적인 경험은 어느새 생각의 습관으로 자리를 잡으며, 뇌에 완전히 새로운 일련의 신경회로를 만들어 낸다. 멋진 생각이나 아이디어 그리고 소망하는 목표들은 당신의 무의식적인 뇌에 '피할 수 없는 어떤 것'으로 각인이 된다. 그리고 RAS는 그 새로운 실체들을 강화하고 지지하는 자원이나 입력 정보를 찾으려고 최고 수준의 경계 태세로 돌입하는 한편, 사이코사이버네틱스는 이런 목표들을 새로운 '정상적 기준'으로 인식하도록 재조정시킨다.

완벽함보다 꾸준함이 중요하다

두뇌 재조정 과정의 가장 큰 미덕 가운데 하나는 매우 관대하다는 점이다. 이 과정의 모든 부분을 다 완벽하게 하려고 굳이 애쓰며 스트레스 받을 필요가 없다. 사실 이 과정의 그 어떤 부분도 스트레스가 필요 없다. 우리는 당신이 실천할 수 있는 여러 가지 다양한 방법을 제시할 것이다. 하지만 이 모든 것들을 결코 수정해서는 안 되는 금과옥조의 프로그램이나 처방전으로 받아들이지 않아도 된다.

이건 운동 연습을 하는 것과 같다. 정교하게 고안된 프로그램을 따를 때 더 나은 운동 효과를 얻을 수 있을까? 물론 그렇다. 하지만 전문 운동선수가 아닌 일반인이 아침 운동을 할 때 굳이 이런 정교한 프로그램에 정확하게 따라야만 할까? 물론 그렇지 않다. 일반 사람들은 대부분 운동량이 적기 때문에 날마다 15분씩 빠른 걸음으로 걷는 것만으로도 상당한 효과를 본다. 물론 하루에 15분씩 걷는 훈련을 해서는 올림픽에 나가서 메달을 따지는 못할 것이다. 하지만 올림픽에서 메달을 따는 게 대부분의 사람들이 가지고 있는 목표는 아니다.

결론을 요약하면 이렇다. 많이 하면 할수록 결과는 좋아진다. 그렇게 할 수만 있다면 더할 나위 없이 좋다. 하지만 중요한 건 '많이' 하는 게 아니라, '한다'는 것이다.

이 과정에서 가장 중요한 점은 복잡하거나 어렵지도 않고, 시간을 많이 잡아먹지도 않는다는 사실이다. 일단 초기의 준비 과정을 마치고 나면, (여기에서 준비 과정이란 완성된 비전이나 자기 확신의 선언을 더욱 정교하게 다듬고 재조정 과정에 필요한 물질적인 여러 소재들을 준비하는 것이다) 실질적인 두뇌 재조정 활동은 하루에 불과 몇 분만 투자하면 된다.

이 과정을 효과적으로 수행하기 위한 핵심적인 조건은 선명함과 지속성이다.

당신이 정리한 문장은 선명하고 생생해야 한다. 그렇기 때문에 당신이 달성하고자 하는 것을 정확하게 대변할 수 있다는 확신이 들 때까지 이것을 정교하게 다듬어야 한다. 이 작업에는 시간을 아끼지 말아야 한다.

그 다음에는 '날마다' 이 과정을 충실하게 수행하면 된다.

만일 선명함과 지속성만 보장된다면 좋은 결과가 뒤따른다. 이게 끝이다. 정말 간단하지 않은가? 시간이 지나고 나서 드러나는 결과를 보면 당신은 깜짝 놀랄 것이다.

1단계 :
새로운 비전을 세워라

우선 당신 인생의 강력한 재정적인 비전을 세워라. 여기에는 4장에서 언급했던 세 가지 요소, 즉 순자산, 연간총수입 그리고 연간총기부액도 포함시켜야 한다.

당신이 달성하고자 하는 것이 무엇인지 100퍼센트 확실히 알아야 한다. 양자 우주가 작동하는 데 모호함이란 있을 수가 없다. 새로운 사업을 하기 위해서 당신이 창조한 씨앗에 모호함이 조금이라도 들어가 있어서는 안 된다. 또한 망상 활성화 체계RAS와 사이코사이버네틱스가 작용하는 데도 모호함이란 있을 수가 없다. 당신은 이들 체계에 뚜렷하고 정확한 지시를 내려야 한다. 그래야만 이들은 당신이 찾는 것을 정확하게 파악하고 또 포착할 수 있다.

무의식적인 뇌는 모든 기억을 가지고 있다. 뿐만 아니라 '상상한 것'에 대한 기억까지도 가지고 있다. 무의식적인 뇌는 실제 현실에서 일어났던 경험과 당신의 마음속에서 일어났던 경험을 구분하지 못한다는 사실을 잊지 마라. 어떤 생생한 경험을 상상할 때, 신경과학 용어로 표현하자면 그 경험이 발생할 때, 뇌는 그 경험을 마치 당신이 앉아 있는 의자나 당신의 손처럼 구체적이고 생생한 실제 현실로 바라본다.

내가 샌디에이고의 멋진 집을 사서 거기에 살게 된 것도 아주 당연한 결과였다. 이유는 다음과 같다. 무의식적인 뇌 차원에서 볼 때,

비전보드에 붙어 있던 그 집의 사진을 수천 번 바라본 뒤에 나는 '이미' 그 집을 사서 그 집으로 이사를 해서 살았기 때문이다. 내 뇌의 믿음 센터는 비전보드 속의 그 집을 나의 집으로 파악했으며, 이런 일이 실제 물리적인 세계에서 일어나도록 나의 감각과 의식적인 뇌는 총력을 기울였던 것이다.

무의식적인 뇌는 실제 일어난 사건과 상상 속에서 일어난 사건을 구분하지 못한다. 하지만 그 사건이 얼마나 강한 인상을 남겼는지는 구분한다. 현실에서 실제로 일어났든 아니면 상상 속에서 일어났든 상관없이 뇌에 더욱 깊이 각인된 기억은 그렇지 않은 기억보다 더 큰 영향력을 발휘한다.

각인이 어느 정도의 힘을 발휘할 수 있을지 결정하는 것은 무엇일까? 어떤 기억이 발휘할 수 있는 힘의 크기를 규정하는 것은 '반복repetition'과 '충격impact', 즉 정서적인 내용이라는 두 가지 요소다. 이 두 요소 모두 결정적이다.

반복

반복은 간단하다. 어떤 행동을 단 한 차례만 해서는 그 행동을 습관으로 만들지 못한다. 동일한 행동을 여러 차례 반복해야만 그 행동이 습관으로 굳어진다. 걷는 법을 익히고 말하는 법을 익히고 구구단을 외우는 것 모두 반복을 통해서 이루어진다. 반복은 습관을 낳는다. 생각의 습관도 마찬가지로 반복이 낳는다.

사람들이 자기가 설정한 목표를 달성하지 못하는 경우가 그토록 많은 가장 큰 이유도 바로 이 반복의 문제에 있다. 예컨대 어떤 모임에 참가해서 당신이 달성할 어떤 목표를 설정했다고 선언할 수 있다. 혹은 1월 1일에 신년 목표를 잡고 이 내용을 글로 쓸 수 있다. 하지만 한 번 이렇게 하고 말면 아무런 의미가 없다. 당신의 선언이 조금이나마 결실을 맺을 수 있는 유일한 길은 그것을 생각의 습관으로 굳어지게 하는 것이다. 수십 번 아니 수백 번 반복하는 것이다. 두뇌 재조정이 발휘하는 막강한 힘이, 실천 방법의 탁월함에서 나오는 게 아니라 날마다 꾸준하게 실천하는 반복에서 나오는 것도 바로 이 때문이다.

충격

반복은 커다란 어떤 감정이 동반되지 않는다 하더라도 습관을 낳는다. 하지만 정서적인 충격이라는 요소가 없을 때, 습관의 뿌리는 깊이 내려가지 못해서 습관의 지속력은 허약할 수밖에 없다. 감정과 기억 사이에는 강력한 상호 작용이 일어나기 때문이다. 첫 아이의 탄생이나 치명적인 교통사고처럼 강력한 정서를 동반한 사건들은 예컨대 여섯 달 전에 어떤 친구가 우연히 찾아와서 함께 했던 점심 식사보다 뇌에 훨씬 더 강한 충격을 준다.

당신은 2002년 1월 8일에 어디에서 무엇을 했는지 기억할 수 있는가? 그날이 당신의 생일이 아니었다면 아마 기억하지 못할 것이다. 그날이 화요일이었다고 하면 기억을 떠올리는 데 조금 도움이 될까? 하지만 그래도 기억하지 못할 것이다. 하지만 이보다 넉 달 더 과거에 존재했던 어떤 화요일을 예로 들어 보자. 2001년 9월 11일이다. 이날 당신은 어디에서 무엇을 했는지 좀 더 정확하게 기억할 수 있을 것이다.

왜 이런 현상이 빚어질까? 2001년 9월 11일에 일어났던 테러 행위와 직접적인 관련이 없었다면, 이 화요일에 당신이 처했던 주변 환경은 2002년 1월 8일 화요일에 당신이 처했던 주변 환경과 크게 다르지 않을 것이다. 하지만 넉 달이나 더 과거에 일어났던 일들을 더 자세하게 기억하는 이유는, 그날 있었던 사건들이 정서적으로 더 큰 충격을 주었기 때문이다.

이와 마찬가지로 특별하게 긍정적이었던 경험도 깊은 인상을 남긴다. 첫 키스, 프러포즈, 졸업식, 결승전에서의 승리, 아이의 탄생, 새로 장만한 집에서의 집들이 등과 관련해서는 당시의 냄새나 소리 그리고 음악과 같은 아주 세부적인 것들까지 생생한 기억으로 남아 있게 마련이다.

반복 + 충격 = 새로운 현실

자, 당신의 목표가 올림픽에 참가해서 금메달을 따는 것이라고 치자. 당신은 우선 금메달을 땄을 때를 상상 속에서 생생하게 떠올려야 한다. 관중들이 열렬하게 환호할 때의 감정, 피가 용솟음치는 감정, 올림픽의 귀빈이 당신 목에 금메달을 걸어 줄 때의 그 짜릿한 감정 그리고 시상대 위에 서서 울려 퍼지는 애국가를 들을 때의 감정을 느껴야 한다. 느낄 수 있는가?

이 모든 감정을 아주 구체적으로 생생하게 상상할 때, 마치 금메달을 목에 걸고 전 세계가 지켜보는 가운데 실제로 시상대 위에 서 있을 때와 마찬가지로 그렇게 강렬하고 효과적으로, 그런 경험을 경험하고 당신의 무의식적인 마음에 각인시킨다.

이것을 생생하게 그리고 지속적으로 자주 반복해라. 그러면 머지않아서 당신은 올림픽 금메달리스트가 된 자기 자신을 상상하는 것에서 멈추지 않고, 실제로 그렇게 되어가고 있을 것이다. 더 나아가 당신은 금메달리스트가 하는 행동을 하고 금메달리스트가 하는 만큼 연습을 할 것이다. 금메달리스트처럼 살면서 금메달리스트가 끌어당기는 주변 환경들을 역시 끌어당길 것이다.

이 말이 전혀 근거 없는 것처럼 들린다면 올림픽 메달리스트에게 이런 상상을 해본 적이 있느냐고 물어보라. 아마도 여러 해 동안 날마다 이런 상상을 했다는 대답을 들을 것이다. 이것이 최고의 운동선수, 최고의 연주가, 최고의 배우, 최고의 무용가, 유명한 연설가, 대통령, 성공한 최고경영자가 그 최고의 자리에 올라설 수 있었던 비법이다.

당신이 어떤 것을 영상적으로 상상하면 당신이 성취하고자 하는 것과 직접 연결이 되는 신경망이 뇌 속에서 실제로 생성된다. 당신의 청사진을 실제 현실로 구현할 수 있도록, 필요한 자원들을 끌어당기는 씨앗이 만들어진다.

간단한 진리다. 씨앗이 없으면 나무도 없다. 나무를 원하는가? 그렇다면 씨앗을 만들어라. 영상적으로 상상하는 것이야말로 제대로 된 씨앗을 만드는 방법이다.

상상이 반드시 영상적일 필요는 없다. 상상 속의 영상적인 이미지가 모든 사람에게 똑같이 쉽게 다가오지는 않는다. 사람은 모두 다르다. 예를 들어서 어떤 사람들은 시각적인 것보다 특정한 소리나 촉감 혹은 냄새에 더 강력하게 자극을 받을 수 있다. 또 혹은 성취하고자 하는 목표를 달성했을 때를 상상하는 경험 속에 오감의 전 스펙트럼이 동원될 수도 있다.

우리가 원하는 것은 당신이 꿈꾸던 일을 이루었을 때의 느낌이 생생한 경험이 되도록 하는 것이다. 이 경험이 어떻게 보이든 어떻게 들리든 또 어떻게 느껴지든 간에, 가능하면 더욱 실제와 같이 상상했으면 한다.

여기에서 내가 설정한 1년 목표와 비전을 예를 들어서 보여 주면 다음과 같다.

나의 1년 목표와 비전

나는 내 사업을 세계 최고의 소규모 프랜차이즈 사업으로 만들기 위해 행복하게 일하고 있다. 나는 우리 회사에서 상담을 받은 사람들이 사업에서나 삶에서 엄청난 변화를 경험했다는 놀라운 성공담을 듣거나 읽으면서 짜릿한 성취감을 느낀다. 사람들은 우리에게 컨설팅받는 것을 무척 좋아한다. 그리고 이메일과 편지로 이런 사실을 날마다 우리에게 이야기한다. 전 세계에 우리의 팬이 있고, 이들은 자기가 아는 사람들에게 우리를 추천한다.

오늘 현재 나의 순자산은 _____달러이고, 연간총소득은 _____달러이며, 세금은 제외하고 한 해에 _____달러씩 저금한다. 돈은 나에게 넘쳐난다. 나는 내 소득 가운데 10퍼센트를 자선단체에 기부하고, 또 다른 10퍼센트를 내가 다니는 교회에 기부한다. 정상에 올라선 내 삶은 달콤하고 만족스럽다.

나는 내 소망을 모두 이룬 삶을 살고 있다. 사랑, 웃음 그리고 넘쳐나는 열정이 내 인생의 추진력이며, 내가 소망하는 것들이 현실에서 이루어지게 해준다. 나는 넘치는 건강과 에너지에 감사한다. 아내와 아이들의 건강과 행복에도 감사한다. 가족과 나는 날마다 더 가까워지고 또 더 현명해진다. 그리고 우리는 사랑하는 모든 사람들과 기쁨과 가능성을 함께 나눈다. 나의 심장과 머리는 가능성과 기회로 한껏 부풀어 있다. 나의 모든 삶과 이 삶 속의 모든 것은 무한한 축복을 받았고, 이 점을 나는 무척 감사한다.

사례 연구 : 부동산 회사 '리-맥스'의 재탄생

내가 '리-맥스'의 인디애나 주 독점영업권을 샀을 때 리-맥스는 인디애나에서 이미 두 번이나 실패한 뒤였다. 내가 인디애나에 갔을 때 부동산 업계에 종사하던 사람들은 누구나 리-맥스는 인디애나에서 성공하지 못할 것이며 나 역시 얼마 가지 않아서 두 손을 들고 항복할 것이라고 생각했다. 하지만 나는 항복하지 않았다. 나는 그때 어떻게 하면 선명한 비전을 세울지 그리고 반드시 성공할 것이라는 흔들리지 않는 믿음을 세울지 잘 알고 있었다. 토론토에서 리-맥스의 직원으로 일하면서 상당한 수준의 성공을 거두었었다. 그러니 인디애나라고 해서 성공을 못 할 이유가 없었다.

그래서 나는 매출액 10억 달러 달성으로 리-맥스를 인디애나에서 가장 큰 부동사 회사로 키우겠다는 목표를 세웠다. 목표만 세웠을 뿐만 아니라 이 사실을 대대적으로 공표했다. 앞에서도 말했듯이 이 일로 나는 웃음거리가 되었다. 하지만 그렇다고 해도 내 믿음은 훼손되지 않았다. 내가 직원을 선발하고 관리해서 하나의 기업을 경영해본 경험이 없었다는 사실을 많은 사람들이 지적했지만, 이런 사실도 나의 믿음을 훼손하지는 못했다. 나는 나 나름대로의 비전을 가지고 있었다. 그리고 이 비전을 내가 행동하고 말하고 계획했던 모든 것들에 담아냈다.

나는 다른 부동산 회사들의 소유주들을 찾아가서 대화를 나누었다. 그들은 문전박대 하면서 나를 비웃었다. 그래서 나는 이들 회사의 관리자들과 대화를 나누면서 내가 가지고 있는 비전을 설명했다. 그들은 나의 비전 속에 자신들의 소망이 담겨 있다는 사실을 깨달았다. 내가 말하는 내용 속에서 그들은 자신들이 바라는 경제적인 해방감과 놀랍도록 멋진 삶이 녹아 있음을 깨달았던 것이다. 이들은 차례차례 다니던 회사에 사직서를 내고 나와서 리-맥스에 합류했다.

우리 회사의 직원수는 27명이 되었다가 곧 60명이 되고 다시 100명이 되었다. 그리고 5년 만에 우리는 인디애나에서 가장 큰 부동산 회사가 되었고 매출액 10억 달러를 돌파했다.

2단계 :
강력한 자기 확신을 가져라

선명한 비전을 세웠다면 이제 매순간 이 비전이 반드시 실현될 것이라고 믿어야 한다. 이 단계는 결정적이라고 할 정도로 중요하다. 왜냐? 새로운 비전을 인식하려고 노력하면서도 이 비전과 반대되는 낡은 믿음들을 여전히 가지고 있다면, 당신은 앞뒤가 맞지 않는 믿음에 매우 혼란스러워질 것이기 때문이다.

의사소통 과정에서 전달되는 의미 중에 사람이 하는 말은 겨우 7퍼센트밖에 영향력을 행사하지 못하고, 나머지는 주로 얼굴 표정이나 말투 그리고 신체 언어를 통해서 전달된다는 얘기를 한 번쯤은 들어봤을 것이다. 이것은 자기계발 분야에서는 상식으로 통한다. 하지만 사실이 아니다. 이런 인식은, UCLA의 사회심리학자 앨버트 메러비언이 연구를 통해서 발견했으며 또한 《침묵의 메시지Silent Messages》(1971년)에 실었던 여러 사항들은 왜곡한 것이다. 메러비언이 발견한 내용의 의미는 매혹적이며, 이 책에서 제시하는 내용과 연결되는 부분이 무척 많다.

정상적인 환경에서라면 우리가 하는 말들은 7퍼센트보다 많은 내용을 전달한다. (만일 이게 사실이 아니라면, 우리가 무슨 말을 하든 무슨 상관이겠는가?) 하지만 메러비언은 일상적인 환경을 연구한 게 아니었다. 그는, 당신이 아는 어떤 사람이 당신에게 여러 내용이 뒤섞인 혼란스러운 메시지를 전달했을 때 어떤 일이 일어나는지 연구했다.

예컨대 어떤 사람이 하는 말이 그 사람의 말투나 얼굴 표정 혹은 몸
짓과 일치하지 않을 때 어느 것을 믿어야 할 것인가 하는 게 그의 연
구 주제였다.

예를 들어 보자. 어떤 어머니가 아이에게 입으로는 "이리 온, 난 너
를 사랑한단다."라고 말하지만 두 팔을 허리께에 올려붙이고 있으며
목소리에는 짜증과 분노가 잔뜩 묻어 있다. 이 상반되는 메시지들
속에서 아이는 어떤 메시지를 선택할까? 그렇다. 말이 아니다. 어떤
사람이 하는 말이 그 사람의 동작이나 감정, 분위기, 믿음 등과 일치
하지 않을 때, 그 사람이 하는 말은 언제나 거짓이다.

의식적인(언어적인) 뇌와 무의식적인(비언어적인) 뇌 사이의 관계
도 똑같다. 의식적인 뇌가 전하는 메시지(예를 들면, 글로 적은 여러 목
표들)와 무의식적인 뇌가 진실이라고 믿는 메시지(예를 들면, 믿음)가
서로 다를 때 어느 쪽이 이길 것 같은가? 알고 있을 테니 굳이 정답
을 말하지는 않겠다.

그러니까 어떤 사람이 입으로는 "나는 연간총소득을 25만 달러에
서 100만 달러로 높이겠다."라고 말은 하면서도 무의식적인 마음은
여전히 25만 달러에 머물러 있다면, 눈으로는 아이를 사납게 노려보
는 화가 난 어머니가 입으로는 "난 너를 사랑한단다."라고 말하는 것
과 다르지 않다는 말이다. 의식과 무의식 사이의 갈등이 있을 때는
언제나 무의식이 이긴다. 언제나!

그렇다면 이제 당신의 무의식이 가지고 있는 믿음을 좀 더 자세하
게 살펴보자.

변화를 꿈꾼다면 믿음부터 바꿔라

자기가 현재 가지고 있는 믿음이 무엇인지 어떻게 알 수 있을까? 매우 어려운 일일 수도 있다. 왜냐하면 우리가 가지고 있는 믿음은 우리의 한 부분일 뿐이라서 우리 자신도 그것을 흔히 잘 인식하지 못하기 때문이다. 이와 관련된 멋진 표현이 힌두교에 있다.

"세상에는 세 가지의 불가사의한 수수께끼가 있다. 공기와 새의 관계, 물과 물고기의 관계 그리고 사람과 그 자신의 관계이다."

물고기는 물을 인식하지 못한다. 물고기는 언제나 물에서 헤엄을 치기 때문에 물에 대해서는 전혀 생각하지 않는다. 마찬가지로 새도 공기를 인식하지 못한다. 공기는 새에게 정상적인 환경이다. 우리의 믿음 역시 우리에게는 정상적인 환경이다. 우리는 이 믿음 속에서 언제나 헤엄을 친다. 하지만 이것은 우리 눈에 보이지 않는다.

그렇다면 당신은 당신이 믿는 것을 어떻게 알 수 있을 것인가? 어려운 질문인가? 아니다. 대답은 너무도 간단하다. 당신의 삶을 바라보면 된다. 뭐가 보이는가? 눈에 보이는 것은 모두 당신이 가지고 있는 믿음의 증거다. 당신의 현재 삶, 인간관계, 건강, 소득, 생활방식, 사는 곳, 일하는 곳, 노는 곳, 날마다 하는 것, 이 모든 것이 바로 당신이 무의식 속에서 붙잡고 있는 그림을 정확하게 읽을 수 있는 창이다.

만일 당신이 파산을 했다면, 당신이 가지고 있는 믿음은 '나는 파산했다. 이게 바로 나다'거나 아니면 '나는 많은 돈을 가지고 있을 자격이 없다'이다. 만일 당신이 스트레스를 받고 있으며 여유 시간이 별로 없다면, 당신의 믿음은 '나에게는 시간이 모자라'이다.

만일 당신의 인생이 전반적으로 성공한 편이지만 당신이 진정으로 원하는 것을 할 수 있을 만큼 시간과 돈이 충분히 많지 않다면, 당신이 가지고 있는 믿음은 어떤 것일지 한번 맞춰 보기 바란다. 바로 '나에게는 충분한 게 도무지 없다'이다. 그런데 이런 상황에서 만일 당신이 '그래 맞아, 충분한 게 없어. 하지만 언젠가 머지않아 그런 여유가 생길 거야, 분명히'라고 생각한다면, 미안하지만 오산이라고 말해 줄 수밖에 없다. 무의식에는 과거나 미래는 없고 오로지 지금 이 순간의 현재밖에 없기 때문이다. 결국 당신의 무의식적인 뇌는 당신을 '언젠가'라는 미래의 굴레 속에 영원히 가둘 것이고, 당신은 호박 속에 화석으로 갇혀 있는 파리 신세가 되고 말 것이다.

첫 번째 단계는 당신이 주체라는 사실을 인정하는 것이다. 당신의 삶은 당신이 만드는 것이고 이때 사용하는 기본적인 도구는 당신의 믿음이다. 만일 당신이 처한 상황을 바꾸고 싶으면 당신이 어떤 믿음을 '가지고 싶은지' 결정해라.

긍정적 자기 확신을 가져라

효과적으로 자기 확신을 할 수 있는 글을 쓸 때 가장 중요한 점은 대담하고 선명하고 긍정적이어야 하며, 아울러 현재 시제를 유지해야 한다는 것이다.

사람들은 보통 부정적인 방식으로 목표를 설정한다는 사실, 즉 자기들이 '원하는 것'에 초점을 맞추지 않고 '원하지 않는 것'에 초점을 맞추는 경향이 있음을 우리는 알았다. "나는 서로가 만족하는 평생 가는 인간관계를 맺고 싶다."라는 진술과 "나는 슬프고 외롭게 사는 삶은 정말 원하지 않는다."라는 진술이 같은 내용을 말하는 두 가지 방식으로 보일 수 있다. 하지만 절대로 같지 않다. 두 진술은 무의식적인 뇌에 정반대의 메시지를 전하고 있다. 무의식적인 뇌는 '원한다'와 '원하지 않는다'의 차이를 알지 못한다. 다만 '서로가 만족하는 평생 가는 인간관계'와 '슬프고 외롭게 사는 삶'밖에 듣지 못한다.

의식적인 뇌는 이 진술들을 논리적이고 선형적으로 파악한다. 논리적인 뇌는 두 개 혹은 세 개 이상에 동시에 초점을 맞추지 못한다. 하지만 무의식적인 뇌는 백만 개까지도 동시에 초점을 맞출 수 있다. 무의식적인 뇌는 '첫째는 이것, 그 다음에는 저것, 그리고 다시 그 다음에는⋯⋯' 식으로 생각하지 않는다. 의식적인 뇌는 하나의 이야기를 처음부터 순차적으로 받아들이지만, 무의식적인 뇌는 마치 젤리를 후룩 빨아먹듯이 그 이야기 전체를 하나의 인상으로 단번에 빨아들인다. 이런 현상은 어린이, 특히 나이가 어린아이들에게서 쉽게 볼 수 있다. 이들은 아직 정교한 여과 장치나 방어 장치를 개발하지 않았기 때문인데, 이들은 자기들보다 나이가 많은 아이들이나 어른들에 비해서 훨씬 솔직하고 공공연하게 사고 과정의 이 진실을 드러낸다. 만일 당신이 어린아이에게 어떤 것을 하지 말라고 말할 때 이 어린이는 어떤 것에 이끌릴까? 그 아이는 당신이 하지 말라고 말한 바로 그것에 이끌리고 만다.

자, 여기에서 이해를 돕기 위해 다른 예를 보자. 만일 당신이 유치원에 다니는 아이에게 식사를 할 때 음식을 흘리지 않도록 주의를 주고 싶다고 치자. 만일 "음식 흘리지 마라."라고 말하면 과연 그 아이가 음식을 덜 흘릴까? 천만에, 그렇지 않다. 오히려 이 아이는 음식을 더 흘리게 된다.

우리가 우리 자신에게 어떤 메시지를 전할 때도 마찬가지다. 아니, 수백 배 더 강력하게 이런 현상이 나타난다. 왜 그럴까? 아이에게 음식을 흘리지 말라고 말하는 게 하루에 몇 번이나 될까? 한 번이나 두 번 혹은 많아야 서너 번이다. 하지만 만일 당신 스스로에게 이와 비슷한 어떤 경고를 한다고 치자. 예를 들어서 "무슨 일을 하든 간에 초조하게 굴지 말자."라고 말한다고 치자. 하루에 이런 말을 당신 자신에게 몇 번이나 할 것 같은가? 족히 수십 번은 한다. 우리가 우리 자신에게 하는 말은 수십 번, 수백 번, 수천 번, 수만 번 반복된다. 당신에게 누구보다도 압도적으로 커다란 영향력을 행사하는 사람은 바로 당신 자신이다. 당신보다 당신의 귀에 그토록 많이 속삭이는 사람은 없기 때문이다.

사례 연구 : 존 아사라프의 인생을 뒤바꾼 믿음

나는 삶에서 가치 있는 것을 성취할 능력이 부족하다는 잘못된 믿음을 갖고 자랐다. 서문에서도 언급했듯이 나는 나쁜 아이들과 어울렸고 실패로 점철되는 삶을 살아갈 운명인 듯했다. 내가 처음 어떤 사업을 하면서 나 자신을 위한 목표와 비전을 설정할 때 사업가로서의 내 능력에 대한 새로운 믿음을 가지는 게 무엇보다 중요했다. 그러지 않았다가는 내가 새롭게 설정하는 목표마다 모두 뭉개져 버릴 터였기 때문이다.

그래서 나는 내가 성장하면서 키워왔던 믿음과 완전히 상반되는 믿음을 하나 설정했다. 이 믿음은 오늘날까지도 나에게 커다란 충격을 주고 있다. 그것은 바로 이것이다.

"나는 뛰어나고 정통한 사업가다." 그런데 솔직히 말하면 내가 이 글을 썼을 때 나는 이것을 믿지 않았다. 조금도 믿지 않았다. 사실이 아니었기 때문이다. 장차 그렇게 될 수도 있었지만 최소한 당시로서는 그렇지 않았다. 뛰어나고 정통한 사업가는 내가 되고 싶은 이상적인 모델이었다. 그리고 내가 원하는 대로 그 모델이 될 수 있는 유일한 길은 새로운 믿음을 고안하고 그것을 내 뇌 속에 집어넣는 것이었다. 나는 이 일을 했다.

그리고 여러 해 동안 나는 내가 되고 싶은 모델의 목록을 추가하면서 나 자신을 향한 속삭임을 계속 새롭게 만들어 냈다. 이 말은 끊임없이 변하고 진화했다. 다음에 소개하는 목록은 현재 내가 나 자신에게 속삭이는 선언 및 자기 확신 내용이다.

- 나는 천재이고 나는 날마다 지혜를 발휘한다.
- 나는 내가 강력해지도록 허락한다.
- 나는 내가 원하는 만큼 얼마든지 많은 소득을 올릴 수 있는 능력을

가지고 있다고 확신한다.

- 기대했던 곳뿐만 아니라 기대하지 않았던 곳에서도 돈은 나에게 쏟아져 들어온다.
- 나는 내 사업을 성장시키는 데 도움이 될 사람들을 언제든 끌어당긴다.
- 나는 뛰어나고 정통한 사업가이며, 지금의 회사를 10억 달러 가치의 회사로 성장시키는 데 필요한 모든 자질을 다 갖추고 있다.
- 나는 이 새로운 대작업을 완성하는 데 필요한 모든 재능과 지능과 돈을 가지고 있다.
- 나는 인터뷰를 할 때나 세미나에 참석할 때 늘 차분하고 간명하며 행복하고 탁월하다.
- 나는 단상에 서 있을 때나 그렇지 않을 때 언제나 최고의 프레젠테이션을 하며 최고의 설득 기술을 가지고 있다. 이 일은 너무도 신난다!

이 목록을 자세하게 살펴본다면 아마도 내가 계속 가지고자 하거나 바꾸고자 하는 믿음이 어떤 것인지 간파할 수 있을 것이다. 예를 들어서 "나는 인터뷰를 할 때나 세미나에 참석할 때 늘 차분하고 간명하며 행복하고 탁월하다."를 보자. 정말로 내가 늘 차분하고 행복해 하는 사람이었다고 생각하는가? 자기 의견을 간명하게 그리고 우아하게 표현했던 사람이었다고 생각하는가? 전혀 그렇지 않다! 오래전 내 모습은 차분함과 거리가 멀었다. 이 모든 특성들이 나에게는 없다고 생각했으며, 이런 자기 확신 기법을 이용해서 나의 무의식적인 뇌에 새로운 신경회로들을 만듦으로써 이런 긍정적인 특성들을 새로이 갖추려고 했다.

또 다른 예로 "나는 내 사업을 성장시키는 데 도움이 될 사람들을 언제든 끌어당긴다."를 보자. "어떤 일을 제대로 하려면 너 스스로 하라."는 말을 들어 본 적이 있을 것이다. 하지만 이 말은 옳은 말이 아니다. 우리는 거대한 사업체를 자기 혼자 힘만으로는 성공시킬 수 없다. 한때는 과연 내가 나에게 도움이 될 사람들을 찾을 수 있을까 걱정도 했다. 솔직히 나는 그런 사람들을 찾지 못할 것이라는 믿음을 가지고 있었다.

하지만 그 믿음은 나에게 도움이 되지 않았다. 그렇다면 어떤 믿음을 가질 것인가? 답은 아주 간단하다.

사례 연구 : 단 14일 만에 소원을 성취한 '테일러메이드 마케팅'
스콧 테일러가 컨설팅을 받으려고 우리를 찾았을 때 그는 좌절감에 빠져 허우적거리고 있었다. 그는 10년 이상 사업을 해왔지만 그와 그의 아내 로리가 함께 창업한 디자인 회사 '테일러메이드 마케팅'은 심각한 위기에 처해 있었다. 이 회사는 웹디자인, 홍보 대행, 검색 엔진 최적화(검색 엔진으로 검색을 할 때 검색 화면에 특정 업체가 상위에 나타나도록 관리하는 것 - 옮긴이), 그리고 판매 컨설팅 작업을 하는 회사였다. 하지만 이들 부부가 아무리 열심히 일을 해도 도무지 사업 목표를 달성할 수 없었다.

스콧은 곧 성장을 가로막는 최대 요인이 자기가 가지고 있는 믿음이라는 사실을 깨달았다. 자신이 자기 일, 즉 고객이 많은 돈을 벌도록 도와주는 일을 잘한다는 사실을 알았다. 하지만 그런 대가에 걸맞은 수임료를 고객에게 요구해도 되는지 자신이 없었다. 다음은 스콧이 하는 말이다.

"나는 고객들이 갑부가 되도록 도왔습니다. 하지만 정작 나는 내가 부담해야 하는 여러 경비들을 맞추기도 버거웠습니다."

스콧은 두뇌 재조정 과정을 거치면서 시각화와 자기 확신으로 자신의 무의식적인 뇌를 창조적으로 개조하기 시작했다. 그가 설정했던 자기 확신 가운데 하나는, 그가 고객들을 위해서 만들어 내는 성공 사례의 열매들을 더욱더 많이 나누어 가져도 된다는 생각이었다.

나는 지금보다 훨씬 더 많은 동업자들과 함께 일하며 또 훨씬 더 많은 일감을 가지고 있다. 그는 아침마다 이 자기 확신 내용을 반복해서 자기 자신에게 주입시켰다. 그러자 다음과 같은 일이 일어났다.

"2주밖에 지나지 않았는데, 고객 가운데 한 명이 나에게 오더니 갑자기 자기 회사의 지분 3분의 1을 가지는 조건으로 함께 일해 주지 않겠느냐고 제안하더군요."

그 고객은 스콧과 로리의 컨설팅 결과가 무척 마음에 들었다. 여기에 회사의 지분을 이들 부부에게 나누어 주면 더욱더 열심히 그리고 창조적으로 경영 컨설팅을 해줄 것이라 생각하고 이런 갑작스럽고도 파격적인 제안을 했던 것이다.

스콧과 로리의 '테일러메이드 마케팅'에 일어난 놀라운 일은 이게 다가 아니었다. 그 놀라운 제안을 받은 지 이틀 뒤였다. 스콧은 또 다른 고객으로부터 전화를 받았다. 그 고객은 이렇게 말했다.

"이상하게 생각하시지 말고 제 제안을 들어주시기 바랍니다. 사장님과 함께 일했으면 합니다. 우리 회사의 지분을 일정 부분 드릴 테니까, 파트너로 함께 일해 주실 수 있겠습니까?"

이 두 고객이 제안한 내용은 스콧이 자기 확신 내용으로 적었던 것과 너무도 정확하게 일치하는 바람에 스콧은 소스라치게 놀랐다. 게다가 이 모든 것이 불과 14일 만에 이루어졌으니! 이것이 바로 무의식적인 뇌에 신경 차원에서 각인된, 자기가 원하는 것을 선명하게 밝히는 긍정적인 믿음의 힘이다.

자기 확신 목록 만들기

자, 이제 당신 차례다. 〈나의 대답〉이라는 노트에 당신의 강력한 비전을 지지하는 데 필요하며 또 당신이 원하는 여러 믿음들을 대변하는 긍정적인 글들을 다음과 같이 적어 보자.

- 나는 열정과 목적을 가지고 하루하루를 살아간다.
- 나는 내가 하는 모든 것에 성공한다.
- 나는 나의 능력을 존경하며 늘 내가 가진 잠재력을 충족시킨다.
- 나는 나에게 필요한 돈을 늘 넉넉하게 가지고 있다.
- 내가 하는 사업은 번창의 길을 걷고 있다.
- 나는 내가 설정한 여러 목표와 꿈을 쉽게 달성한다.

- 나는 뭐든지 할 수 있다는 자신감으로 충만하다.
- 나는 뛰어난 사업가다.
- 나는 무엇을 하든 언제나 부유하고 성공한다.
- 나는 내가 가진 재산과 행운을 매우 현명하게 사용한다.
- 나는 내가 설정한 목표와 꿈을 달성하는 데 필요한 모든 자원을 가지고 있다.
- 돈을 버는 일은 나를 흥분시키고 또 나에게 힘을 불어넣는다.
- 나는 온갖 자원을 풍부하게 가지고 있는 강력한 창조자다.
- 나는 내가 벌고자 하는 소득 수준을 어떻게 정하든 상관없이 이 소득을 벌어들일 능력을 가지고 있다고 확신한다.
- 나는 지금 당장 갑부가 되는 데 필요한 모든 자원을 갖고 있다.
- 나는 사업에 쏟아 부을 재산이 넘쳐 난다. 그리고 이 사업에서 벌어들이는 돈으로 내가 원하는 모든 사치를 누릴 정도로 여유롭다.
- 나는 건전하고 정직하고 계획적이고, 절제할 줄 알며, 재능이 있고, 혁신적이며 똑똑한 사업가다.
- 나는 돈을 많이 버는 데 필요한 밑천과 기회를 끌어당기는, 온갖 자원을 풍부하게 가지고 있는 강력한 창조자다.
- 나는 지금 내가 하는 사업을 믿을 수 없을 정도로 크게 성공시키기 위해 당장 필요한 모든 기술과 지능과 계약 관계와 자금을 가지고 있다.
- 나는 돈을 쉽게 왕창 벌고 또 어떤 청구서가 날아오든 모두 결제할 수 있는 그런 자격을 갖추었다. 돈은 내가 기대하던 곳에서 그리고

기대하지 않던 곳에서 마구 흘러들어 온다.

- 나는 내가 누리는 행복과 풍족과 번성을 누릴 자격이 있다.
- 나는 내가 설정한 재정적인 목표를 쉽게 달성할 수 있다.
- 나는 천재이고 매순간 지혜를 발휘한다.
- 아침에 해가 새로 뜰 때마다 나는 모든 점에서 어제보다 더 나아진다.
- 나는 호기심이 많고 창조적이며 재미를 추구하고 모험을 좋아한다.
- 나는 내가 선택하고 원하는 모든 것을 이룰 수 있는 비범한 능력을 가지고 있다.
- 나는 어떤 일을 하든 결단성이 있고 끝까지 밀어붙이며 열정을 발휘한다.
- 나는 집중을 하고 끈질기다.
- 나는 내가 설정한 모든 목표를 달성할 수 있는 엄청난 에너지와 집중력을 가지고 있다.
- 내가 하는 일은 엄청나게 커다란 사업이다.
- 나는 날마다 명상을 하며, 성공과 풍족함의 전파와 늘 동조 상태를 유지한다.
- 나는 내가 바라는 모든 것을 시각화하며, 이것을 완벽할 정도로 구체적으로 표현한다.
- 나는 행복하고 나 자신과 아무런 갈등 없이 평화롭다.
- 나는 내가 강력해지도록 허락한다.
- 나는 내가 원하는 만큼 얼마든지 많은 소득을 올릴 수 있는 능력을

가지고 있다고 확신한다.

- 나는 내 사업을 성장시키는 데 도움이 될 사람들을 언제든 끌어당긴다.
- 나는 뛰어나고 정통한 사업가다.
- 나는 나에게 필요한 모든 재능과 지능과 돈을 가지고 있다.
- 나는 무엇을 하든 다 잘한다.

비전과 마찬가지로 당신이 설정하는 자기 확신 내용은, 진정으로 말하고자 하는 것을 정확하게 드러내는 선명하고도 강력한 표현이어야 한다. 그렇기에 완성될 때까지 시간을 들여서 정리하고 수정하고 더욱더 정교하게 만들어야 한다.

위에 예시한 목록에서 우리는 좀 더 많은 자기 확신의 사례들을 제시했다. 당신의 창조적인 과정을 좀 더 쉽게 하기 위해서다. 만일 위에 열거한 목록 가운데서 당신이 정말 바라는 게 있다면 그것을 그대로 적어도 된다. 하지만 이 목록에서 골라야겠다는 생각은 하지 마라. 이건 그저 예를 든 것일 뿐이다. 어떤 진술을 본인이 직접 작성할 때 그 진술은 가장 강력해진다. 자기를 가장 잘 아는 사람은 바로 자기 자신이기 때문이다.

3단계 :
긍정적 기억으로 뇌 속 신경회로를 바꿔라

앞서 예로 들었던 두 개의 서로 다른 화요일 이야기를 기억할 것이다. 만일 당신이 2001년 9월 11일과 2002년 1월 8일에 당신이 어디에서 무엇을 했는지 기억하려고 해본다면, 이 가운데 한 화요일의 기억은 매우 생생하지만 다른 화요일의 기억은 그렇지 않다는 사실을 알 수 있을 것이다. 그런데 왜 이런 차이가 날까? 그것은 바로 9·11사태와 관련된 정서적인 충격이 작용했기 때문이다.

당신이 선택하는 어떤 믿음이나 자기 확신의 충격을 심화시키는 소위 '신경 접속'이라는 기법이 있다. 이것은 9·11사태 때의 경우와 동일한 종류의 정서적인 연관성을 활용한다. 즉, 어떤 다른 기억과의 연관성 속에 이미 존재하는 어떤 강력한 감정들을 새로운 믿음과 연결시킴으로써 신경 연결을 완수한다.

신경 연결은 늘 우리에게서 일어나는 현상이다. 어떤 특정한 냄새를 맡고, 예를 들면 봄에 처음 잔디를 깎을 때의 냄새, 가을에 낙엽을 태울 때의 냄새, 서랍에서 꺼낸 양모 스웨터의 냄새, 오랫동안 먹어보지 않았던 음식이 오븐 속에서 조리되면서 내는 냄새를 맡고 아득하게 먼 과거의 기억이 갑자기 생생하게 떠오른 적이 많을 것이다. 사람이 가지고 있는 기억이 자연과 강력하게 연관되어 있기 때문이다. 예를 들어서 어린 시절에 경험했던 몇몇 강력한 기억들은 특정한 냄새(아버지가 내뿜던 담배 연기의 냄새), 특정한 소리(이웃집 개가 짖던 소리) 혹은 특정한 촉감(여름 해변에서 몸으로 느꼈던 햇빛과 모래와 바닷물이 증발하면서 남긴 소금기)과 연관되어 우리 뇌에 영원히 연결되어 있다.

이런 연관성을 당신이 하는 일에도 적용할 수 있다. 방법은 다음과 같다. 우선 당신의 기억 창고에서 여태껏 살아오면서 특별히 강력한 힘을 느꼈던 긍정적인 사건 혹은 짜릿한 전율이나 승리감을 느꼈던 순간을 검색해라. 당신이 찾는 것은 뇌에 이미 존재하는 신경 무늬다. 이 신경 무늬는 고착성, 즉 어떤 생각이 들러붙을 수 있는 강력한 감정을 가지고 있는 것이다.

그 다음에는 〈나의 대답〉이라는 노트에 이 사건을 설명하는 내용의 글을 한두 문장으로 적어라. 나중에 필요할 때 당신이 이 사건으로 쉽게 돌아갈 수 있게 하기 위해서다.

자, 그럼 이제 눈을 감고 잠시 그때의 그 사건을 다시 한 번 떠올려라. 당신이 무엇을 보는지, 듣는지, 냄새 맡는지, 어떤 촉감을 느끼는지 요컨대 무엇을 경험하는지 자세하게 관찰해라.

모두 마쳤으면 어떤 인상을 받았는지 간략하게 정리해라. 굳이 문법적으로 완전한 문장이 아니어도 된다. 이 경험이 촉발하는 감정들을 환기시킬 수 있는 단어들을 나열해도 괜찮다.

그럼 이제 당신의 자기 확신 내용을 선택해라. 가능하면 짧으면서도 당신이 새로운 믿음으로 각인하고자 강력하게 원하는 진술을 선택해라. 나는 "나는 뛰어나고 정통한 사업가다."라는 진술을 선택했다. 성장하는 동안 나에게 절대적으로 부족했던 믿음이며 지금까지도 내가 사업을 성공적으로 이끄는 데 결정적으로 필요한 내용이기 때문이다.

이제 다시 눈을 감고 그 강력했던 기억을 다시 떠올려라. 당시의 모든 감각적인 느낌들을 떠올려라. 그리고 이 느낌들이 당신에게 충만할 때 당신이 선택한 진술을 반복해서 말해라. 소리를 내어도 좋고 마음속으로만 말해도 좋다.

자, 어떤 일이 일어날까? 실제로 일어난 사건이든 아니면 마음속에서만 일어난 사건이든 간에 어떤 사건이 강력한 감정을 환기시키면, 뉴런이 시냅스 간극을 뛰어넘을 때 신경전달물질과 함께 단백질이 방출된다. 그리고 그 결과 이 사건은 신경회로에 결합이 되는데, 이 결합의 강도는 이 사건이 중성적인 생각이나 기억일 때보다 더 강력하다. 당신이 이 강력한 사건을 떠올려서 과거의 그 감정에 젖어들면, 단백질은 다시 한 번 더 강력하게 방출된다. 당신이 새로운 자기 확신의 내용을 그 사건에 접합시킬 때, 그 생각을 기존의 이 신경회로에 물리적으로 강하게 묶게 된다는 말이다.

그럼 여기에서 내 경우를 예를 들어서 보여 주겠다. 나는 열일곱 살 때 오리건 주립대학교에서 농구 선수로 장학금을 받았다. 지금도 결코 잊을 수 없는 어떤 경기에서 나는 포인트가드(상대편 골대 앞에서 볼을 배급하는 농구 코트 위의 감독이라고 할 수 있는 포지션 - 옮긴이)로 나서서 댄 브로더라는 굉장한 선수와 호흡을 맞추었다. 그때 브로더의 키는 204센티미터였고 내 키는 189센티미터였다. 그때의 그 느낌이 너무도 강력하고 생생해서 언제든 그때의 그 느낌을 되살릴 수 있다. 그래서 나는 그 순간으로 되돌아가서 농구 코트를 완벽하게 지배하는 그 느낌에 흠뻑 젖어 든다. 그리고 나는 뛰어나고 정통한 사업가라고 생각한다.

나는 내 무의식에 주입하고 싶은 이 새로운 믿음을 그 멋지고 신나는 느낌에 접합시킨다. 그 느낌을 기존에 있던 신경회로에 접합시킴으로써 30년도 더 된 그 멋진 느낌이 나의 새로운 믿음과 공명이 일어나도록 한 것이다.

긍정적 기억의 예

1마일 달리기에서 처음 일등을 했을 때, 나는 자랑스러웠다. 흥분되고 한껏 기분이 고양되었다. 나는 그 봄날의 신선하고도 향긋한 냄새를 기억한다. 그리고 경주를 끝내고서도 여전히 힘이 넘치던 내 다리 근육의 느낌을 기억한다. 나를 응원하던 관중의 환호를 지금도 볼 수 있고 들을 수 있다.

학위를 마쳤을 때, 정말 환상적이었다. 나는 무엇이든 다 할 수 있을 정도로 내가 뛰어나다고 느꼈다. 세상이 내 발 아래에 있는 것 같았다. 부모님의 흐뭇한 표정을 기억한다. 두 분 다 나를 자랑스럽게 여기셨다.

내 인생의 반려자와 첫 데이트를 했을 때, 말로 표현할 수 없을 정도로 행복했다. 마치 난생 처음으로 갑자기 내 길을 찾은 느낌이었다. 내 손 안에 있던 그녀의 따뜻한 손은 지금도 생생하다. 그리고 그녀의 머리카락에서 나던 향기를 지금도 맡을 수 있다.

4단계 :
신경회로 변경을 위한 재료를 준비하라

신경회로 변경을 위한 재료는 당신의 비전과 자기 확신 내용을 물리적으로 표현한 것으로서, 당신은 이 비전과 자기 확신 내용을 모든 감각을 통해서 무의식적인 뇌에 전달할 수 있다. 가장 보편적인 각인 비전으로는 다음과 같은 것들이 있다.

- 글로 쓴 진술. 단지 타이핑만 할 수도 있고 판자에 붙일 수도 있다.
- 녹음 기록. 목소리만 녹음할 수도 있고 배경 음악을 깔 수도 있다.
- 잠재의식 매체
- 그림이나 사진 그리고 비전보드

그밖에 더 많은 소재에 대해서는 www.johnassaraf.com을 참조하기 바란다.

글로 쓴 진술

비전의 진술 가운데 현재로서 가장 완벽하다고 생각하는 내용을 출력해라. 자기 확신 내용을 한 장으로 축약하는 게 좋다. 이걸 코팅해도 좋고, 다이어리에 끼워 보관해도 좋다.

녹음 기록

당신이 자기 확신 내용을 읽는 것을 녹음해라. 이 녹음 내용을 두뇌 재조정 과정에서 활용해도 좋고 하루 종일 아무 때나 들어도 좋다. 또한 이 녹음 내용의 배경을 아름답고 편안한 음악으로 깔 수도 있다. 이런 작업은 스마트폰으로 손쉽게 할 수 있다.

잠재의식 매체

선택한 생각들을 잠재의식으로 보내는 좀 더 강력한 방법으로 잠재의식 매체를 동원할 수 있다. 예를 들어서, 당신이 자기 확신 내용을 읽는 것을 녹음한 내용을 의식적인 뇌로는 파악하지 못하는 작은 음량의 오디오 파일을 만들 수 있다. 이것의 장점은 녹음 내용이 당신 뇌의 의식적인 여과 장치를 무사통과해서 곧바로 무의식의 영역으로 들어갈 수 있다는 점이다.

잠재의식 매체로는 음성 녹음 및 영상 녹음과 관련된 소프트웨어뿐만 아니라 잠재의식과 관련된 소프트웨어를 동원할 수도 있다. 그래서 평소의 일상적인 활동을 하면서도 자기가 정리한 시각화 내용이 자기의 무의식 속으로 흘러들어가게 할 수 있다. 잠재의식 매체가 가지고 있는 위대한 장점 가운데 하나는, 이 매체는 의식적인 집중력을 흐트러트리지 않기 때문에 이 매체를 활용하는 사람의 의식적인 작업을 방해하지 않으면서도 하루 종일 유효한 영향력을 행사할 수 있다는 점이다.

비전보드 만들기

당신이 얻고 싶은 사물, 즐기고 싶은 활동, 살고 싶은 장소, 누리고 싶은 생활방식을 나타내는 그림이나 사진을 잡지에서 오려 내라. 당신이 바라는 삶을 드러내는 것이면 어떤 것이든 상관없다. 이렇게 오려낸 것들을 두꺼운 판지에 붙여서 소망하는 삶의 모습들을 만들어라. 나는 여러 개의 비전보드들이 하루 종일 내 감각을 자극하도록 책상 위의 벽에다 줄지어 걸어 놓았다. 내가 얻고 또 성취하고 싶은 것들이 내 주변을 온통 둘러싸게 하려고 한 것이다.

나는 또한 '성취한 목록 보드'라고 부르는 특별한 소재도 가지고 있다. 여기에는 내가 이미 성취한 것들을 붙여 둔다. 예를 들어서 이 보드에 나는 1995년에 비전보드에 붙였던 저택의 사진을 붙여 두었다. '얻고자 하는' 사물이나 상황의 그림이나 사진도 중요하지만, '이미 성취한' 사물이나 상황 역시 소중하다. 감사하는 마음과 자긍심은 무한한 가능성의 양자장과 좀 더 강력한 연결고리를 만들어 낸다.

비전보드의 힘

비전보드는 무의식적인 뇌에 열망을 각인시키는 데 특히 강력한 도구다. 뇌의 처리 용량 가운데 4분의 1은 시각적인 정보를 처리하는 데 할당되기 때문이다. 어떤 사람들은 시각에 특히 예민하고 또 어떤 사람들은 청각에 특히 예민하고 또 어떤 사람들은 운동감각에 특히 예민하긴 하지만, 이런 차이는 인간은 시각적인 동물이라는 커다란 명제 앞에서는 별 의미가 없다. 한 장의 사진이 천 마디의 말보다 강력한 힘을 발휘하며, 영상 이미지가 무의식적인 뇌에 가장 강력한 영향을 미치는 도구가 되는 것도 바로 이런 까닭에서다.

비전보드는 창조성과 천재성을 유감없이 효과적으로 연습할 수 있는 도구다. 즐겨라! 당신의 미래를 당신이 직접 설계한다. 당신이 꿈에 그리는 차가 있다면 이 차를 찾아서 이 차를 직접 한번 타보아라. 그리고 함께 데리고 간 친구에게 이 모습을 사진으로 찍어 달라고 해라. 이 차로 드라이브하면서 이 모습을 동영상으로 촬영해 두면 더욱 좋다. 당신이 사랑하는 집을 찾아서 사진을 찍고, 당신이 좋아하는 옷을 입고 사진을 찍어라. 영상적으로 표현할 수 있는 것은 무엇이든 다 해라.

우리 고객 가운데 한 명은 자기가 가지고 싶어 하는 어떤 집의 사진을 수표첩에 함께 붙이고 다닌다. 그래서 수표에 서명을 할 때마다 무의식 속으로 이 집을 각인시킨다.

또 다른 고객은 성공한 자기 모습을 한 편의 영상물로 제작했다. 멋진 사무실에 있는 그에게 비서가 다가와서 온갖 다양한 수입원으로부터 쏟아져 들어오는 수백만 달러의 수입에 대한 보고를 하는 모습을 담고 있는 영상물인데, 물론 이 모든 내용은 진짜가 아니고 꾸민 것이다. 호화로운 사무실 공간은 빌린 것이며, 비서 역할을 해주는 사람은 그의 친구다. 하지만 더할 나위 없이 환상적인 내용인 것만은 분명하다. 이 영상물의 길이는 5분 남짓밖에 되지 않지만, 워렌 버핏이나 리처드 브랜슨의 하루 일과 가운데 한 부분을 보는 것처럼 숨이 막힐 정도로 신이 난다. 멋지다!

그런데 만일 이런 게 우스꽝스럽게 보인다면 곧바로 멈추고, 실재하는 모든 것들은 하나의 생각에서부터 비롯된다는 사실을 다시 한번 마음속에 새겨라. 억만장자들은 모두 어릴 때부터 꿈을 가지고 있었다. 성공한 사업은 하나같이 모두 누군가의 마음속에 있던 신나는 영화에서 출발했다.

5단계 :
매일 30분 이상, 명상으로 무의식 훈련하기

비전과 자기 확신 내용을 설계하고 글로 적고 또 이것이 완벽하게 될 때까지 다듬고 마지막으로 깨끗하게 출력해서 판지에 붙이는 전체 준비 과정은 당신의 의식적인 뇌가 가지고 있는 여러 능력들을 활용한다. 이제 당신에게 여러 가지 도구가 주어졌다. 바로 여기에서 실질적인 작업이 시작된다. 이 도구를 이용해서 이 영상 이미지들을 무의식에 각인시켜야 한다.

이런 작업은 하루에 30분 혹은 그 미만의 짧은 시간 안에 할 수 있다. 이 작업에 좀 더 많은 시간을 투여하면 그만큼 당신의 새로운 비전과 믿음은 더 빨리 무의식에 각인될 것이고 아울러서 그만큼 빨리 당신이 원하는 결과가 실제 현실에서 일어날 것이다. 여기에서 한 번 더 강조하지만, 가장 중요한 것은 얼마나 오랜 시간 실천하느냐가 아니다. 실천한다는 것 자체가 중요하다.

날마다 같은 시각에 하면 가장 좋다. 왜냐하면 인간의 신체는 24시간 주기의 리듬에 민감하기 때문이다. 이것은 가장 핵심적인 조건이다. 전문 운동선수, 음악가, 무용가 그리고 작가는 특히 이런 사실을 잘 알고 있다. 날마다 정해진 시각에 연속해서 닷새를 하면, 비록 닷새 연속으로 하긴 하지만 시각이 일정하지 않을 때에 비해서 능력 개발 효과가 훨씬 더 크다.

이상적인 시각은 지나치게 집중이 잘 되는 때가 아니라 몸이 조금 피곤할 때다. 의식적인 뇌의 여과 장치가 정상적으로 작동하지 않는 비몽사몽의 순간이 무의식에 가장 쉽게 접근할 수 있는 시각이다. 이상적인 시각은 아침에 잠에서 깨어났을 때와 저녁에 자기 전이다. 그리고 낮 동안에도 하기를 권한다. 점심시간이 될 수도 있겠지만, 잠시 짬을 내서 일상적인 활동에서 벗어나 혼자 조용하게 있을 수 있다면 언제든 상관없다. 낮 시간에 잠깐씩 도둑잠을 자는 사람이라면 바로 이때가 두뇌 재조정을 할 수 있는 가장 좋은 순간이다.

그리고 가능하다면 날마다 같은 장소에서 하는 게 좋다. 적어도 10분 동안 다른 사람의 방해를 받지 않고 혼자만 조용히 있을 수 있는 장소를 찾아라. 그리고 스마트폰을 꺼라. 방해가 될 만한 요소는 모두 제거해라.

명상

명상은 두뇌 재조정 과정의 토대다. 이 토대가 있어야만 새로운 믿음, 목표 그리고 열망이라는 구조물을 무의식적인 뇌 속에서 지을 수 있다. 사람들은 흔히 명상을 '정신적인 이완'이나 '스트레스 해소'와 연관짓는다. 사실 명상과 관련된 초기의 연구서들은 대부분 명상이 가져다주는 건강, 특히 정신적인 이완과 스트레스 해소에 초점을 맞추었다. 하지만 명상이 제공하는 기본적인 충격은 그 사람이 가지고 있는 긴장을 해소시키는 것이 아니라 뇌가 집중을 할 수 있도록 훈련시키는 것이다. 명상이 스트레스를 해소하는 데 놀라운 효과를 발휘하는 것도 정확하게 따지자면 이완에 집중할 수 있도록 해주는 명상의 능력 때문이다(사실, 이완에 집중하지 않고는 이완에 도달하기란 매우 어렵다).

컴퓨터 관련 소프트웨어 대기업인 '오라클'의 설립자이자 최고경영자인 래리 엘리슨은 회사의 경영진들에게 하루에 세 차례씩 꾸준하게 명상을 하라고 지시한다. LA 레이커스의 전설적인 감독이었던 필 잭슨도 선수들에게 명상 훈련을 시켰다.

지난 30년 내지 40년 동안 명상과 명상의 효과를 주제로 수많은 연구가 이루어졌다. 33개국의 250개 대학 혹은 연구소에서 천 명이 넘는 과학자들이 명상의 효과를 주제로 한 논문을 발표했다. 이 논문들 가운데 다수가 유수의 과학 잡지들에 게재되었는데, 이 논문들은 명상에 관한 다음과 같은 사실들을 입증했다.

- 명상은 집중력을 향상시킨다.
- 명상은 관찰력을 향상시킨다.
- 명상은 활동력을 향상시킨다.

- 명상은 창조성과 지능을 향상시킨다.
- 명상은 기억력과 학습 능력을 향상시킨다.
- 명상은 스트레스를 줄여주고 내면적인 평온함을 증진시킨다.
- 명상은 행복감과 자긍심을 향상시킨다.
- 명상은 근심과 걱정을 줄여 준다.
- 명상은 전반적인 건강 상태를 향상시킨다.
- 명상은 양자장에 대한 인식력을 증진시킨다.

사람들은 보통 일상생활에 너무도 깊이 매몰되어 끊임없이 무엇인가를 하고 또 하기 때문에 우리 뇌는 흔히 섬세한 어떤 신호들을 놓쳐 버리고 만다. 이렇게 해서, 우리가 설정한 목표를 달성하는 데 도움이 되는 가장 중요한 정보를 포착할 수 있는 가능성의 희망까지도 말라 버린다. 바벨이나 덤벨이 흉근과 복근 및 기타 근육들을 발달시키는 것과 마찬가지로, 명상은 초점의 '근육'을 개발시킨다.

명상은 뇌의 상태를 개조함으로써 우리가 가지고 있는 모든 생각들의 원천, 즉 무한한 의식의 '양자 수프quantum soup'(물질계의 원천이면서 스스로는 물질도 아니고 재료도 아닌 에너지 세계를 일컫는 말 - 옮긴이)를 활용할 수 있게 해준다. 명상은 사람이 자신의 뇌파를 조절할 수 있게 해준다. 명상은 뇌를 훈련시키며, 이 훈련이 성과를 거두면 새로운 목표와 비전에 대한 메시지에 더 잘 집중하고 또 이것을 방출할 수 있게 되며, 또 이 비전을 충족하는 데 필요한 해법들과 도구들과 자원들을 좀 더 쉽게 받아들일 수 있도록 주파수가 더욱 잘 맞

여러 가지 뇌파

사람의 뇌파에는 여러 가지가 있지만 대표적인 네 가지만 살펴보자.

- **베타파(14~29헤르츠)**

  가장 빠르고 또 주기가 짧은 일반적인 뇌파이며 깊은 인식이나 각인을 유도하지는 않는다. 사람이 일상적으로 깨어 있을 때의 뇌파다. 일부 과학자는 감마파(30~80헤르츠)도 이 범주에 포함시킨다. 일부 과학자들에 따르면 감마파는 사람이 새로운 신경 접속을 형성할 때 발산된다고 한다. 티베트의 명상가들을 대상으로 한 연구는 이들이 엄청난 양의 감마파를 방출한다는 사실을 밝혀냈다.

- **알파파(8~14헤르츠)**

  이완, 깊은 인식, 이완된 집중, 가벼운 몽환, 세로토닌 생성 증가, 잠들기 직전이나 잠에서 깨기 직전 비몽사몽, 고도의 통찰, 명상, 그리고 무의식으로의 접근 등과 관련이 있는 뇌파다. 근육이 이완되고 마음이 편안하면서도 의식이 집중되고 있는 상태에서 발산된다. 양자장으로의 접근은 이 알파파로써 시작된다.

- **세타파(4~7헤르츠)**

  렘REM 수면 상태와 관련이 있는 뇌파다. 이것은 또한 카테콜아민(신경 전달 작용을 하는 것으로 학습과 기억에 필수적인 호르몬 – 옮긴이)의 생성, 우주적인 지성을 활용할 수 있는 통찰력이나 창조성의 상승, 통합적인 정서적 경험, 행동에서의 잠재적인 변화 그리고 학습된 내용의 보존 등과도 관련이 있다. 양자장에 높은 수준으로 접근하려면 세타파가 필요하다.

• 델타파(0.1~4헤르츠)

매우 느리고 파장이 긴 뇌파로서 깊은 잠이나 혼수상태 그리고 인간 성장호르몬 HGH(뇌하수체 전엽 호르몬의 하나 - 옮긴이)와 관련이 있다. 높은 수양을 한 수도사들은 깨어 있으면서도 이 상태의 양자장에 접근할 수 있다.

추어진다.

명상은 당신이 방출하는 각기 다른 뇌파들을 변조하고 조정하는 능력을 개발함으로써 이 모든 것을 수행한다.

이 네 가지의 뇌파를 자동차의 4단 기어로 비유할 수 있다. 베타파가 1단 기어, 알파파가 2단 기어, 세타파가 3단 기어, 그리고 델타파가 4단 기어. 보통 사람들은 하루 대부분의 시간을 베타파 범위에서 보낸다. 스포츠카가 1단 기어 상태에서 여러 시간 동안 계속해서 최고 속력으로 달리는 상황을 상상할 수 있는가? 물론 없다. 그러나 대부분의 사람들이 본질적으로 알파파를 가지고 이렇게 하고 있다. 이러다 보니 우리는 뇌 속의 엔진을 태워 먹는다. 그 결과 스트레스와 관련된 질병을 앓는다. 그러니 명상을 정기적으로 수행할 때 사소한 질병이 쉽게 치유되는 것도 그다지 놀라운 일이 아니다.

베타파도 나쁜 뇌파가 아니다. 1단 기어는 다른 기어들에 비해서 힘이 세다. 이 기어는 차동차를 처음 출발시킬 때 사용한다. 그리고 1단 기어는 미끄러운 빙판길과 같은 위험한 조건에서 매우 유용하다. 하지만 1단 기어로 하루 종일 자동차를 운행한다면 어떻게 될까? 엔진은 망가지고 말 것이다.

마찬가지로 베타파 영역은 엄청난 힘을 가지고 있다. 새로운 정보를 받아들이거나 과거에 한 번도 접해 본 적이 없는 어떤 과제들에 집중할 때 매우 유용하다. 지금 이 책을 읽을 때도 당신은 베타파를 이용한다. 하지만 1단 기어와 마찬가지로 베타파만 가지고서는 멀리 가지 못한다. 일단 자동차가 움직이고 나면 다시 말해서 최초의 정보를 확보하고 나면 2단 기어로 변속한다.

2단 기어로 변속하면 놀라운 일이 일어난다. 바퀴가 더 빠르게 돌아가고 그만큼 자동차가 더 빨리 달리지만 엔진의 분당 회전수는 줄어든다. 어떻게 이런 일이 가능할 수 있을까? 기어가 바뀌었기 때문이다. 똑같은 일이 3단 기어 혹은 4단 기어로 변속했을 때도 일어난다. 엔진의 힘은 적게 든다. 연료도 적게 들고 마모율도 낮아진다. 스트레스도 줄어든다. 심장병도 줄어들고, 뇌졸중도 줄어들고, 짜증도 줄어들고, 분노와 절망감도 줄어들고, 근심과 걱정도 줄어든다. 그런데 성취 수준은 더욱 높아진다.

이런 상태는 또한 명상으로 뇌를 정기적으로 조정할 때 나타나는 현상이기도 하다.

뇌 속의 기어를 변속하라
명상은 시간 낭비를 줄여 주고 중요한 것을 얻기 시작하는 데 도움을 준다. 사람들은 대부분은 과도하게 열심히 일한다. 보통 열심히 일을 해야지 놀라운 성공을 거둔다. 하지만 무작정 열심히만 한다고 되는 게 아니다. 그리고 삶을 즐길 수 있는 기회를 완전히 차단하면서까지 엄청난 시간과 노력을 들이붓는다고 해서 성공이 보장되지도 않는다. 만일 당신이 대부분의 기업가들이 건물 안에서 하는 방식으로 열심히 일한다면, 당신은 과도하게 열심히 일하는 것이다. 그리고 당신이 하는 사업도 실패라는 종착역을 향해서 무작정 달리고 있을 가능성이 높다.

열심히 일하는 것이 해답이 아니다. 자연에 있는 것 가운데 '열심히 일하는' 것은 없다. 하지만 자연에 있는 모든 것은 일을 한다. 이런 내용과 관련된 《마태복음Matthew》의 한 구절을 인용하면 다음과 같다.

"들판의 백합이 어떻게 자라는지 생각해 보라. 수고도 하지 않고 길쌈도 하지 않는다. 하지만 내가 너희에게 말하노니, 솔로몬의 모든 영광이 이 꽃 하나만도 못하도다."

백합은 자기들이 장차 성장할 문제를 놓고 스트레스를 받지 않는다. 자연에 있는 그 어떤 것도 이런 스트레스를 받지 않는다. 그저 자연 속의 자기 삶을 살면서 자기의 물리적 존재를 감싸고 있는 주변의 계획을 충족시킬 뿐이다. 들판의 백합은 자신의 핵심에 놓여 있는, 백합이라는 에너지로 가득 찬 '생각' 속에 깃들어 있는 선명한 비전이 이끄는 대로만 따라간다.

당신이 하는 일도 다를 게 없다.

명상하는 방법

아무에게도 방해를 받지 않고 혼자 몇 분 동안 있을 수 있는 조용한 공간을 집에서 찾아라. 처음에는 6~7분 정도의 시간을 들이면 충분하다. 마음은 정신적인 근육이나 마찬가지다. 이 정신적인 근육을 이두근이나 삼두근을 움직일 때처럼 움직이고 싶을 것이다.

그냥 조용히 그리고 편안하게 앉아라. 의자에 앉아도 좋고 바닥에 그냥 앉아도 좋다. 그리고 두 손을 맞잡아라. 아무 자세나 자기가 편한 자세로 잡으면 된다. 명상에서 가장 중요한 것은 자기에게 편안한 자세를 찾는 일이다. 자기가 불편하거나 특이한 어떤 자세를 굳이 취할 필요는 없다. 충분히 이완될 수 있도록 앉으면 된다. 그런 다음에 눈을 감고, 숨을 들어오고 나가는 것에 집중해라.

코로 천천히 숨을 깊이 들이마셔라. 그 다음에는 입으로 숨을 뱉어라. 두세 번 더 같은 방법으로 호흡을 해라. 그런 다음에는 입을 다물고 코만으로 자유롭게 숨을 들이마시고 뱉어라. 이때 모든 관심을 인중에 집중해라.

이 과정을 6~7분 동안 계속해라.

그러다 보면 자기 마음이 이리저리 떠돌기 시작하며 이런저런 생각을 한다는 사실을 깨달을 것이다. 이때 이런 현상을 판단하려 들거나 자기 자신을 비판하지 마라. 그저 어떤 일이 일어나는지 주시하면서 천천히 숨을 들이마시고 또 내쉬는 호흡에만 집중해라. 그리고 인중에 집중해라.

그렇게 이완된 자세로 계속 앉아서 자기 호흡을 주시해라.

처음 몇 분 동안에는 자기 마음을 쫓아다니는 데 모든 시간을 허비하는 느낌이 들지도 모른다. 아무리 호흡에 집중하려고 해도 집중은 자꾸만 흐트러질 것이다. 어린아이를 지키고 앉아서 기회만 있으면 달아나는 아이와 끊임없이 씨름을 하는 것 같은 느낌이 들 것이다. 걱정하지 마라, 괜찮다. 무언가 잘못되고 있다는 생각이 들겠지만 그런 생각은 하지 마라. 잘못하는 게 아니다. 잘하고 있다.

며칠 동안 이런 현상은 계속될 것이다. 그래도 괜찮다. 자기가 하는 행동이 의식적인 마음의 '햇빛'을 전두엽의 돋보기로 모으는 것임을 기억해라. 바벨이나 덤벨을 가지고서 운동하는 것과 마찬가지로 의식적인 집중이라는 근육을 훈련시키기 시작한 것이다. 호흡에 얼마나 잘 집중하느냐는 중요하지 않다. 훈련을 한다는 것 자체가 중요할 뿐이다. 시간이 지나면 집중하는 게 점차 더 쉬워진다는 사실을 깨닫게 될 것이다.

양자 우주에서 관찰과 집중은 결정적이리만큼 중요하다. 우주에는 의도보다 더 강력한 힘은 없다. 전두엽을 훈련시킴으로써 그리고 호흡을 관찰하는 훈련을 함으로써 자기 마음을 평정하게 하는 능력을 강화하고 의도와 집중의 힘을 키운다.

매일 이 연습을 해라.

대략 2주가 지난 뒤에는 명상 시간을 15분으로 늘려라. 다시 또 2주가 더 지난 뒤에는 가능하다면 이 시간을 30분으로 늘려라. 하지만 여기에서 가장 중요한 것은 이 훈련을 날마다 규칙적으로 꾸준하게 해야 한다는 점이다. 하지만 만일 하루라도 빼먹으면 호들갑을 떨면서 '실패'했다고 자책하지 마라. 집중하려고 해도 잘 되지 않을 때 느긋한 마음을 가졌던 것처럼 그렇게 느긋해야 한다. 아무 일도 없었던 것처럼 다음 날부터 다시 연습을 해라.

이 훈련을 규칙적으로 하다 보면, 당신이 보내는 하루가 완전히 바뀌었다는 사실을 언제부턴가 깨달을 것이다. 모든 것이 천천히 돌아가는 것처럼 보이고, 모든 것을 다 할 수 있을 만큼 시간이 충분하다고 느낄 것이다. 그리고 자기가 주변의 우주와 연결되어 있다는 심오한 인식을 하게 될 것이다. 또 가장 중요하게는, 소망과 목표의 여러 요소들이 마음속에서 집중되고 또 삶 속에서 구체적인 형상을 취하는 것이 눈에 보이기 시작한다.

명상은 건강과 삶에 유익한 온갖 종류의 부가 급부를 제공한다. 하지만 명상은 특히 두뇌 재조정에 필요한 강력한 토대가 된다. 다른 유형의 여러 뇌파들에 접근할 수 있는 능력을 개발하면 당신이 설정한 목표를 달성하는 데 일은 한층 쉬워질 것이다.

보통 사람이 얼마나 자주 집중력을 잃는지 기억하고 있는가? 6초나 10초에 한 번씩 집중력을 잃는다. 명상을 하면 자기가 설정한 목표에 마치 레이저 광선처럼 오래 머물 수 있는 능력이 생긴다. 이럴 때 목표를 달성하는 데 필요한 그 모든 요소들에 양자장이 반응하고 공명하고 또 이것들을 제공할 가능성이 열린다. 즉, 끌어당김의 법칙을 실제로 실현하게 된다.

이제 이 일반적인 기초에다가 두뇌 재조정의 여러 단계들을 추가해 보자.

시각화 과정

명상을 끝내자마자 몇 분 동안 당신의 비전을 머리에 떠올려라. 비전을 드러내는 한 편의 영화를 그저 머릿속에 상영한다고 보면 된다. 명상과 마찬가지로 시각화 역시 이완된 자세에서 눈을 감고 시작해라. 정신적인 어떤 그림을 직접 만들어 내는 과정이다.

은행으로 가서 나를 담당하는 여직원을 만나는 내 모습이 보인다. 그녀는 따뜻한 목소리로 내 이름을 부른다. 그리고 사업이 잘되어서 좋겠다면서 가볍게 축하 인사를 한다. 나는 내가 바라는 옷을 입고, 내가 바라는 차를 몰고, 내가 바라는 음식을 먹고, 내가 바라는 만큼 건강하고, 내가 바라는 인간관계를 맺고 있다. 내가 바라는 인생을 살고 있는 것이다. 이런 모습들이 내 머릿속에서 영화처럼 선명히 펼쳐지는 게 내 눈에 보인다. 나는 이미 그렇게 살고 있다. 계속, 또 계속······.

또 이런 영화도 있을 수 있다. 회사에서 내가 거둔 실적을 높이 평가한다. 내가 이끄는 팀이 연속적으로 좋은 실적을 올린 공을 인정받아서 승진 대상이 된다.

처음에는 이것이 어색하고 잘되지 않을 수도 있다. 어쩌면 그게 당연하다. 하지만 이 연습은 하면 할수록 쉬워질 것이다. 그리고 떠오르는 영상도 점차 더욱 선명해질 것이다.

바로 이 지점이 선명함이 힘을 발휘해야 할 곳이다. 날마다 늘 동일한 이미지들을 떠올리려고 노력해라. 빼먹지 않고 날마다 이 훈련을 해서 동일한 이미지들을 선명하게 떠올릴 수 있을 때, 날마다 꾸준히 하는 반복 훈련의 길을 시원하게 낸 것이나 다름없다. 곧 쉽고 또 신속하게 그 이미지들을 떠올려서 자기 마음의 스크린에 펼칠 수 있다는 사실을 깨달을 것이다. 이렇게 되면 극장에서 영화를 보듯이 이 이미지들을 볼 수 있다. 물론 자기 마음의 스크린에 펼쳐지는 이 영화의 줄거리 진행 및 세부 사항에 대한 모든 것은 자기가 마음대로 정한 것이다. 이 영화는《나의 멋진 성공My Stunning Success》이라는 짜릿한 전율의 책이 영화로 각색된 것일 터이다.

그리고 한 가지 덧붙이자면, 비록 우리가 '시각화'라는 단어를 쓰고 있긴 하지만 매력적인 청각적 요소도 잊지 말고 만들어야 한다. 또 청각뿐만 아니라 미각과 후각, 촉각 그리고 직감까지도 모두 동원해야 한다. 사실 직감은 진짜 결정적인 것이다. 최고의 영화감독들은 형태, 색, 움직임, 소리 및 기타 사용할 수 있는 모든 도구들을 사용해서 본능적인 어떤 반응을 관객들로부터 이끌어 내고자 하는 게 자기들의 목적임을 잘 알고 있다. 이것은 바로 당신이 추구하는 느낌이며, 꿈에 소망하던 일을 결국 이루어 내는 생생한 경험을 한다는 느낌이다. 시각이나 청각, 후각 혹은 촉각 가운데 어느 것을 통해서 그 느낌에 도달하느냐는 전혀 중요하지 않다. 이 모든 것들은 결국 동일한 종착지, 즉 거기에 있는 게 '어떤 느낌이냐' 하는 지점으로 이끌기 때문이다.

시각화한 뒤에 몇 분을 들여서 자기 확신 내용을 다짐해라. 소리를 내어서 자기 확신의 진술문들을 읽을 수도 있다. 녹음을 해둔 게 있으면 이걸 활용해도 된다. 이 과정에서 자기 확신의 내용이 담고 있는 진리를 느껴라. 마음속의 그림을 보아라. 혹은 이 자기 확신의 내용들을 성취했을 때의 느낌이 어떤지 느껴라.

정말 간단하지 않은가? 명상 몇 분, 시각화 몇 분, 그리고 자기 확신 몇 분. 이게 다다.

6단계 :
신경공학 기술들을 활용하라

과학기술이 발달하면서 우리가 창조하고자 하는 세상에 대한 비전과 선언을 무의식적인 뇌에 계속해서 전달할 수 있는 놀라운 도구들이 속속 개발되었다. 가장 대표적인 것들을 몇 가지 소개하면 다음과 같다.

오디오
조깅을 하거나, 작업장에서 일하거나, 집안 청소를 하면서도 음악을 들을 때처럼 쉽게 자기 확신 내용을 꾸준하게 들을 수 있다.

잠재의식 유튜브
마찬가지로 잠재의식 영상도 하루 종일 틀어 놓을 수 있다. 이런 도구의 장점은 무의식에 직접 작용을 하기 때문에 일상적으로 하는 의식적인 작업에 방해가 되지 않는다는 점이다. 일로 무척 바쁠 때라도 일하는 것과 아무런 상관없이 무의식에 메시지를 전달할 수 있다.

잠재의식 소프트웨어

컴퓨터 모니터에 자기 확신 내용을 '시각으로는 인식할 수 없도록' 지극히 짧은 순간에 나타났다가 사라지게 해주는 프로그램이 있다. 의식적인 마음은 이 메시지를 포착하지 못한다. 하지만 잠재의식 장치와 마찬가지로 이 메시지는 무의식적인 뇌에 직접 작용한다. 그렇기 때문에 컴퓨터로 바쁘게 작업을 해야 하는 사람들은, 이런 프로그램을 이용해서 바쁜 와중에도 무의식에 메시지를 전달할 수 있다.

명상을 위한 팟캐스트

뇌가 명상 상태로 들어가게 도와주는 경이로운 팟캐스트들이 많이 개발되어 있다.

의심을 느껴라, 그리고 이것을 제거하라

날마다 하는 이 과정을 처음 시작할 때 누구나 불편하고 불안하며 또 의심을 할 수 있다. "나는 1년에 50만 달러를 벌고 있다."라고 자기 확신의 진술을 말할 때, 머릿속에서 "야! 아니잖아! 너 왜 거짓말해?"라는 목소리가 들릴 수도 있다.

이 목소리에 휘둘려서는 안 된다. 이런 목소리가 들리는 것은 완전히 정상적인 것이다. 이 목소리는 사이코사이버네틱스가 애초에 설정된 논리에 따라서 자동적으로 작동한 것이다. 즉 당신이 정해진

길에서 벗어나서 새로운 길로 들어서고 있다는 경고를 하는 내용일 뿐이다. 지금 어디로 가고 있는지 똑바로 직시하라고 뇌가 경보를 발령하는 것이다.

"선장님! 새로운 목표가 설정되었습니다! 긴급 사항입니다! 기존의 항로가 수정되었습니다! 우리는 지금 1년 소득 50만 달러로 목표 지점이 설정되었습니다! 어떻게 해야 합니까?"

중요한 것은 그것을 느끼고, 파악하고 또 당신의 사이코사이버네틱스가 당신을 안전하게 지키기 위해서 자기가 마땅히 하도록 되어 있는 일을 한다는 사실을 바람직하게 평가하는 것이다. 이 경보에 대해서 절대로 다음 명령을 내려서는 안 된다.

"후퇴하라!"

이 경보를 새로운 영역으로 진입할 때의 당연한 긴장감으로 해석해라. 그리고 사이코사이버네틱스의 경고에 다음과 같이 반응해야 한다.

"나도 알아. 괜찮아. 거기가 바로 우리가 가려는 목표 지점이니까. 전속력으로 전진!"

불안함과 불편함은 새로운 모험을 앞둔 긴장감이다. 내가 아들을 유치원에 입학시키기 2주 전에 아들에게 해줬던 것과 똑같은 말을 해줘야 한다.

"끝내주게 재미있을 거야!"

그리고 이걸 알아야 한다. 모든 것이 완전히 뒤집어지는 어떤 지점이 있다. 연간 총소득 50만 달러의 기회들이 당신을 기다리는 모습이 보이는 어떤 지점에 도착할 것이다. 그리고 당신의 행동과 선택이 바뀌는 것도 보일 것이다. 새로운 기회들이 당신의 삶에 나타날 것이다. 온갖 새로운 자원들이 나타나고 상황들이 펼쳐질 것이다. 당신의 사업이 바뀌는 걸 보기 시작할 것이다. 사실 당신의 삶도 바뀌기 시작한다. 그리고 이 모든 것들은 단 한 가지 원인에 의해서 비롯된다. 그것은 바로 당신이 먼저 바뀌었다는 사실이다.

두뇌 재조정 과정 요약

A. 아침, 낮, 밤

- 명상
- 시각화
- 자기 확신

B. 하루 종일, 실제로 할 수 있도록

- 신경공학적인 다양한 형태의 기술들이 있다(소프트웨어, 잠재의식 오디오 등)

8장
두뇌 재조정
Q&A

사람들이 두뇌 재조정 과정을 실행하면서 실제로 자주 묻는 질문들을 따로 모아서 정리했다. 아래에서 정리한 질문들과 비슷한 의문을 품고 있는 이들에게 본문에서 제시하는 답변이 도움이 되면 좋겠다.

Q1. 두뇌 재조정 과정의 각기 다른 세 부분의 순서를 다르게 해도 괜찮은가요?

명상부터 먼저 해서 뇌를 맑은 상태로 만든 다음에 나머지 과정으로 넘어가는 게 합당합니다. 하지만 당신이 설정하고 있는 비전, 자기 확신, 오디오 도구나 비디오 도구, 정신적 영화와 과거 기억과의 신경 결합, 혹은 이 과정의 다른 부분들과 관련해서 유일하게 올바르다거나 '가장 좋은' 방법이라는 것은 없습니다. 우리는 우리에게 효과가 있었던 방법을 제시했을 뿐입니다. 당신에게 맞는 가장 적절한 순서가 있다면 그 순서를 자유롭게 따르면 됩니다.

한두 개의 근육이 아니라 모든 근육을 단련하고자 하는 육체적인 훈련을 할 때처럼 다양한 도구와 소재를 활용해서 다양한 방식으로 접근하는 게 좋습니다. 하지만 여기에서 가장 중요한 것은 당신에게 가장 효과가 있는 방법을 찾는 것입니다. 이 과정은 정해진 순서와 용량을 철저하게 따르지 않으면 원하는 음식을 만들지 못하는 레시피가 아닙니다. 오히려 기본적인 몇몇 식재료들을 가지고서 가장 맛있는 샌드위치를 만드는 것과 같습니다. 샌드위치를 만드는 데 반드시 따라야 하는 레시피가 있습니까? 없습니다. 식빵의 가장자리를 떼어 내든 말든 전적으로 당신에게 달렸습니다. 어쨌거나 당신이 먹을 샌드위치니까요. 자기 입맛에 가장 맞게 만든다면 그게 가장 좋은 방법입니다.

Q2. 30분씩이나 해야 합니까? 날마다 30분이라는 시간을 낼 수 있을지 모르겠습니다. 30분은 너무 긴 시간입니다.

30분이 부담스럽다면 얼마 정도면 할 수 있습니까? 질문을 다르게 해보죠. 당신의 삶을 바꾸고 당신이 설정하고 있는 여러 목표들을 달성하는 데 얼마 정도의 시간을 들이는 게 가치 차원에서 합당하다고 생각합니까? 15분? 7분? 당신이 바쁘다는 건 잘 압니다. 현대인은 누구나 할 것 없이 다들 바쁘고 피곤합니다. 좋습니다. 하지만 이 일에 당신이 '얼마나 많은 시간을 들일 수 있느냐'의 문제보다 당신이 '어떤 일을 한다'는 사실 그리고 그것을 '날마다 한다'는 사실이 더 중요합니다.

하루에 30분이 이상적입니다. 하지만 설령 당신이 하루에 7분밖에 들이지 않는다 하더라도 한 달만 지속적으로 한다면 두드러진 결과를 얻을 수 있을 겁니다. 하지만 단서가 붙습니다. 이 7분 동안 진짜 최선을 다해야 하고 하루도 거르지 말아야 한다는 단서입니다. 15분이나 그 이상의 시간을 들인다면 기적에 가까운 결과를 얻을 것입니다.

그리고 이걸 잊지 말기 바랍니다. 일단 명상을 시작하고 나면 당신이 지금 날마다 받는 스트레스가 줄어들 겁니다. 바쁘게 돌아가던 세상이 느리게 돌아가고, 따라서 여유롭게 지낼 수 있는 시간도 더 많아질 겁니다.

Q3. 큰 소리로 자기 확신의 진술문을 읽으니까 어쩐지 어색합니다.
괜찮습니다. 어쩐지 어색하고 불편해도 계속 하십시오. 비전을 세운다는 것은 일종의 모험입니다. 난생 처음 스카이다이빙을 하거나 번지점프를 할 때 경험하는 긴장과도 같은 것입니다. 당신의 신체가 화학적인 경고 메시지인 '위험하다! 위험하다! 당신은 지금 정해진 안전지대를 벗어나고 있다!'에 반응하는 것일 뿐입니다. 그런데 당신에게는 이 경고가 '이게 무슨 말도 안 되는 웃기는 짓이지?'라는 식으로 나타난 것입니다.

새로운 비전을 만들고 각인시키는 데는 용기가 필요합니다. 기존에 존재하는 믿음 너머 미지의 영역에 처음으로 발을 내딛는 것이기 때문입니다. 사람들은 대부분 자기들이 가능하다고 믿는 것만 손에 넣으려고 합니다. 하지만 당신은 이것보다 훨씬 더 많은 것을 손에 넣을 수 있습니다. 영국의 낭만주의 시인 로버트 브라우닝은 다음과 같이 말했습니다.

"아아, 사람이 도달할 수 있는 범위는 그 사람의 손길이 닿는 곳을 넘어서야 한다. 그렇지 않다면 천국이 무슨 소용이겠는가?"

당신이 도달할 수 있는 범위는 당신의 손길이 닿는 곳을 넘어서야 한다고 말씀드리고 싶습니다. 그렇지 않다면 무엇을 위해 인생을 살겠습니까?

목표를 달성하고 싶다면 당신이 바라는 믿음을 지금 믿지 않는다 하더라도 일단 설정하셔야 합니다. 모든 새로운 믿음이 허구가 아니라 진짜로 받아들여질 때까지 기다릴 수는 없습니다. 당신이 그 새로운 믿음을 믿지 않는 한 절대로 진짜로 받아들여지지 않습니다. 이 믿음을 당신 정신 속의 습관으로 바꾸어 놓는 데 필요한 모든 것들을 당신이 하기 전까지는, 그 믿음은 결코 진짜로 느껴지지 않습니다.

우선 비전을 먼저 설정해야 합니다. 그리고 이 비전에 걸맞은 여러 가지 믿음들을 만들어 내야 합니다. 그리고 당신의 무의식적인 뇌가 이 새로운 믿음을 받아들이도록 하십시오. 바로 그때 당신의 의식적인 뇌는 편안함을 느낄 것입니다.

Q4. 저는 수많은 세미나에 참석하고 수천 달러의 돈을 자기계발 훈련 및 여기에 필요한 소재들을 사는 데 썼습니다. 하지만 저는 지금도 여전히 의기소침한 상태에서 벗어나지 못하고 있습니다. 선생님께서 여기에 자세하게 설명한 내용을 이해는 합니다만, 이것이 실제로 내게도 효과를 발휘할 수 있게 실천할 수 있을 것 같지는 않습니다. 뭔가 좋은 충고를 바랍니다.

가장 중요한 것인데 우선 당신이 사용하고 있는 단어들과 당신이 현재 가지고 있는 믿음들을 살펴보십시오. 당신이 "나는 지금도 여전히 의기소침한 상태에서 벗어나지 못하고 있습니다."라고 말을 할 때조차도 당신이 벗어던지고 싶은 바로 그 부정적인 상태들을 반복해서 말하고 있습니다. 언제나 자기가 하는 말을 가려서 써야 합니다. 정말 중요한 누군가가 그 말을 듣고 있으니까 말입니다. 그게 누굴까요? 바로 당신 자신입니다.

"움츠러든 상태에서 벗어나지 못하고 있다."라는 표현을 지워버립시다. 당신은 전혀 그렇지 않습니다. 당신이 스스로에 대해서 어떤 말을 하면, 그 말의 내용이 바로 당신의 현재 모습입니다. 당신 자신에게 다음과 같이 말하십시오.

"나는 새로운 접근법을 모색하기 위해서 나를 해방시키고 있다."

당신이 하고 있지 않은 것에 초점을 맞추지 마십시오. 당신이 실천하지 않는다는 말을 스스로에게 하지 마십시오. 당신이 하고 싶은 것에 초점을 맞추십시오. 그리고 이것을 하는 당신의 모습을 바라보십시오.

그리고 세미나나 훈련 소재에 들어가는 돈과 시간을 걱정하지 마십시오. 그건 쓸모없이 버리는 돈이 아닙니다. 당신이 배운 모든 것은 당신 안에 쌓입니다. 무의식 속에 말입니다. 무의식 속에서 당신이 행동으로 실천해 주기를 기다립니다. 하지만 해답은 어떤 정보에 있는 게 아닙니다. 그 정보를 적용하는 데 있습니다. 당신은 바로 이 지점에서 시작하는 겁니다. 지금 바로 시작하십시오.

Q5. 저의 최대 단점은 자꾸 뒤로 미루는 것입니다. 좋은 방법이 없습니까?

우선 '나는 일을 뒤로 잘 미룬다'는 믿음을 '나는 행동파이고 일은 확실하게 매듭을 짓는다'는 믿음으로 바꾸는 것부터 시작할 수 있습니다. 이 믿음이 당신의 무의식적인 뇌에 확실하게 닻을 내리도록 하십시오. 그러면 놀랍게도 이 믿음이 금방 현실에서도 그대로 나타날 것입니다.

Q6. 칠십 대 노인입니다. 젊을 때 진작 이런 걸 알았으면 좋았겠다는 아쉬움이 듭니다. 지금은 나이가 너무 많아서 많은 변화를 이끌어내기에는 너무 늦었다고 생각하는데, 선생님 의견을 듣고 싶습니다.

그렇지 않습니다. 지금 당장 시작하실 수 있습니다. 이 훈련의 결과는 너무도 심오하고 막강하기 때문에 나이나 환경에 구애받지 말고 시도할 가치가 충분히 있다는 말씀을 드리고 싶습니다. 우리가 이 방법을 다른 사람들과 함께 나누었던 지난 10년 동안, 덕분에 가능하다고 믿었던 수준보다 돈을 더 많이 벌었고 더 건강해졌고 더 많은 것을 이루었고 인간관계가 더 좋아졌으며 정신적인 유대관계가 더 단단해졌다는 내용의 편지나 이메일을 전 세계로부터 수만 통 받았습니다.

최근에 이루어진 한 연구에 따르면, 이 훈련을 함으로써 알츠하이머병에 걸릴 확률이 줄어들거나 그런 시기가 늦추어진다고 합니다. 당신이 이 새로운 신경 접속들을 형성할 때 (뇌의 가소성 개념을 잊지 마십시오!) 당신의 뇌는 활기차게 유지될 것입니다.

Q7. 내가 나 자신의 능력에 한계를 설정하는 믿음을 가지고 있다는 것을 어떻게 알 수 있습니까? 저는 한 달에 50만 달러의 매출을 기록하는 회사를 가지고 있습니다. 이 매출액을 두 배, 즉 한 달에 100만 달러로 올리고 싶습니다. 지금 잘 해나가고 있습니다만 마음에 들 정도로 썩 훌륭하지는 않습니다. 도대체 어떤 부정적인 믿음이 제 발목을 잡고 있는지 모르겠습니다. 날마다 집중하는 데 필요한 것이 무엇인지 어떻게 하면 알 수 있습니까?

만일 당신 뇌 안에 들어 있는 현재의 소프트웨어가 무엇을 하고 있는지 알고 싶다면 당신이 현재 하는 사업이 어떤 결과를 낳고 있는지 보면 됩니다. 이것을 우리는 당신의 현재 '정신적 재정 능력'이라고 부릅니다.

현재로서 우리가 알 수 있는 것은, 당신의 현재 정신적 재정 능력은 1년에 약 600만 달러 수준인 것 같습니다. 만일 이것을 1000만 달러나 1500만 달러 수준으로 올리고 싶다면, 당신 뇌 속으로 들어가서 소프트웨어를 바꿀 필요가 있습니다. 다시 말해서, 당신과 당신의 회사가 현재 달성할 수 있다는 믿음의 내용을 바꿀 필요가 있습니다. 규칙적으로 명상을 하고 또 두뇌 재조정 과정을 실천함으로써 (꾸준하게 한다는 것이 가장 중요한 핵심임을 잊으면 안 됩니다!) 당신의 사이코사이버네틱스를 재조정하고 아울러서 당신의 발목을 붙잡고 있다고 느끼는 무의식적인 뇌의 어떤 부분에 새로운 기준을 설정할 수 있을 것입니다.

그리고 마지막으로 한 가지 더 말씀드리겠습니다. 의식적인 마음과 무의식적인 마음이 목표를 달성하는 성공과 관련이 있다고 말할 때, 우리가 유도하고자 하는 목표는 다음과 같습니다. 현재 당신의 망상 활성화 체계RAS는 한 달에 약 50만 달러에 공명하는 기회들밖에 바라보지 못합니다만, 이것이 당신과 당신 회사를 위해서 1000만 달러 혹은 1500만 달러 주파수에 맞춰져 있는 기회를 제대로 바라보게 해야 합니다. 이렇게 하기 위해서는 두뇌 재조정 실천을 꾸준하게 함으로써 날마다 당신의 정신적 재정 능력을 재조정해야 합니다. 그리고 이 과정은 한 달씩이나 걸릴 수 있다는 사실을 잊지 마십시오.

Q8. 나의 무의식이 내가 원하는 대로 제대로 하고 있는지 어떻게 알 수 있습니까?

막상 두뇌 재조정을 실천하려고 하면 의심이 들기도 하고 근심과 걱정이 앞서기도 할 것입니다. 무의식적인 마음이 성취하도록 설정되어 있는 것과 의식적인 마음이 성취하고자 하는 것이 일치하지 않을 때마다 의심과 근심과 걱정이 나타납니다.

맨 먼저 해야 할 일은 우선 이 불일치를 인식하는 것입니다. 그리고 무의식적인 뇌가 (당신이 현재 성취할 수 있는 것이 아니라) 당신의 과거 조건을 바탕으로 해서 신호를 보낸다는 사실을 깨달아야 합니다. 두뇌 재조정 과정이 제대로 뿌리를 내리려면 한 달은 족히 걸린다는 사실을 명심하기 바랍니다. 당신이 하고자 하는 것은 두뇌 재조정 과정을 놓치지 않고 계속 해나가는 것입니다. 그러면 옛날의 믿음에서 비롯된 근심과 걱정, 의심이 날마다 조금씩 줄어든다는 사실을 알 수 있을 겁니다.

핵심은 이것을 의식하고 이것을 놓치지 않으며 이것을 통해서 올바르게 나아가는 것입니다.

Q9. 무의식적인 뇌에 대한 재조정 훈련을 꾸준하게 했으며 그 결과 내 인생의 모든 것들이 바뀌기 시작한다는 걸 깨달았습니다. 게다가 나는 이제 삶을 예전과는 다르게 보기 시작했습니다. 그런데 때로는 이제 이런 일이 그만 일어났으면 하고 바랍니다.

당신이 뇌를 재훈련시킬 때 뇌는 새로운 내면적인 이미지들과 일치하는 이미지들을 찾기 시작합니다. 그래서 새로운 일들이 당신의 삶에서 나타나기 시작합니다. 과거에는 보지 못했던 것들을 보기 시작합니다. 그리고 과거에는 누리지 못했던 새로운 주파수를 누리기 시작합니다. 당신이 바뀌어 버렸기 때문입니다. 그러니 브레이크를 걸 필요가 없습니다. 브레이크를 걸 게 아니라 당신이 천명한 비전과 자기 확신을 계속해서 밀고 나가십시오. 그리고 이것들이 당신이 창조하고자 하는 삶을 정확하게 묘사하도록 신경을 써서 확인하십시오.

예를 들어서 만일 당신의 사업이 너무 잘 돌아가서 가족과 함께할 시간이 없다거나 혼자 조용히 보낼 시간이 없다거나 혹은 독서나 연구 등 당신 자신을 더욱더 깊고 넓게 계발할 수 있는 활동에 들일 시간이 없다면, 그와 관련된 바람을 당신의 비전 속에 추가하십시오.

그리고 그것이 누구의 것도 아니고 바로 당신의 비전이라는 것을 명심하십시오. 당신의 비전이니까 당신이 바라는 대로, 당신이 설계해야 합니다.

Q10. 말씀하신 두뇌 재조정 프로그램이 저를 고무시켰습니다. 상당히 효과가 있어서 커다란 성공을 거두었습니다. 그런데 다시 옛날의 제 모습으로 돌아가게 되지 않을까 두렵습니다. 어떻게 하면 계속해서 집중할 수 있습니까?

가장 확실한 첫 번째 방법은 날마다 그 프로그램을 실행하는 것입니다. 노트를 만들어서 당신이 전체 과정에서 어디쯤 와 있는지 정기적으로 확인하는 것도 좋은 도움이 됩니다. 그 시기는 월요일이 좋습니다. 둘째, 전문가의 도움을 받을 수도 있습니다. 훌륭한 컨설턴트들은 얼마든지 많이 있습니다. 당신 주변에 있는 성공한 사업가들에게 좋은 컨설턴트를 소개해달라고 요청하십시오. 그리고 마지막으로, 재조정 프로그램에 당신의 걱정을 긍정적인 방식으로 표명하는 진술문을 추가하십시오. 예를 들면 이런 것입니다. "나는 새로운 무의식적인 기초에 의존해서 지금보다 더 큰 성공을 거둔다."

Q11. 처음 이 두뇌 재조정 과정을 시작할 때 핵심적인 능력, 나의 1년 목표, 사업 비전, 자기 확신, 모든 것을 적었습니다. 이것을 다시 하는 것은 얼마나 중요합니까? 그리고 또 얼마나 자주 해야 합니까?
이것은 끝나지 않는 게임입니다. 끊임없이 새로이 이 과정을 조직해야 합니다. 목표를 좀 더 높게 그리고 크게 설정할 때마다, 혹은 새로운 목표로 이어지는 도정에 들어설 때마다, 당신은 목표를 새로 설정하고 이것을 무의식에 각인하는 작업을 해야 합니다. 우리는 이것을 벌써 20년째 해오고 있습니다. 늘 더욱더 크고 높은 목표를 설정해 왔습니다. 우리 회사의 재정적인 목표를 높게 설정할 때마다 우리 회사의 전 직원은 이 과정을 새롭게 시작합니다. 그렇게 해야만 합니다.

Q12. 무의식적인 뇌에 메시지를 전달할 때 비전보드를 눈으로 바라보면서 동시에 자기 확신 내용을 녹음한 내용을 귀로 들어도 됩니까? 아니면 한 가지씩만 해야 합니까?
당신은 엄청난 용량의 슈퍼컴퓨터를 다루고 있다는 사실을 명심해야 합니다. 이 슈퍼컴퓨터는 우리가 부여하는 한도보다 훨씬 큰 용량을 가지고 있습니다. 용량을 초과할 정도로 많은 내용을 주입하는 게 아니냐고 걱정할 필요는 전혀 없습니다. 평생을 가도 이 슈퍼컴퓨터의 최대 용량을 다 쓰지 못할 겁니다.

Q13. 저는 '부채 탈출'이라는 문구를 비전으로 사용하고 있습니다. 그런데 무의식이 '부채'라는 단어에만 초점을 맞추어서 실제 바라는 것을 정확하게 반영하지 못하게 되지나 않을까 걱정이 됩니다.

훌륭한 질문입니다! 목표와 비전을 긍정적인 표현으로 나타내는 것은 매우 중요합니다. 하지만 '부채 탈출'이나 '알코올 탈출' 혹은 '마약 탈출'과 같은 용어는 써도 괜찮습니다. 부채 탈출이라고 할 때 우리가 마음속으로 연상하는 것은 이미 분명합니다. 우리는 무의식적으로 '탈출'을 강조하기 때문에 반대 방향, 즉 부채, 알코올, 마약 쪽으로 나아가지는 않을 겁니다. 이런 문구들을 많은 사람들이 썼습니다만, 단 한 번도 그들에게 부정적인 결과가 나타났던 적은 없습니다. 우리는 부채 탈출이라는 문구가 무엇을 의미하는지 선명하게 알고 있습니다.

그러나 "나는 못된 사람이 내 삶을 지배하고 망치도록 더는 내버려 두지 않는다."와 같은 것은 그 사람이 바라지 않는 어떤 이미지를 선명하게 생성한다고 볼 수 있습니다. 이런 것은 다음과 같이 바꾸는 좋습니다. "나는 나를 사랑하고 존경하고 내 편을 들어주는 사람들만을 내 삶 안으로 끌어당긴다."

Q14. 현재 두뇌 재조정 훈련을 일주일째 날마다 실시하고 있습니다. 그런데 그동안 줄곧 초조해 한다는 사실을 깨달았습니다. 이런 현상이 두뇌 재조정 과정에서 당연히 일어나는 부작용이나 일종의 금단 현상인지 궁금합니다.

그렇습니다. 당신이 추측하는 게 맞습니다. 당신이 새로운 생각을 하고 새로운 지시를 할 때마다 당신의 뇌에서는 전혀 다른 진동이 일어납니다. 이 진동 때문에 인지적 불협화(서로 모순되는 두 가지 인지 내용이 있을 경우 그 개인은 의식적이든 무의식적이든 불쾌해지고, 그 불쾌감을 해소하기 위해서 어느 한쪽을 바꾸는 현상 – 옮긴이)가 일어납니다. 혹은 이 진동이 당신이 가지고 있는 기존의 믿음들과 갈등을 일으킵니다. 당신이 새로운 생각을 하고 새로운 지시를 할 때 새로운 믿음과 관련된 새로운 신경회로가 형성되는 한편 기존의 신경회로는 위축됩니다. 그러나 당신이 튼튼하게 세우고자 하는 믿음과 반대되는 기존의 신경회로들은 습관적으로 임펄스(자극에 의하여 신경 섬유를 타고 전달되는 활동 전위 – 옮긴이)를 방출하려 합니다. 그래서 당신의 몸 안에서는 서로 상충되는 신호들이 나타나고, 기존의 신경회로가 새로이 형성된 신경회로를 불안이나 스트레스로 인식하고 또 보고하는 게 당연한 현상입니다.

그렇기 때문에 이 과정에서 일종의 금단 현상 같은 걸 느낄 수 있습니다. 당신이 뇌에 예전과는 전혀 다른 좀 더 높은 수준의 명령을 강요하기 때문입니다. 하지만 새로운 것과 낡은 것의 혼란 속에서 성장이 일어난다는 사실을 기억하십시오. 이 혼란스러운 감정을 즐기기 바랍니다. 당신이 제대로 가고 있다는 뜻이니까요.

Q15. 이 모든 것이 제대로 효과가 있으리라는 건 저도 예상합니다. 그런데 비전과 자기 확신을 글로 쓰는 일부터 시작했습니다만, 이 과정을 도무지 끝낼 수가 없습니다. 솔직히, 지긋하게 앉아서 두뇌 재조정의 전체 과정을 제대로 해낼 수 있을 것 같지 않습니다. 이 문제를 어떻게 해결하면 좋을지 조언을 부탁드립니다.

만일 당신이 그 과정을 제대로 끝내지 못했다면, 스스로에게 다음과 같은 질문을 해보십시오.

"내가 이 과정을 끝내지 못하는 이유와 관련해서 나는 어떤 이야기들을 나 자신에게 하고 있을까?"

당신이 어떤 일을 어떤 방식으로 한다면 다른 모든 일도 그 방식대로 합니다. 만일 당신이 일부러 꾸물거리며 늑장 부린다면, 그 이유가 무엇인지 스스로에게 물어보십시오. 그 과정을 끝내지 못하는 이유가 뭐라고 생각합니까? 당신의 습관이 예전에 당신이 하던 방식 그대로 계속하라고 강요하기 때문입니다.

당신이 스스로에게 던질 질문들은 또 있습니다.

"나의 비활동성이 나의 사업과 삶에 얼마나 영향을 미치고 있을까? 이런 태도를 바꾸는 게 좋지 않을까?"

바꾼다고 해봐야 당신이 잃을 것이라고는 예전의 습관 말고는 아무것도 없습니다. 그것 말고는 모든 것을 다 얻습니다.

Q16. 인생에서 믿을 수 있는 일들이 실제로 일어났습니다. 전혀 기대하지 않았던 수입도 발생했고 일자리도 새로 얻었습니다. 그런데 이와 동시에, 내가 진정으로 바라는 게 무엇인지 제대로 알지 못한다는 느낌이 듭니다. 어떻게 하면 좋습니까?

만일 당신이 바라는 것을 본인이 알지 못한다고 생각한다면, 당신은 당신의 무의식적인 마음에 어떤 지시를 내리고 있다고 생각합니까? 그것은 바로 "나는 내가 바라는 것을 알지 못한다."라는 지시입니다. 내용을 바꾸십시오. 무의식에 있는 검색 엔진에 다른 검색어를 설정해야 합니다. "무의식이, 내가 성취하고자 하는 것이 무엇인지 알 수 있는 몇 가지 선택 사항들을 제시해 주면 좋겠다."라고 말할 수도 있습니다. 그런 다음에 무의식이 작동하게 하십시오.

당신 스스로에게 다음 질문을 던지십시오.

"만일 내가 바라는 게 무엇인지 내가 안다면, 그것은 어떻게 보일까? 그것은 어떤 느낌일까?"

자기 자신에게 제기하는 이런 질문들은 매우 강력합니다. 우리가 다루는 자원은 무한하다는 사실을 기억하십시오. 우리는 현재 우리에게 돌아오는 결과와 현재와 같은 조정 상태의 마음을 버려야 합니다. 그리고 우주의 지원을 온전하게 받는 좀 더 높은 사고 체계로 나아가야 합니다.

한 가지 더 덧붙이겠습니다. 두뇌 재조정 과정을 실행할 때 무엇이 바뀌고 있으며 또 무엇이 효과를 드러내는지 반드시 눈여겨보아야 합니다.

Q17. 말씀하신 모든 것들을 다 해봤는데도 여전히 나아지는 게 하나도 없는 것 같은데, 어떻게 하면 됩니까?

앞으로 돌아가서 이미 살펴보았던 자연법칙들을 다시 보십시오. 자연법칙들은 늘 작동합니다. 우리 눈에는 전혀 작동하지 않는 것처럼 보일 때조차도 철저하게 작동합니다. 유일한 질문은 이 법칙들이 '어떻게' 작동하느냐 하는 것입니다. 당신은 비전을 선명하게 가지고 있습니까? 두뇌 재조정을 꾸준하게 실천하고 있습니까?

잉태의 법칙을 기억하십시오. 만일 몸무게를 15킬로그램 줄이고 싶다면 두 가지 방법이 있습니다. 하나는 수술로 지방을 제거하는 방법입니다. 이 방법은 시간이 많이 걸리지 않습니다. 또 하나는 날마다 운동하면서 하루 칼로리 섭취량이 얼마나 되는지 늘 관찰하면서 꾸준하게 이상적이라고 생각하는 몸무게 수준을 향해서 나아가는 방법입니다. 이 방법은 몇 주 혹은 몇 달씩 걸립니다만, 사람들은 수술보다는 이 방법을 선호합니다. 더 효과적이기 때문입니다.

돈을 버는 것도 마찬가지입니다. 복권 당첨을 노릴 수도 있고 은행을 털 수도 있습니다. 이렇게 하면 원하는 돈을 가장 빠른 시간 안에 손에 넣을 수 있습니다. 그런데 문제는 복권에 당첨되는 일은 확률적으로 거의 불가능하며 은행을 터는 일은 범죄 행위입니다. 그러니 다른 방법을 찾아야 합니다. 당신이 바라는 만큼의 돈을 손에 넣는 데 필요한 비전과 믿음을 심는 방법입니다. 이 방법은 시간은 훨씬 많이 걸리긴 하지만 합법적이고 또한 결과가 확실합니다. 땅에 심은 씨앗이 자랄 때까지 기다리면서 날마다 물을 주고 잡초를 뽑아

주어야 합니다. 이런 수고를 들이기만 하면 그 씨앗은 반드시 열매를 맺습니다.

Q18. 자기 확신의 진술문을 작성할 때 어떤 사람들은 짧은 한 문장이 좋다고 하고 어떤 사람들은 여러 문단으로 길게 묘사하는 게 좋다고 합니다. 어느 쪽이 좋습니까? 그리고 그 이유는 무엇입니까?

유일한 기준은 당신에게 어느 게 더 잘 맞느냐 하는 것입니다. 우리는 다양한 유형의 표현을 씁니다. 하지만 여기에 옳은 표현이나 잘못된 표현은 있을 수가 없습니다. 짧으면 기억하기 쉽고 또 상당히 강력한 힘을 발휘할 수 있습니다. 길면 무의식에 전달할 메시지를 여러 가지 방식으로 좀 더 생생하고 상세하게 묘사할 수 있고 또 다양한 감각들을 일깨울 수 있습니다. 짧든 길든 모두 나름대로 효과가 있습니다. 본인은 어느 쪽이 맞는 것 같습니까? 둘 다 맞습니까?

Q19. 선생님이 가지고 계신 비전보드들은 어떤 것들입니까?

6장에서도 설명했듯이 저는 여러 개의 비전보드를 가지고 있습니다. 하나는 이미 성취한 내용을 담은 비전보드인데, 저는 이것을 바라보면서 나 자신이 이룩한 것을 지속적으로 떠올립니다. 또 건강과 관련된 비전보드도 가지고 있는데, 여기는 유지하고 싶은 몸매를 찍은 사진, 바라는 삶의 방식을 예시하는 사진 그리고 건강과 관련해서 나 자신과 약속한 합의서 등을 붙여 두었습니다. 또 다른 비전보드에는 시계나 자동차처럼 가지고 싶은 물건들의 사진이나 제트 비행기 조종처럼 해보고 싶은 것들을 붙이거나 적어 두었습니다.

Q20. 내가 바라는 대로 성장할 때 느끼는 불편함과 잘못된 방향으로 나아갈 때 느끼는 불편함을 어떻게 구별할 수 있습니까?

좋은 질문입니다. 자기 스스로에게 다음 질문을 던지십시오.

"나는 지금 내가 원하는 것을 향해서 나아가고 있을까? 나는 지금 내가 가고자 하는 방향으로 제대로 가고 있을까? 나는 지금 진정한 충족감을 느낄 수 있는 것을 향해서 제대로 가고 있을까? 이 목표는 내 삶에서 소중한 가치가 있을까?"

우리는 흔히 잘못된 방향으로 나아가는 자기 모습을 발견하곤 합니다. 이럴 때면 노선을 재조정해야 합니다. 방향을 바꿀 필요가 있다는 사실을 발견하는 것은 실패가 아닙니다. 좀 더 나은 결과를 바라며 우리 자신을 새로 조정할 때마다 우리는 불편함을 느낍니다. 그러나 우리에게는 성장을 바라며 더욱 충족된 표현을 추구하는 부분이 있습니다. 이것이 우리의 창조적인 측면입니다. 하지만 우리의 좀 더 작은 자아는 안락함을 바라고 현상 유지를 꾀합니다.

변화야말로 모든 것의 진수라는 사실을 기억할 필요가 있습니다. 현상 유지란 실제로 존재하지 않는 환상일 뿐입니다. 우리는 어떤 방향을 향하든 간에 늘 변합니다. 우리가 늘 안전지대를 벗어나려고 한다는 점에서 그렇습니다. 문제는 우리가 어느 방향으로 향하느냐 하는 것입니다. 선택한 길을 가느냐, 아니면 그저 우연하게 설정된 길을 따라가기만 하느냐 하는 게 핵심적인 문제입니다.

Q21. 신경 연결에 대해서 좀 더 자세하게 설명해 주십시오. 제대로 하고 있는지 확인하고 싶습니다.

한적한 도로에서 남의 차를 얻어 탄다고 칩시다. 당신은 다른 사람의 자동차로 A지점에서 B지점으로 이동합니다. 이와 마찬가지로, 신경 연결 과정에서 당신은 새로운 아이디어를 마련하려고 기존에 존재하던 신경회로를 얻어 탑니다. 당신은 기억에 대해서 생각하고 그 안에 있는 감정을 환기시킴으로써 그 신경 양상에 도달합니다. 그리고 이것은 긍정적인 화학 물질들을 홍수처럼 쏟아 냅니다. 그러면 당신은 새로운 생각을 하게 됩니다.

Q22. 자기 확신 내용을 큰 소리를 내면서 굳이 말로 해야 합니까?

큰 소리로 말해도 되고 머릿속으로만 말해도 됩니다. 편하고 또 낫다고 생각하는 방식을 선택해서 하면 됩니다. 만일 큰 소리로 말하는 게 익숙하지 않다면, 거울 앞에 서서 자기 확신의 진술 내용을 읽는 자기 모습을 보십시오. 거울 속의 자기 모습을 보면서 무척 불편하다는 느낌이 들 것입니다. 어쩌면 꼴사나운 바보처럼 보일 수도 있습니다. 하지만 그 모습이 편안하게 느껴지는 순간, 두뇌 재조정 작업이 순조롭게 진행되고 있음을 깨달을 겁니다.

Q23. "나는 한 달에 1만 달러를 힘들이지 않고 쉽게 번다."와 같은, 나의 안전지대를 넘어서는 재정 목표를 설정하는 일이 얼마나 가치 있는지 잘 압니다. 하지만 여러 달이 지나도 실제로 이런 일이 일어

나지 않는다면 어떻게 됩니까? 의식적인 뇌 속에서 인지적 불협화 현상이 일어나지는 않습니까?

그런 일이 일어날 수도 있습니다. 하지만 스스로에게 이런 질문을 하십시오.

"두뇌 재조정을 하는 것 외에, 목표를 달성하려고 추진하는 구체적인 행동이 있는가?"

만일 어떤 영업사원이 한 달 수입 1만 달러라는 목표만 설정한 채 밖으로 나가서 혹은 사무실에서 전화로 영업 활동을 하지 않는다면, 그런 일은 결코 일어나지 않습니다. 자기 확신을 한다고 해서 그것만으로는 당신의 삶에 어떤 변화가 일어나지 않는다는 말입니다. 자기 확신을 튼튼하게 뒷받침할 수 있는 올바른 계획을 세우고 있어야 하며, 또한 이 계획 속에서 날마다 필요한 일을 해야만 원하는 변화를 얻을 수 있습니다.

행동의 법칙이 끌어당김의 법칙을 중요하게 보완하는 것도 바로 이런 까닭이 있기 때문입니다. 앞에서 기술한 '성공의 다섯 가지 필수 사항' 가운데 맨 마지막이 '날마다 행동을 취해야 한다'가 되는 이유도 바로 이 때문입니다.

양자 우주는 호텔 현관 앞에 서 있는 벨보이가 아닙니다. 당신이 손가락을 까딱까딱하기만 하면 민첩하게 달려오는 그런 존재가 아닙니다. 매우 똑똑한 우주입니다. 바라는 것의 선명한 영상을 만듦으로써 명령을 제시하고, 또 이것을 무의식에 전달함으로써 양자장의 바닷속으로 던져 넣을 때, 이 양자 우주는 가장 경제적이고 효과적이며 지능적인 방식으로 반응합니다. 이 반응의 특별한 양상들은 당신이 전혀 예상하지 못했던 데서 나타나기도 합니다. 하지만 그 결과들은 행동으로 실천하지 않는다면 끝까지 나타나지 않습니다.

당신은 당신의 자기 확신 내용을 지지하는 올바르고도 구체적인 계획을 가지고 있습니까? 만일 그렇다면, 그 계획을 실천에 옮긴다면, 그리고 시기가 적절하다면, 새로운 기회들이 당신 앞에 나타나서 자기 확신 내용이 현실에서 실현되도록 할 것입니다.

Q24. 시각화 작업을 하는 동안 내 머릿속에서 "그건 말도 안 돼, 불가능해!"라고 속삭이는 목소리가 들립니다. 이 목소리를 어떻게 하면 지워 버릴 수 있습니까?

우선, 마음속에서 들리는 이 속삭임은 결코 부정적인 게 아니고 지극히 정상적인 것이라는 사실을 명심하기 바랍니다. 그 속삭임은 바로 사이코사이버네틱스입니다. 그 시스템은 자기가 하도록 설정된 일을 하고 있을 뿐입니다. 이 목소리는 다음과 같은 말을 할 수도 있습니다.

"너는 똑똑하지 않아. 사업이 뭔지도 몰라. 거친 환경을 헤치고 나갈 수 있을 만큼 용감무쌍하지도 않아."

하지만 이 모든 말의 실제 내용은 다음과 같습니다.

"앗! 항로가 변경됐다! 위험하다. 선장님, 항로가 변경됐습니다!"

내 경우에는 이런 목소리가 들리면, 한 번 웃어 준 뒤에 이렇게 말합니다.

"이야아, 정말 굉장하군. 이게 바로 나의 사이코사이버네틱스란 말이지? 인간의 뇌는 정말 신비롭단 말이야!"

그러고는 내가 하던 시각화를 계속해서 이어갑니다.

Q25. 전혀 원하지 않음에도 불구하고 두뇌 재조정 과정에서 온갖 부정적인 생각들이 의식 속으로 스멀스멀 기어들어 옵니다. 이럴 때는 어떻게 하면 됩니까?

굉장히 좋은 질문입니다. '에이먼 클리닉'의 의료원장이자 《뇌를 바꾸어라, 인생을 바꾸어라Change Your Brain, Change Your Life》의 저자인 대니얼 G. 에이먼이 '자동적인 부정적 생각automatic negative thought, ANT'이라는 멋진 단어를 만들어 냈습니다. 누구나 한 번쯤은 어떤 생각들이 머리에 끈덕지게 달라붙어서 떨어지지 않는 경험을 했을 텐데, 이런 경험을 매우 생생하게 묘사한 글이라고 할 수 있습니다. 때론 이런 부정적인 생각들이 나름대로의 삶을 가지고서 우리의 뇌를 작은 식민지처럼 지배하는 것처럼 느껴지기도 합니다.

하지만 사실은 느낌만 그럴 뿐 실제로는 그렇지 않습니다. 이것들은 당신 자신의 생각이지 외계의 힘이 아닙니다. 그렇기에 이 모든 것은 전적으로 당신의 통제와 명령을 따릅니다. 그 생각들은 당신의 뇌에서 나옵니다. 왜냐하면, 당신의 뇌가 즐겨 하는 게 하나 있다면 그건 바로 의사소통이기 때문입니다. 뇌는 어떤 신호들을 끊임없이 보내도록 설계되어 있습니다. 머리 안에서 들리는 작은 목소리는 당신의 두 귀 사이에 존재하는 뉴런이며, 이것들은 전기적·화학적 임펄스를 시냅스 간극 너머로 방출합니다.

이 속삭임을 어떻게 하면 멀리 쫓아 버릴 수 있을까 고민한다면, 지금 당장 그런 생각을 버려야 합니다. 이 속삭임은 결코 명상 바깥의 영역으로 쫓을 수 없습니다. 당신이 할 수 있는 것은 그 속삭임의 내용을 결정하는 겁니다. 즉, 긍정적인 것 혹은 부정적인 것으로 정할 수 있다는 말입니다. 흔히 그 '개미들'의 행진은 너무도 오랫동안 계속되어 왔기 때문에 우리는 이것을 의식적으로 무시하는 방법을 익혔습니다. 첫 번째 단계는 이 속삭임을 돋보기를 대고 정밀하게 바라봄으로써 이것을 의식의 수준으로 끌어올리고 의식적으로 인식하는 것입니다. 다음과 같은 지시를 당신의 무의식에 내리십시오.

"끊임없이 이어지는 부정적인 생각들이 나타날 때마다, 그것들을 의식적인 인식 영역으로 데리고 오라."

그다음에는, 부정적인 속삭임을 의식하게 될 때마다 의식적으로 정반대로 생각함으로써 그것을 쫓아내십시오. "무척 흥미롭긴 하지만 나에게는 도움이 되지 않을 거야."라는 생각이 든다면, "무척 흥미롭군. 나에게 절대적으로 도움이 될 거야."라고 생각하십시오. 또, "이건 너무 어려워."라는 생각이 든다면 "이건 너무 쉽잖아. 애를 쓸 필요가 전혀 없어."라고 생각하십시오. 또 개미들이 기어 다니면서 "나는 예리한 구석이 없어. 그러니 성공할 자격도 없는 거야."라고 소리를 낸다면 이것을 "나는 모든 준비를 다 끝냈어. 시기도 완벽해. 나보다 더 자격이 있는 사람은 없을 거야."라고 생각하십시오.

자동적인 부정적 생각ANT 변환하기

ANT Automatic Negative Thought

- 나는 그 사업 목표들을 도저히 달성하지 못한다. 왜냐하면 나에게 는 그렇게 할 수 있는 기술들이 없기 때문이다.
- 나는 이걸 시도하기가 겁난다. 망쳐 버리거나 비참하게 실패하면 어떡하지?
- 나는 이 일을 해낼 수 있을 만큼 예리하지 않다.
- 나는 정확하게 무엇을 해야 할지 확신이 서지 않는다.
- 나는 일이 잘 풀린 적이 한 번도 없다.
- 나는 죽었다 깨어나도 그 일은 못 한다.
- 나는 결코 이것을 익히지 못할 거야.
- 나는 똑똑하지 않다.
- 나는 늘 어려운 문제 때문에 쩔쩔 맨다.

새로운 믿음

- 나는 나에게 필요한 기술들을 쉽게 익힐 수 있다. (혹은) 나는, 그 기 술들을 가지고서 나를 도와줄 완벽한 사람들을 찾을 수 있다.
- 새로운 것을 시도하기 전에 겁이 나는 것은 정상이다. 비록 의심이 들긴 하지만 끝내 이 의심을 지워버릴 것이다. 그리고 나는 늘 승리 할 것이다.
- 나는 정통한 사업가이자 성공한 사업가다.

- 나는 늘 선명한 목적을 가지고 있으며 집중한다.
- 신기하게도 나는 무슨 일을 하든지 잘 풀린다.
- 나는 내가 하기로 마음먹은 일은 무엇이든 할 수 있다.
- 새로운 걸 배우는 일이 나로서는 늘 쉽다.
- 나는 머리가 잘 돌아가고 유능하다.
- 나는 어떤 상황에서든 해결책을 찾아낸다.

아주 간단하지 않은가? 하지만 비록 간단하다고 말은 하지만, 쉽다는 뜻은 아니다. 책상 앞에 자리를 잡고 앉아 시간을 들여서 직접 필기도구를 들고 이 내용을 적어 볼 필요가 있다. '개미들'이 말하는 것이 무엇인지 드러내기 위해서 자기 생각을 관찰하는 데는 며칠이 걸릴 수도 있다. 만일 당신이 가지고 있는 부정적인 생각들이 수십 년 동안 당신의 뇌 안에서 자유롭게 소풍을 다녔다면, 이 부정적인 생각들을 포착하는 데 며칠 혹은 몇 주가 걸린다 하더라도 낙담하지 마라. 충분히 그런 노력을 기울일 가치가 있다. 부정적인 생각들을 정리한 다음에 충분히 시간을 들여서 이 생각들을 긍정적인 것으로 변환시켜라. 이 새로운 진술문들을 자기 확신 목록에 추가시켜라.

만일 이 과정이 지루하고 불필요해 보이면, 생각을 다시 해라. 비록 의식적인 마음이 당신이 관장하는 모든 것을 제어하고 있는 것처럼 보일지라도, 실제로 의식적인 마음이 통제력을 발휘하는 대상은 당신의 전체 생각 가운데 극히 작은 부분에 지나지 않는다는 점을 기억해라. 의식적인 마음은 매우 작은 연못에 사는 아주 큰 물고기다. 한편 무의식은 대양에 사는 고래이며, 이것이 실제로 모든 것을 제어한다.

군이 시간과 노력을 들여서 이 긍정적인 생각의 목록들을 작성하는 이유는, 바로 이 지점에서 의식적인 마음이 빛을 발하기 때문이다. 논리적인 전두엽의 힘을 활용해서, 뇌 속에 돌아다니게 하고 싶은 생각들을 스스로 설계해라. 그런 다음에 이 생각들을 무의식적인 뇌에 보내고 무의식적인 뇌가 힘을 발휘하도록 해라.

그렇다면 이 생각들을 어떻게 무의식적인 뇌에 보낼까? 방법은 반복이다. 자동차를 운전하는 법을 배우는 것과 똑같다. 손가락의 움직임이 둔하기만 하던 초보 바이올리니스트가 나중에는 어려운 곡을 쉽게 연주할 수 있게 되는 것과 똑같은 원리가 적용된다.

언어를 바꾼다는 것은 당신이 통제자의 위치에 있다는 사실을 인정하는 것을 의미한다. 이제 부정적인 생각들을 촉발하는 특정한 신경회로들은 점차 기능을 멈추게 될 것이다. 그리고 이렇게 되면 될수록, 특정한 자극에 반응해서 그런 부정적인 생각들이 발산되는 경향성은 더욱 줄어들 것이다. 이와 동시에, 새로 설정한 긍정적인 생각들을 반복함에 따라서 이것들과 연결된 신경회로들은 더욱 활성화될 것이다. 관련된 뉴런들은 더욱 공고하게 연결되고 결합된다. 그리고 자극에 대한 반응이 반복됨에 따라서 작은 자극에도 쉽게 반응이 나타난다. 다시 말해서 긍정적인 생각들이 점차 더 쉽게 나타날 수 있게 된다는 말이다. 이것이 '자기 강화 사이클self reinforcing cycle'이다.

이 과정이 진행되는 시간은 얼마나 될까? 자기 강화 사이클은 순간적으로 일어난다. 부정적인 어떤 생각을 하는 순간, 당신은 이 생각과 완벽하게 일치하는 화학적 메시지를 혈류 속으로 방출한다. 그리고 만일 그 임펄스를 초기에 제대로 포착해서 새로 설정한 긍정적인 생각으로 대체하면, 당신은 뇌가 방출하는 전기적인 임펄스의 내용을 즉각 바꾼다. 그리고 이렇게 바뀐 전기적인 임펄스의 내용은 송출되는 화학적 메시지의 성격을 즉각적으로 변환시켜서 혈류를 긍정적인 새로운 생각으로 넘쳐나게 한다. 그 결과 당신의 뇌는 그 감정을 "이봐, 나 지금 기분이 굉장히 좋아."라고 기록한다.

이 과정이 순간적으로 일어나긴 하지만, 그렇다고 해서 습관이 즉각적으로 변한다는 뜻은 아니다. 만일 이 '개미들'이 수십 년 동안 당신의 뇌 안으로 여기저기 마음대로 돌아다니게 방치해 두었었다면, 그 모든 부정적인 생각들을 하룻밤 사이에 혹은 다음 주 월요일까지 바꾸어 놓을 수 있으리라고 기대할 수는 없다. 끈기를 가져야 한다. 이것들은 한꺼번에 모두 사라지지는 않겠지만 어쨌거나 결국 사라지고 말 것이다. 이런 과정은 오래된 잔디를 깎고 새로운 씨앗이 싹을 틔우고 나올 수 있도록 시간과 공간을 마련해 주는 것과 마찬가지다. 어느 정도 시간이 걸린다. 그러니 잉태의 법칙을 기억하며 조급해 하지 마라.

그리고 또한 이런 내용이 얄팍한 심리학의 설익은 논리가 아니라는 사실도 명심하기 바란다. 우리가 지금 이 책에서 설명하는 모든 내용은 우울증, 불안 그리고 기타 만성적인 의심과 근심, 걱정으로 시달리는 환자들의 뇌 활동을 실시간으로 관찰하고 사람의 뇌를 직접 들여다볼 수 있게 한 새로운 과학기술의 도움을 받아서 지난 20년 동안 드러난 것으로서, 철저하게 과학을 기반으로 한 것이다.

다시 한 번 더 말하지만, 시간이 걸린다. 하지만 일단 이 과정을 시작하고 나면 당신은 아마도 이 변환이 얼마나 빠르게 일어나는지 알고 깜짝 놀랄 것이다. 처음에는 많은 노력을 기울여도 결과가 변변 찮게 느껴지겠지만, 곧 이런 상황은 역전된다. 무거운 짐을 실은 시동이 잘 걸리지 않는 트럭을 완만한 경사가 있는 내리막길에서 떠미는 것이나 마찬가지다. 처음 몇 센티미터 움직이는 게 힘들다. 하지만 두세 걸음만 밀고 나면, 트럭과 트럭에 실린 짐의 무게는 이제 우리 편이 된다. 트럭은 저절로 굴러 내려간다. 그리고 시동도 걸린다. 당신은 그저 트럭 위에 뛰어오르기만 하면 된다. 이제 힘을 하나도 들이지 않아도 트럭은 씽씽 달린다. 처음 트럭을 움직이기 위해서 쓴 근육에서 나온 힘은 말하자면 전두엽의 집중된 힘이고, 자동차의 엔진은 무의식적인 뇌가 가지고 있는 힘이다.

당신이 소망하는 일을 성공으로 이끌고 당신이 소망하는 이상적인 삶을 창출하는 데 필요한 모든 자원과 지능과 명민함은 당신 안에 들어 있다. 당신 안에는 스스로를 드러내고 싶은 열망으로 이글이글 타오르는 천재성이 있다. 당신은 그저 의식적인 뇌가 가지고 있는 여러 능력들을 이용해서 무의식적인 뇌의 경이로운 힘을 활용하는 법을 배우기만 하면 된다.

9장
하수도 청소부에서
성공 신화를 쓴 경영 컨설턴트로

내가(머레이가) 어렸을 때 우리 가족들은 소위 전문가라는 사람들로부터 학습 장애 때문에 내가 어른이 되어서도 제 몫을 하는 온전한 인물이 되지 못할 것이라는 말을 들었다. 다른 아이들처럼 학습 진도를 따라가지 못해서 결국 나는 토론토 공교육 체계 밖으로 밀려났다. 정규 학년 체제를 도저히 따라가지 못하는 아이들이 다니는 학교로 전학했다. 이 학교를 졸업한 뒤에 공장에 취직을 하는 게 당시우리 가족들의 나에 대한 기대였고, 나는 이 기대에 따랐다. 내가 가진 첫 번째 직업은 30미터 지하에 있는 하수도를 청소하는 것이었다. 그때 나는 그 일이 나라는 인간이 가지고 있는 가치와 정확하게일치한다고 생각했다.

하지만 나는 평균 이하의 삶을 살고 싶지는 않았다. 심지어 평균적인 삶도 살고 싶지 않았다. 나는 나 자신이 경제적으로 완전하게 해방된 삶을 원한다는 사실을 분명하게 깨달았다. 그리고 내가 비루한 일을 하는 한 이 바람은 결코 현실에서 일어나지 않을 것임도 알았다. 그리고 또 다른 사실 하나도 깨달았다. 그 청소대행 회사를 운영했던 두 사람이 나보다 더 똑똑하지 않다는 점이었다.

결국 나는 하수도에서 나와 공장에 취직해서 프레스로 알루미늄 냄비를 만드는 일을 했다. 그 뒤로도 나는 수도 없이 많은 직업을 전전했다. 하지만 어느 것 하나 내 마음에 들지는 않았다. 그러던 차에 나의 내면에서 어떤 근본적인 변화가 일어났다. 그리고 나는 예전과는 전혀 다른 길을 걸었다.

당시 나는 '벨' 캐나다 지사에 근무했다. 벨은 500억 달러 매출을 올리는 기업으로 세계 최대의 통신 회사였다. 나는 외근을 하면서 고객들에게 전화를 설치해 주는 일을 했다. 몇 년 동안 벨에서 일하면서 벨이 독점적인 지위를 이용해 부당하게 높은 요금을 징수한다는 고객들의 불만을 수도 없이 들었다.

"다른 선택지가 있다면 당장 벨과 거래를 끊고 그 회사에 가입할 텐데……."

사람들은 그렇게 불평했다. 그래서 언젠가 나는 이 사람들에게 다음과 같이 물었다.

"만일 내가 전화 회사를 차리면 고객으로 가입해 주시겠습니까?"

사람들은 모두 그렇게 하겠다고 대답했다.

1979년, 캐나다에서 통신 사업의 독점적인 제도를 철폐하는 법안이 의결되었다. 드디어 기회가 왔다. 나로서는 기업을 어떻게 운영하는지 아는 게 없었다. 심지어 회사를 어떻게 세우는지도 몰랐다. 하지만 나에게는 다른 동료들이 가지고 있지 않은 게 있었다. 내가 하는 일에 대한 강렬한 열정이었다. 나는 좀 더 나은 통신 서비스가 사람들의 삶의 질을 높여 준다는 사실을 알았기에 망설이지 않고 그 기회를 잡기로 했다. 통신 사업 시장은 경쟁 체제를 목말라했다. 얼마 되지 않는 임금을 받으면서 종업원으로 계속 남을 수도 있었고 한 기업의 사장으로 이 경쟁에 뛰어들 수도 있었다. 두 갈래 길이 내 앞에 있었지만 나는 망설이지 않고 후자를 택했다. 스물네 살의 나이에 벨을 떠나 통신 회사를 세웠다.

24년 동안 내가 주위에서 받았던 메시지 때문에, 나는 변변한 인물이 되지 못할 것이라는 불안이 나의 내면에 단단하게 자리 잡았다. 하지만 나는 더 나은 인물이 되고 싶은 열정을 가지고 있었다. 이 열정은 그냥 억누르고 있을 수 없을 만큼 강렬했다. 새로운 믿음을 만들어야 하며 그때가 바로 그 시기임을 절실하게 깨달았다. 그때 내가 했던 것이 바로 이 책에서 설명하는 '두뇌 재조정'이었다. 하지만 그때 나는 그냥 열심히 하기만 했을 뿐 그게 무엇인지 정확하게 알지도 못했다.

하수도 청소부를 하다가 다른 일을 하게 되었던 일련의 경험이 나에게 소중한 가르침을 주었다. 내 인생을 송두리째 바꾸어 놓는 가르침이었다. 성공하는 데는 로켓을 만들 만큼 지식이 필요하지 않다는 가르침이었다. 나는 공부도 많이 하고 똑똑한 사람들을 많이 보았다. 나와는 비교도 되지 않을 정도로 풍부한 지식을 가지고 있는 사람들이었다. 그런데 이 사람들은 회사를 운영하지 않았고 설령 회사를 운영해도 성공하지 못했다. 이런 사람들 역시 자기가 소망하는 삶을 살고 있지 못한 경우가 많았다.

나는 사업을 해서 성공하는 것이 내가 꿈에 그리는 좀 더 나은 삶을 보장해 주는 길임을 알았다. 그리고 이 길에 나서는 데 필요한 것은 대학교 졸업장이나 성적 증명서가 아니라는 것도 알았다. 어떤 사업을 성공적으로 이끌 수 있는 결정적인 요소들을 파악하고, 이 요소들이 유기적으로 작동하도록 하는 방법을 익히는 것이 중요하다는 사실을 알았다. 나는 이 일을 잘 해낼 것이라고 자신했다.

사람들이 나를 보고 '모자라다'고 손가락질했지만, 그건 사물을 바라보는 편향된 시각일 뿐이다. 존 아사라프는 직관에 따라서 일한다. 하지만 나는 그와 반대다. 나의 뇌는 입력된 정보를 잘게 쪼개서 처리한다. 나는 한꺼번에 많은 내용을 읽지 않는다. 추상적이고 개념적인 논의나 사고를 오래 하지 않는다. 실질적이고 구체적인 일을 눈앞에 두고 있을 때 나는 내 능력을 최대한 발휘한다. 나는 삶을 늘 구체적이고 현실적으로 바라보았다. 그리고 마침내, 이런 감각을 잘 갈고닦을 수 있다는 결론을 내렸다. 이 감각을 이용해 기업을 관찰한 후 그 기업이 어떤 문제들을 안고 있는지 신속하게 진단하고 이 문제들을 해결할 방안을 제시했다. 내가 발견한 감각이 나의 특출한 능력이 된 것이다.

사회, 고난과 역경의 학교

내가 세운 통신 회사의 이름은 '얼터너티브 커뮤니케이션즈All-Tel'였고, 이 회사는 벨 캐나다 지사의 첫 번째 경쟁사였다. 그리고 나는 이 통신 사업 분야에 꽤 오랫동안 머물렀다. 성공의 달콤한 꿀맛을 보기에 충분히 긴 시간이었다.

하지만 절대 쉽지 않았다. 세계에서 가장 큰 통신 회사를 상대로 싸워야 했을 뿐만 아니라 미국과 유럽 그리고 아시아에서도 캐나다라는 새로운 시장을 노리고 거대 기업들이 수없이 들어왔다. 우리 회사 직원들은 처음 예상하고 준비했던 것보다 더욱 바짝 긴장해야 했다. 수많은 고난과 역경이 우리를 덮쳤다. 그리고 몇 년 뒤에는 아내와 이혼했다. 그러면서 나는 사업에 대해서 많은 것을 배웠다. 17개월짜리 딸을 데리고 있던 이혼남이었던 나는 내 사업을 접었다. 그리고 다시 또 예전처럼 다른 사람에게 고용 직원으로 몇 년을 보냈다.

신설 회사인 '텔레커뮤니케이션즈 터미널 시스템스TTS'에서 일했다. 이 회사는 캐나다 최초로 전국을 망라하는 전국적인 전기 통신 체계를 구축하고자 했다(그때까지 캐나다에서는 각 지방마다 전기 통신 체계가 독립적으로 운영되었다). 나는 전국적인 영업 부서를 신설하고 약 6000만 달러의 매출을 올림으로써 이 과제를 달성하는 데 크게 기여했다. 그런 다음에 잠시 멈추어 서서 시장에서 어떤 일이 일어나는지 살폈다. 그리고 내가 또다시 나 아닌 다른 사람이 돈을 버는 걸 도와주고만 있구나, 하고 깨달았다. 그래서 한 번 더 내 사업을 하는 데 도전하기로 마음먹었다.

회사를 차렸다. '뉴 오퍼튜너티스 코퍼레이션NewCo'였다. 이 회사로 나는 앞으로 개발될 유망한 신기술들을 찾았다. 초기에 우리가 관계한 회사 가운데 하나는 음성 정보의 디지털 저장 분야에 대변혁을 일으키던 벤처 기업이었다. 우리는 미국과 캐나다에 두 개의 국영 FM 방송 허가권을 따내서 부동산 회사, 공항, 맥도널드 등과 거래를 했다.

뉴코는 미디어, 기술, 공학, 수입, 에너지 관리, 제조 등의 분야 벤처 기업들의 창업을 돕는 인큐베이터 회사로 성장했다. 뉴코는 투자 회사와 비슷했지만 재정적인 투자뿐만 아니라 기업 관리와 마케팅 분야에서도 적극적인 역할을 했다.

뉴코를 5년 동안 운영한 뒤에 나는, 라디오 방송국 26개와 잡지사 약 30개 그리고 신문사 55개를 소유하고 있던 3억 5000만 달러 규모의 미디어 회사로 자리를 옮겨서 중역으로 일했다. 여기에서 2년 동안 일한 뒤에, 민간 텔레비전 방송국을 소유하고 있던 그룹과 파트너 계약을 맺고 다시 자리를 옮겼다. 당신은 아마도 공항에서 비행기를 타려고 게이트 앞에서 기다리면서 텔레비전을 본 적이 있을 것이다. 내가 자리를 옮긴 회사는, 이런 민간 텔레비전 방송망을 미국에 최초로 제공한 회사였다.

이 무렵에 나는 나의 행동과 관련된 뚜렷한 특성 하나를 확고하게 파악했다. 어떤 사업에서건 그다지 오래 눌러앉아 있지 못한다는 것이었다. 어떤 단일한 벤처 사업 분야를 깊이 파고드는 데는 관심이 없었다. 이런 회사를 오래 경영하는 데도 관심이 없었다. 내가 관심을 가졌던 일은 이 회사들을 어떻게 운영하면 성공의 길 위에 올려놓느냐 하는 것이었다. 이 과제를 달성하고 나면 곧 다시 다른 데로 자리를 옮기고 싶어서 안달이 났다.

통신 분야에서부터 기술 분야 그리고 네트워크 마케팅과 자기계발에 이르는 온갖 분야에서 일하면서 나는 내가 개발한 접근법을 이 모든 분야에 적용하면서 정밀하게 다듬었다. 그리고 이제 이것을 시험해 봐야 할 때가 되었다. 나는 정말 거대한 어떤 것을 밑바닥에서 시작해서 새로 일으키는 만만치 않은 일에 도전해 보고 싶었다.

인디언 모터사이클의
화려한 부활

나는 예전부터 오토바이 마니아였다. 1994년에 인디언 모터사이클 티셔츠를 하나 사면서 이런 생각을 했다.

'그래도 한때는 최고의 브랜드였는데.'

'인디언 모터사이클'이 잘나갈 때는 할리데이비슨보다 규모가 더 컸다. 하지만 이 회사는 1953년에 문을 닫았다. 그래도 이 브랜드가 워낙 매력적이었던 터라 도산하고 거의 50년이 지난 당시까지도 여전히 고품질의 이미지를 유지하고 있었다.

1994년에 인디언 모터사이클 티셔츠를 사면서 가졌던 그 생각은 나의 무의식적인 뇌에 저장되었다. 나뿐만 아니라 수백만 명의 다른 사람들에게도 이건 마찬가지였다. 그리고 내가 준비되었을 때, 끌어 당김의 법칙이 이 생각을 의식의 영역으로 이끌어 냈다. 그 티셔츠를 사고 3년이 지난 후인 1997년에 친구이던 릭 제노비세로부터 전화를 한 통 받았다. 릭은 이 브랜드 사용권을 가지고 있는 회사의 주식을 사들일 수 있는 기회가 생겼다고 했다. 나는 그 브랜드를 잘 활용하면 엄청난 성공을 거둘 수 있을 것이라고 설명했다. 릭은 내가 하는 말을 귀 기울여 들었지만 그 일을 자기가 직접 하는 데는 관심이 없다고 했다. 나는 이 사업을 내가 해야겠다고 생각했다. 그래서 사람을 모아 조합을 만들고 인디언 모터사이클 브랜드의 공개 입찰에 나섰다.

입찰자는 우리 말고도 10여 군데나 있었다. 이 가운데는 우리보다 훨씬 강력한 힘을 가지고 있는 곳도 여럿 있었다. 그랬기 때문에 캐나다 출신의 작은 회사가 이 브랜드를 따내리라고 생각한 사람은 아무도 없었다. 하지만 우리는 그와는 전혀 다른 믿음을 가지고 있었다. 그리고 우리의 믿음이 통했다. 우리는 2300만 달러를 제시했고, 결국 인디언 모터사이클이라는 브랜드는 우리 소유가 되었다.

우리는 회사의 문을 열기 전까지 여섯 달 동안 오로지 사업 계획을 철저하게 세우는 한편 이 책에서 설명하는 것과 똑같은 과정을 집중적으로 훈련했다. 우리는 우리의 이상적인 고객이 누구인지, 어떤 사업 모델이 우리에게 가장 적절한지 그리고 우리의 사업 모델

9장 하수도 청소부에서 성공 신화를 쓴 경영 컨설턴트로

에 적합한 전략과 전술이 무엇인지 정확하게 파악했다. 나와 함께 출자를 해서 회사의 운영과 관련된 사항을 논의한 사람은 다섯 명이었는데, 우리는 모든 사항들이 각자의 개인적인 목표와 가치뿐만 아니라 집단적으로 설정한 목표와 비전에 일치하도록 확인하고 또 노력했다.

특히 우리는 결정적으로 중요한 요소들을 파악하려고 애썼다. 복잡함 속에 갇혀서 길을 잃지 않아야 했다. 커다란 그림을 선명하게 파악한 상태에서 회사를 운영하는 게 중요했다. 커다란 비전을 하나의 선명한 초점으로 모아야 했다. 그리고 이 핵심을 다시, 인디언 모터사이클에 엄청난 성공을 가져다줄 결정적으로 핵심적인 여러 행동들로 변환시키는 것이 핵심이었다.

마침내 회사의 문을 정식으로 열었을 때 우리의 브랜드는 활활 타올랐다. 우리는 '인디언 모터사이클 카페 앤 라운지'를 열었다. 약 2800평방미터의 넓이로 별 다섯 개짜리 식당과 의류 매장을 갖춘 복합 공간이었다. 그리고 다시 이런 공간을 두 개 더 만들었고, 800개 소매 유통점에 우리 브랜드의 의류를 공급했다. 우리가 생산한 의류 제품은 450종이었다.

물론 우리는 오토바이도 만들었다. '캘리포니아 모터사이클'이라는 이름의 제조회사를 가지고 있던 레이 소텔로와 손을 잡고 오토바이를 직접 만들었던 것이다. 우리가 직접 설비 투자를 해서 오토바이를 만드는 길을 택하지 않고 2000만 달러를 지불하고서 캘리포니아 모터사이클을 인수한 다음에 이 회사의 이름을 바꾸었다. 그리고 캘리포니아의 질로이에 오토바이를 완전 자동 공정으로 생산하는 약 4만 6000평방미터 넓이의 공장을 지었다. 우리는 여기에서 생산된 오토바이를 250개 오토바이 매장에서 팔았으며, 부품 및 서비스 센터도 운영했다. 우리는 인디언 브랜드뿐만 아니라 수천 대의 고객 주문 오토바이를 생산했으며 또한 우리 브랜드를 붙인 수천 개의 자체상표private brand, PB 제품을 제작했다.

첫해에 우리는 7500만 달러의 매출을 기록했다. 회사의 자산 가치도 3억 달러나 되었다. 우리는 질로이에서 가장 큰 회사였으며, 미국에 기반을 둔 오토바이 회사로서는 두 번째로 큰 회사로 세계 시장에 우뚝 섰다. 인디언 모터사이클이 거둔 이 성공 사례를 CBS, NBC, CNN,《포브스》그리고 수백 군데의 신문과 라디오 방송국 등 수많은 언론 매체들이 앞을 다투어 보도했다. 그리고 7개국의 2000개 웹사이트에서도 우리의 성공 사례를 소개했다.

루빅큐브 맞추기

나는 지금까지 13개의 사업을 성공으로 이끌었고 기술 관련 회사를 180도 다른 회사로 바꾸었으며 서비스, 소매 유통, 미디어, 소비재 제품, 기술, 훈련, 에너지, 전자상거래, 소프트웨어, 오락 등의 온갖 다양한 산업 분야에서 새로운 회사를 일으켜 세웠다. 그리고 수천 명의 사업가가 매출액과 수익을 높이고 이 사람들이 가지고 있던 기업의 가치를 높일 수 있도록 도움을 주었다. 이런 경험을 돌이켜보면 사업체를 운영하고 성공을 거두는 것은 어렵지 않다. 적어도 사업체를 바라보는 방법을 제대로 이해하기만 하면 그렇다.

이런 가정을 한번 해보자. 여기에 이리저리 돌려서 색깔을 맞추는 장난감인 루빅큐브가 있다. 우리가 당신의 눈을 가리고 의자에 앉힌 다음에 루빅큐브를 손에 쥐여 주고 정육면체 모든 면의 색깔이 다 일치하도록 맞추라고 한다. 이렇게 해서 당신이 주어진 과제를 해결할 때까지 걸리는 시간은 얼마나 될까? 단, 화장실에 갈 시간은 따로 준다. 시간이 무척 오래 걸리기 때문이다. 과학자들이 이 시간을 계산했는데, 무려 60억 년이나 걸린다. 상상하기 어려울 만큼 긴 시간이다.

그렇다면 이제 그 실험 방식을 조금만 바꿔 보자. 이번에도 당신은 눈을 가리고 의자에 앉아서 혼자 루빅큐브를 맞춘다. 하지만 루빅큐브에 정통한 사람이 한 명 당신 곁에 앉아서 당신이 맞추는 것을 지켜본다. 이 사람은 당신에게 어떻게 하라고 말하지는 않지만, 당신이 한 번씩 루빅큐브를 움직일 때마다 "맞습니다.", "아닙니다."라고 말할 수 있다. 이렇게 하면 루빅큐브를 맞추는 데 얼마나 걸릴까?

채 2분도 걸리지 않는다!

사업을 하는 것도 루빅큐브를 맞추는 것과 마찬가지다. 당신이 상상하는 것 이상으로 훨씬 더 그렇다. 당신의 사업은 전혀 복잡하지 않다(루빅큐브도 여섯 가지 색깔을 가지고 있고 여섯 개의 면을 가지고 있을 뿐이다). 사업을 할 때나 루빅큐브를 맞출 때나 늘 어떤 선택을 해야 한다. 루빅큐브의 스물일곱 개의 작은 직육면체를 어떻게 돌려야 옳은지 어떻게 알 수 있을까? 마케팅 비용으로 설정된 예산으로 라디오 광고를 해야 할지, 신문 광고를 해야 할지, 포털에 광고를 해야 할지 아니면 잠재적인 고객에게 광고물을 우편으로 발송해야 할지 어떻게 알 수 있을까? 사람들이 "요즘 사업이 어떻습니까?"라고 물을 때 정확하게 어떻게 대답하는 게 좋을까? 광고에는 어떤 문구를 넣어야 할까? 광고가 기대한 효과를 내지 못할 때 광고의 어떤 부분을 수정해야 할지 어떻게 알 수 있을까? 이 모든 결정을 하는 데는 아마도 60억 년이라는 시간이 걸릴 것이다. 그리고 또, 단 2분밖에 걸리지 않을 수도 있다.

예를 들어 보겠다. 인디언 모터사이클을 떠난 지 2년 뒤 나는 '데이브 앤 버스터스 캐나다'라는 회사의 운영을 맡았다. 유명한 식품 및 오락 복합 회사였다. 당시 이 회사의 매출액은 급격하게 떨어지고 있었으며(1600만 달러이던 매출액이 30퍼센트나 줄었다), 기업 평가액도 900만 달러에서 100만 달러로 곤두박질쳤고, 부도 직전의 위기로 몰린 상태였다. 그런데 내가 이 회사를 맡은 뒤부터 매출액은 다시 오르기 시작했다. 물론 나는 당신이 이 책에서 배우고 있는 두뇌 재조정 과정을 철저하게 적용했다.

루빅큐브를 맞출 때와 마찬가지로, 만일 우리가 어느 지점에서 어떻게 직육면체들을 움직여야 할지 정확하게 알지 못했다면 그 회사를 일으켜 세우는 데는 아마도 몇 년이라는 긴 세월이 걸렸을 것이다. 하지만 그 회사에는 그런 여유가 없었다. 그런데 우리는 루빅큐브를 어떻게 조작하면 되는지 알고 있었다. 그랬기 때문에 우리는 여덟 달 뒤에 그 회사를 800만 달러에 매각할 수 있었다. 내가 처음 운영을 맡았을 때와 비교하면 여덟 배나 높은 가격이었다.

당신이 소규모 사업체를 운영하는 자영업자든 혹은 중소기업 사장이든 혹은 《포춘》 지가 선정하는 500대 기업가든, 또 혹은 배관공이든 치과 의사이든 헬스클럽 운영자든 창업을 꿈꾸는 샐러리맨이든 상관없이, '비즈니스 마스터리Business Mastery'의 여러 원칙은 동일하다. 어떤 사업이든 당신이 소망하는 사업을 성장시키는 데는 체계적인 과정이 필요하며, 이 과정은 다음과 같이 요약할 수 있다. '선택할 수 있는' 수많은 행동들 가운데서 어느 것이 '반드시 수행해야 하는' 몇 되지 않는 중요한 행동들인지 파악해야 한다. 그리고 이렇게 파악한 행동들을 날마다 해야 한다.

10장
목표 달성의
3가지 핵심 지침

당신을 성공으로 이끄는 마법의 주문은 이 세 가지다. 비전, 집중 그리고 행동.

"조명! 카메라! 액션!"

이건 영화 촬영장에서 준비 상황을 점검하는 명령어다. 이 짧은 문장 안에는 매우 흥미로운 지혜가 숨어 있다.

조명이 맨 먼저 나오는 데는 이유가 있다. 영화를 촬영하는 세트 장에서 감독은 가장 먼저 세트가 잘 지어졌는지 그리고 조명이 적절한지부터 확인한다. 조명을 설치하는 작업은 촬영을 준비하는 작업 가운데서 가장 많은 비용을 잡아먹을 뿐만 아니라 시간도 가장 많이 걸린다. 실제로 촬영하는 시간은 불과 몇 분밖에 걸리지 않지만 조명 설비를 설치하는 데는 두세 시간 혹은 그 이상 걸린다.

사업을 할 때도 마찬가지다. 인디언 모터사이클이라는 브랜드를 사들인 뒤에 나를 비롯해 투자한 사람들은 '촬영 세트'가 제대로 지어졌는지 그리고 선명한 계획이라는 조명이 적절하게 설치되었는지 확인하기 위해서 무려 6개월 동안이나 준비 작업을 했다. 이 6개월 동안에는 실제 사업을 집행하는 데는 돈을 한 푼도 들이지 않았다. 영화로 치자면 카메라를 돌리지 않았던 것이다. 촬영에 들어갈 수 있을 때까지 올바른 '비전'을 완벽하게 갖추었는지 확인해야 했던 것이다.

그 다음이 '집중'이다. 세트장이 마련되고 조명이 적절하게 설치되고 나면 감독은 카메라가 제 위치에 있는지 앵글은 맞는지 그리고 렌즈도 원하는 것이 장착되어 있는지 확인한다. 그 장면에서 진행되는 사항들 그리고 확인해야 할 사항들은 100가지 가까이 될 수 있다. 하지만 감독은 자기가 원하는 그림을 얻기 위해서 카메라를 어디에 두어야 할지 정확하게 안다. 사업을 할 때도 백 가지의 일들이 동시에 진행된다. 그래서 복잡하게 보인다. 하지만 어디에 초점을 맞추어야 하는지만 알면 전혀 복잡하지 않다. 배우들에게 연기를 시작하라는 최종 지시를 내리기 전에 카메라의 초점을 어디에 맞추어야 할지 우선 알아야 한다.

마지막으로, 이제 카메라를 돌린다. 배우들은 모두 자기가 움직여야 하는 동선을 알고 있다. 그리고 세트장 위에서 자기가 해야 할 일을 할 준비가 되어 있다. 하지만 어떤 대사나 행동, 몸짓이 실제 현실로 나오기 전에 감독은 그것들을 머릿속에서 이미 보았다. 세트장 위에서 진행되는 것을 감독은 이미 다 알고 있다는 말이다. 사업을 할 때도 마찬가지다. 특정한 국면에서 상황이 어떻게 진행될지 알고 있어야 한다.

비전, 집중, 행동. 이것은 '조명! 카메라! 액션!'의 기업판 버전이다. 이것은 당신의 사업을 성공의 길로 이끌어주는, 혹은 기업에 속한 직원인 당신을 성공의 길로 이끌어 주는 마법의 주문이다.

비전은 큰 그림을 항상 마음속에 담아 두는 것을 의미한다. 사람들은 상황이나 조건을 불필요하게 복잡하게 만든다. 어떤 사업에서건 사소한 것들은 수백 가지씩 있게 마련이다. 물론 모두 중요한 것들이다. 하지만 아무리 그래도 사소한 것은 사소한 것이다. 어떤 사업을 기계에 비유한다면, 이 기계를 움직이는 핵심적인 부품은 몇 개 되지 않는다. 루빅큐브의 색깔이 여섯 개뿐이라는 사실을 생각해 보라. 이것이 바로 초점에 집중하는 것이 중요한 이유이다. 커다란 전체 그림에 집중하고 어떤 행동들이 사업을 성공으로 이끄는 데 결정적으로 중요한지 파악할 수 있는 올바른 렌즈를 가져야 한다.

우리는 당신이 커다란 그림에 언제나 초점을 맞추고 집중할 수 있도록 해주는 '세 종류의 렌즈'를 추천한다.

철저한 갭 분석

6장에서 당신은 특수 재정 목표를 설정했다. 목표와 현실의 격차를 확인하는 '갭 분석gap analysis'을 간단하게 정의하면, 이 목표들을 좀 더 세부적으로 규정하는 것이다. 현재 있는 위치와 미래에 서고자 하는 위치를 도표로 그리는 것만으로도 갭 분석을 실행할 수 있다.

예를 들어서 당신 회사가 현재 연간 10만 달러의 매출을 기록하고 있는데 다음해 매출액을 25만 달러로 높이려 한다고 치자. 이때 총 매출액 차이는 15만 달러다. 그렇다면 이제 당신은 '매출 계획revenue plan'을 세우고 '판매 프로세스 지도sales process map'를 그려봐야 할 것이다. (매출 계획과 판매 프로세스 지도에 대해서는 곧이어 다음 절에서 살펴볼 것이다.) 이렇게 해야만이 성과를 추적하고 현재의 실적과 미래의 실적을 비교할 수 있어서 회사가 목표를 향해서 제대로 가고 있는지 확인할 수 있다.

갭 분석을 돈이 아닌 다른 여러 목표들을 분석하는 데 활용할 수도 있다. '재정적인 목표'에는 매출액, 수익, 현금 흐름, 자산, 가용 현금, 비용, 지불 어음, 받을 어음, 부채, 신용, 자금원 등과 같은 항목들이 모두 포함될 수 있다. 하지만 어떤 회사든 비재정적인 목표라는 걸 설정하고 있다. 제품이나 서비스에 만족하는 고객의 수, 판매 가능한 제품이나 서비스의 수, 그리고 유지 가능한 재고 범위 등과 관련된 목표가 비재정적인 목표다. 그리고 또 당신에게는 '개인적인 목표'도 있다. 이것은 한 주 동안의 노동 시간이나 한 주 동안의 노동일, 업무 관련 스트레스 수준, 휴가의 횟수 혹은 개인적인 용도로 쓰는 날의 수 등과 관련된 목표를 말한다.

당신 자신의 갭 분석을 하고 싶으면 다음과 같이 하면 된다. 우선 당신이나 당신의 직무 혹은 사업에서 가장 중요한 목표들을 각각 대변하는 수치들을 선택하라. 그리고 현재 당신이 이 목표에 비해서 어느 지점까지 왔는지 수치로 표시해라. 이렇게 표시되는 각각의 수치들이 수치 A군[#]이다. 그 다음에는 미래의 어떤 특정한 시점에 당신이 도달하고 싶은 위치를 수치로 표시해라. (미래의 특정한 시점은 보통 1년 뒤나 회계연도가 끝나는 시점으로 잡으면 된다.) 이렇게 표시되는 각각의 수치들이 수치 B군[#]이다. 그 다음에 수치 A와 수치 B를 비교하면 된다.

구체적인 매출계획 수립

매출 계획은 사업을 갭(간극)의 한 끝에서 다른 끝으로 옮기기 위한 여러 가지 방법들을 묘사한 내용이다. 매출 계획은 쉽게 세울 수 있다. 우선 당신 회사의 모든 제품과 서비스 목록을 작성해라. 그 다음에 당신이 설정한 특정한 기간 안에 판매하기를 희망하는 각 제품과 서비스의 수량과 이들의 각 단위 가격을 곱한 다음에 모두 합하면 된다.

만일 매출 계획에서 나온 결과가 갭 분석을 통해서 얻은 목표와 일치한다면 훌륭하다. 하지만 만일 일치하지 않는다면 일치하도록 수치를 조정해야 한다. 예를 들어 보자. 만일 당신이 어떤 회사를 소유하고 경영한다면, 당신은 가격을 조정하거나 판매 예상 물량의 수치를 조정할 수 있다. 물론 둘을 동시에 조정할 수도 있다. 이렇게 해서 일단 매출 계획서가 나오면 이제 이 목표를 달성하는 데 필요한 간단한 로드맵을 작성할 수 있다. 이 로드맵은 목표를 달성하기 위해서 노력하는 동안 수시로 참조할 수 있는 중요한 도구다.

매출 계획이 가지고 있는 진정한 힘이자 가장 중요한 측면은 바로, 진행 과정에서 끊임없이 참조하며 실제 발생하는 결과와 비교할 수 있다는 점이다. 매출 계획을 세운 뒤에 서랍에 처박아 두고 다시는 돌아보지 않는다면 효용이 별로 없다. 야전사령관이 작성하는 전투 계획과 마찬가지로 매출 계획서는 이것을 작성한 뒤에 자주 활용하고 또 당신이 확인한 내용에 근거해서 유용하게 조정할 때 비로소 가치를 발휘한다.

상세한 판매 프로세스 지도 작성

매출 계획이 일단 서고 나면, 이 계획대로 실천하는 데 가장 핵심적인 도구는 '판매 프로세스 지도'다. 여기에는 당신이 이상적으로 생각하는 고객들에게 당신의 메시지를 직접 전달하기에 적절한 프로세스를 선택하는 문제나 이 메시지를 효과적으로 전달하기 위한 시장 전략 및 전술을 선택하는 문제 등이 포함된다. (고객에게 메시지를 전달하는 부분에 대해서는 14장에서 자세하게 살펴볼 것이다.)

우리는 이 모든 것을 판매 프로세스 지도로 묘사한다. 기업이 어느 산업 분야에 속하는지, 얼마나 자세하게 기술한 것인지에 따라서 판매 프로세스 지도는 냅킨에다가 간단하게 적을 수도 있고 A4 용지 여러 장에 빽빽하게 적을 수도 있다. 하지만 판매 프로세스 지도를 간단하게 설명하면, 이 지도에 따라 적절하게 수행하기만 하면 예측 가능하고 측정 가능한 판매량의 결과를 도출할 수 있는, 판매와 관련된 특정한 일련의 여러 활동을 묘사하는 것이다. 이 일련의 순서를 구성하는 전형적인 요소는 다음과 같다.

1. 이상적인 고객의 특성을 확인한다.
2. 관계를 이끌어 낸다.
3. 기대치를 확인한다.
4. 이 기대치를 고객에게 제시하고 피드백 결과를 수용한다.
5. 기대치를 고객으로 전환시킨다.
6. 고객에게 서비스하고 또 고객을 끝까지 따라간다.
7. 업셀upsell(제품을 구입한 고객에게 이후에 그 제품을 업그레이드한 제품을 팔거나, 그 제품과 관련된 추가 부품들을 파는 행위 – 옮긴이)을 한다.

어떤 회사든 대부분 이 완벽한 과정을 따라가지 않으며, 또 굳이 시간을 들여서 이 내용을 상세하게 지도로 표기하지 않는다. 하지만 그렇게 해야 한다. 이 과정을 지도 혹은 도표로 표시하면 매우 주의해서 살피게 된다. 매출 계획서와 마찬가지로 판매 프로세스 지도 역시 실천 과정에서 끊임없이 참조할 수 있는 나침반 역할을 한다.

사업 전략의 핵심

이 세 가지 유형의 계획은 비전, 집중, 행동을 사업에 적용하는 데 가장 단순한 방법이다. 이 셋은 모두 큰 그림에 초점을 맞추고서 각자 특정한 질문을 던짐으로써 실천적인 행동들을 이끌어 내고자 한다. 갭 분석은 "당신은 어디로 갈 필요가 있는가?"라는 질문에 대답하고, 매출 계획서는 "무엇이 당신을 그곳으로 데려다줄 것인가?"라는 질문에 대답하며, 판매 프로세스 지도는 "당신은 어떻게 그 과제를 수행할 것인가?"라는 질문에 대답한다.

- 갭 분석 = 당신은 어디로 갈 필요가 있는가?
- 매출 계획서 = 무엇이 당신을 그곳으로 데려다줄 것인가?
- 판매 프로세스 지도 = 당신은 어떻게 그 과제를 수행할 것인가?

우리는 규모가 큰 회사들을 상대로 컨설팅 작업을 하면서 이 세 가지 단계를 개발했다. 그러나 우리는 규모의 수준이 제각각인 모든 회사들을 대상으로 이것들을 활용했다. 당신의 회사도 정기적으로,

즉 한 분기에 한 번씩 이 세 가지 단계의 과정을 실천함으로써 회사가 지금 제대로 방향을 잡고 나아가는지 그리고 그 길로 가면 원하는 목적지에 도착할 수 있는지 확인한다면, 커다란 이득을 볼 수 있을 것이다.

당신이 세우는 모든 계획의 핵심에는 또 다른 질문이 도사리고 있다. 그 질문은 바로 이것이다.

"어떻게 하면 매출을 발생시킬 수 있을 것인가?"

이 질문은 비전, 집중, 행동을 적용할 수 있는 워낙 강력한 것이며, 사업을 구축하는 데 중심적인 사항이다. 우리는 이것을 '사업 전략의 핵심'이라고 생각한다. 사실 우리는 이 책의 나머지 대부분을 매출액을 높이는 데 할애하고자 한다. 하지만 그 전에 우선 또 하나의 보편적인 법칙을 살펴볼 필요가 있다.

3부

보상의 법칙

사과 씨를 뿌려 놓고 배가 열리기를 기대하지 말라!
일과 사업에서 원하는 보상을 얻으려면,
거두고 싶은 바로 그 열매의 씨앗을 뿌려야 한다.

11장

보상의 법칙

당신이 무슨 일을 하든 그 일로 돈을 벌고 싶다면 보상의 법칙을 절대로 피해갈 수 없다.

앞에서 우리는 끌어당김의 법칙, 잉태의 법칙, 행동의 법칙 등 우리 삶을 지배하는 위대한 법칙들을 살펴보았다. 그런데 살펴볼 법칙이 하나 더 있다. 그것은 바로 '보상의 법칙Law of Compensation'으로, 꿈에 그리던 사업을 일으켜 세우기 위한 올바른 전략과 전술을 선택하는 비밀을 담고 있다.

보상의 법칙은 원인과 결과가 시장에서 어떻게 작동하는지를 설명한다. 돈으로 하는 보상은 결코 우연하게 일어나지 않는다. 일련의 특정한 환경, 즉 원인이 자연스럽고도 당연한 결과로 귀결된 것이다. 만일 올바른 환경을 정확하게 만들어 내기만 하면, 원하는 바람직한 결과가 자동적으로 나타난다는 말이다. 보상의 법칙은 '올바르다'는 특정한 그 환경을 다음과 같이 설명한다.

보상은 당신이 제공하는 것을 충분히 많은 사람이 원할 때 나타난다.

너무도 간단하지 않은가? 다른 우주적인 법칙들과 마찬가지로 보상의 법칙 역시 믿을 수 없을 정도로 강력하다. 이 법칙을 탐구하면 할수록, 이 놀라운 단순성 속에 숨어 있는 성공의 열쇠들은 더 많이 드러난다.

당신이 제공하는 것, 즉 제품이나 서비스 형태의 상품은 당신이 가지고 있던 생각의 결과다. 그 생각은 보상의 씨앗이다. 만일 당신이 선명하고 생생하게 초점이 맞추어진 어떤 생각을 하고 있다면, 그리고 이 생각이 사람들이 너무도 간절하게 원하기 때문에 당신이 매긴 가격이라면, 얼마든지 사고자 하는 것과 일치하는 상업적인 제안으로 전환되었다면, 당신은 이미 보상을 창조했다. 간단하게 말하면, 당신의 생각은 원인이고 보상은 거기에 따른 결과다. 우주의 모든 것이 다 그렇듯이 당신이 하는 사업의 성공은 하나의 생각에서 출발한다. 하지만 그 생각이 아무리 강하고 선명하고 생생하고 유효하다 하더라도 단순히 생각을 가지고 있는 것만으로는 부족하다. 사람들이 그것을 원해야 한다. 그리고 이런 일이 일어나려면, 사람들이 그것에 대해서 알아야 한다.

당신이 가지고 있는 사업 아이디어는 아직 실용적인 어떤 것이 아니다. 사실 당신이 가지고 있는 사업 아이디어가 충분히 개발되었다 하더라도, 다시 말해서 자본 투자, 연구 개발, 설계, 설비, 인력 등의 요소가 실현되었다고 하더라도 아직도 사업이라고는 할 수 없다. 이 모든 것들이 하나의 생각에서 현실로 전환하는 지점, 다시 말해서 하나의 도토리에서 비로소 상수리나무가 되기 시작하는 바로 그 지점인 마법의 관문은 '고객'이 비로소 등장하는 지점이다.

당신이 제공하는 상품을 원하는 고객이 있을 때 비로소 당신의 사업이 존재한다. 보상은 당신이 제공하는 것을 충분히 많은 사람이 원할 때 나타난다.

이 법칙은 당신이 어떤 일에 종사하든 상관없이 관철된다. 제빵사, 의사, 기업의 CEO, 관리자, 카페 주인, 운동선수, 작가, 컴퓨터 엔지니어 등 어떤 직업을 가지고 있는 사람에게든 다 적용된다. 당신이 무슨 일을 하든 간에 그 일을 통해서 돈을 벌려고 한다면 이 법칙은 어김없이 적용된다.

보상의 법칙과 3가지 충족 요건

보상의 법칙을 세 개의 질문으로 나눌 수 있다. 첫째, 당신이 제공하려는 제품이나 서비스에 대한 강력한 욕망이 시장에 존재하는가? 둘째, 당신이 제공하는 상품은 뛰어난가? 셋째, 당신과 당신의 팀은, 사람들이 값을 치르고 그 상품을 사도록 유인하는 역량을 충분히 갖추고 있는가?

당신이 하는 사업은 다음 세 가지 요건을 충족하는 정도에 따라서 보상을 받을 것이다.

1. 당신이 제공하려는 제품이나 서비스에 대한 강력한 수요 / 욕망이 시장에 존재해야 한다.
2. 당신이 제공하는 제품이나 서비스가 뛰어나야 한다.
3. 당신과 당신의 팀은 당신이 제공하는 제품이나 서비스를 시장에 내다 팔 수 있는 역량을 충분히 갖추어야 한다.

세 번째 요건은 특히 중요하다. 기업계에는 다음과 같은 잘못된 전설이 존재한다.

"좋은 상품을 만들고 타이밍만 제대로 맞다면 소비자는 제 발로 걸어서 당신을 찾아올 것이다."

미안하지만 사실은 그렇지 않다. 절대로 알아서 찾아오지 않는다. 당신에 대해서 알지 못하기 때문에 절대로 그렇게 할 수가 없다. 그리고 올바른 메시지를 가지고 대중에 접근하는 것도 요즘처럼 경쟁이 치열한 사회에서는 쉽지 않다. 소비자는 시장이 전하는 온갖 메시지에 질려 버릴 정도로 흠뻑 젖어 있기 때문에, 당신이 이 난장판 속에서 목표 시장에 접근해서 소비자의 관심을 사로잡으려면 고도로 집중된 노력을 들여야 한다. 이렇게 하지 못한다면 당신의 사업은 성장하지 못한다. 아주 쉽고 간단한 논리다.

당신은 위대한 생각을 가지고 있어야 한다. 그 다음에는 이것을 뛰어난 제품이나 서비스로 전환시켜야 한다. 그리고 마지막으로 시장에 이 상품을 내놓고 소비자에게 파는 데 매우, 아주 매우 능숙해야 한다.

마케팅과 판매, 매출액을 높이는 열쇠

여러 해 전에 존과 나는 우리가 함께 운영하던 부동산 회사에서 가장 좋은 실적을 올리는 직원이 누구인지 조사한 적이 있다. 그런데 한 해에 50만 달러 이상 번 직원들에게 공통점이 하나 있다는 사실을 발견했다. 자기가 가지고 있는 시간 가운데 '최소 80퍼센트'를 잠재적인 고객에게 들인다는 점이었다. 그리고 한 해에 2만 5000달러에서 4만 달러밖에 벌지 못하는 최하위 집단에서도 공통점을 발견했다. 이들은 모두 자기 시간 가운데 고객에게 들이는 비율이 '20퍼센트 이하'였던 것이다.

당신이 하는 사업이 어떤 산업에 속하든 간에, 마케팅과 판매는 사업에서 가장 중요한 기능이다. 어떤 사업에서든 사업을 이끌어가는 엔진은 마케팅과 판매다. 무엇을 하든 간에 당신은 사람들 앞에 나설 수 있어야 한다. 그래야만 사람들이 어떤 정보를 가지고서 당신이 제공하는 상품을 살 수 있다.

'사람들 앞에 나선다'는 것은 여러 가지 다른 뜻을 가질 수 있다. 얼굴을 맞대고 직접 접촉한다는 말이 될 수 있고 전화나 인터넷을 통해서 접촉한다는 말이 될 수도 있다. 또한 SNS, 텔레비전, 라디오, 기타 수십 가지의 온갖 매체들을 통해서 접촉한다는 말이 될 수도 있다. 하지만 방법이야 어쨌든 간에 만일 당신이나 마케팅 및 판매 담당 부서가 가용 시간의 50퍼센트 이상을 잠재적인 소비자에게 들이지 않는다면, 가장 소중한 자원인 당신 자신을 낭비하는 불행한 결과를 맞을 것이다.

혹시 이런 질문을 하는 사람이 있을지도 모르겠다.

"하지만 나에게 그런 힘이 없다면 어떻게 합니까? 마케팅과 판매 분야에는 능력과 자질이 도통 없다면 말입니다."

아주 좋은 질문이다. 만일 그렇다면 그 분야의 능력과 자질을 높이려고 애쓸 필요 없다. 그건 낭비일 뿐이다. 대신 그 일을 잘하는 사람을 찾아라. 그 사람을 고용하든 아니면 이 일을 외주로 돌리든, 또 아니면 동업을 하든 이 문제부터 해결해야 한다.

매일 자문해야 할 3가지 질문

어떤 사업을 하는 사람이든 간에 단 하루도 빠트리지 않고 날마다 자기 스스로에게 하는 질문 세 가지가 있다.

"어떻게 하면 단위 판매량 대비 수익을 더 낼 수 있을까?"

"어떻게 하면 단위 고객 대비 매출액을 높일 수 있을까?"

"어떻게 하면 더 많은 고객을 확보할 수 있을까?"

이 질문들은 모두 사업의 매출액을 높이기 위한 세 가지의 기본적인 방법들과 연결되어 있다. 첫 번째 질문은 각각의 판매를 최적화하는 방법을 모색하고, 두 번째 질문은 각각의 고객을 최적화하는 방법을 모색하며, 세 번째 질문은 사업 전체를 최적화하는 방법을 모색한다.

1. 판매 최적화 = 어떻게 하면 단위 판매량당 수익을 더 낼 수 있을까?

2. 고객 최적화 = 어떻게 하면 단위 고객당 매출액을 높일 수 있을까?

3. 사업 최적화 = 어떻게 하면 더 많은 고객을 확보할 수 있을까?

첫 번째 질문에 대한 해결책은 여러 가지 많이 있다. 가격을 올린다거나 비용을 낮춘다거나 혹은 둘을 동시에 하는 방법이 있다. 관련된 제품들이나 서비스를 하나로 묶어서 팔면 좀 더 높은 가격을 받을 수 있고, 또 반대로 제품이나 부품 그리고 서비스를 각기 따로 팔면 추가 수익을 올릴 수 있다.

두 번째 질문에 대한 해결책 역시 많다. 현재 확보하고 있는 고객을 붙잡으려고 상당히 많은 비용과 노력을 들였다. 그러니 이 기존 고객을 상대로 좀 더 많은 상품을 팔아야 하지 않겠는가? 이렇게 하려면 제품의 가짓수나 서비스의 범위를 늘려야 한다. 기존 고객이 당신의 다른 여러 제품들과 서비스를 알지 못할 수도 있기 때문에 홍보 작업을 더 많이 하는 것도 이런 활동에 포함된다. 고객의 요구를 피드백 받아서 이루어지는 '백엔드back-end' 판매나 판매자가 고객으로 하여금 좀 더 비싼 제품이나 업그레이드된 제품을 구매하도록 하거나 옵션을 추가하도록 하여 판매 이윤을 높이는 판매 기술인 업셀 요소를 첨가할 수도 있다.

다음에 이어지는 여러 장章들에서는 세 번째 질문에 초점을 맞추어서 사업을 성공으로 이끄는 가장 근본적인 문제, 즉 '더 많은 고객을 확보하는 문제'를 본격적으로 파헤칠 것이다. 미리 언질을 주자면, 이 질문을 완전히 새로운 차원에서 다룸으로써 당신이 하는 사업이 불같이 일어나는 한편 돈에 대해 완전한 해방감을 느낄 수 있도록 하고자 한다. 여기에서 우리는 그 질문에 결정적인 단어 하나를 덧붙여서 다음과 같은 새로운 질문을 제시한다.

"어떻게 하면 더 많이 이상적인 고객을 확보할 수 있을까?"

12장

이상적인 고객을
끌어당겨라

이상적인 고객이 어떤 집단인지 포착하라. 그러면 곧 당신은 적게 일하고도 많은, 아주 많은 돈을 벌 수 있을 것이다.

100년 전, 스위스 로잔대학교의 빌페르도 파레토 경제학 교수는 매우 흥미로운 사실을 발견했다. 경제학의 사회정치적 함의에 깊은 관심을 가지고 있던 그는 이탈리아에서 전체 인구의 20퍼센트가 전체 부동산의 80퍼센트를 소유하고 있다는 것을 알아냈다. 많은 세월이 지나면서 파레토 교수가 발견한 내용은 여러 다른 영역에서도 적용된다는 사실이 증명되었고, 마침내 전체 결과의 80퍼센트가 20퍼센트의 원인에서 비롯된다는 파레토의 법칙으로 자리를 잡았다.

80/20 법칙이 인간 활동의 모든 영역을 관철한다는 사실은 쉽게

알 수 있다. 지난 한 주 동안 당신이 받은 이메일을 살펴보라. 아마도 이 가운데 80퍼센트는 당신 이메일 주소록에 있는 사람들의 20퍼센트가 보냈을 것이다. 옷장이나 찬장에서도 똑같은 현상이 일어난다. 옷장의 옷 가운데 20퍼센트를 80퍼센트 비율로 입을 것이고, 찬장의 컵 20퍼센트를 80퍼센트 비율로 사용할 것이다.

비록 이 수치가 정확하게 80퍼센트와 20퍼센트는 아니라 하더라도 전체적인 경향성은 뚜렷하게 일치한다. 어디에서든 그렇다. 북아메리카의 소위 잘나가는 은행들을 대상으로 한 연구 논문들은 전체 은행 고객의 15퍼센트에서 20퍼센트가 전체 은행이 거두는 수익의 95퍼센트를 꾸준하게 발생시킨다는 사실을 밝히고 있다. 그리고 전체 인터넷 사이트의 5퍼센트가 전체 인터넷 사용량의 85퍼센트를 차지한다. 이런 사례는 수도 없이 열거할 수 있다.

16의 힘

파레토의 법칙을 사업에 적용하면, 당신이 올리는 매출액의 대부분은 (대략 80퍼센트는) 당신이 확보하고 있는 고객 가운데 소수가 (대략 20퍼센트가) 발생시킨다고 볼 수 있다. 만일 그 20퍼센트의 고객이 누구인지 정확하게 파악할 수 있다면, 이 법칙을 이용해서 매출액 신장에 들이는 노력을 효과적으로 개선할 수 있다. 예를 들어서, 상위 20퍼센트의 고객에게 더 많은 시간을 들이고 나머지 하위 80퍼센트의 고객에게는 상대적으로 적은 시간을 들여도 된다는 말이다. 이렇게 하면 어떤 결과가 나올까? 80과 20이라는 수치를 좀 더 자세히 들여다보자.

20퍼센트에 속한 사람들이 현재 당신이 기록하는 매출액의 80퍼센트를 발생시킨다. 이것은, 이 집단이 나머지 80퍼센트에 속한 사람들의 집단보다 네 배나 더 많은 매출액을 발생시킨다는 뜻이다. 그런데 자세히 들여다보면 더 놀라운 일이 벌어지고 있음을 알 수 있다. 집단적으로는 네 배의 매출액을 발생시키지만, 상위 20퍼센트에 속한 개별 고객과 하위 80퍼센트에 속한 개별 고객을 일 대 일로 비교하면 전자가 후자보다 열여섯 배나 많은 매출액을 발생시킨다.

그렇다면, 모든 고객이 이 상위 20퍼센트에 속하는 고객과 같은 수준이라면 어떻게 될까? 하위 80퍼센트에 속하는 고객의 자리를 상위 20퍼센트에 속하는 고객들로 채운다면 어떻게 될까? 아마도 매출액은 지금보다 열여섯 배 늘어날 것이다.

한 걸음 더 나아갈 수도 있다. 상위 20퍼센트에 속한 고객이 최고의 고객이긴 하지만 당신이 생각하는 '이상적인' 고객은 아닐 터이기 때문이다. 만일 이상적인 고객이 어떤 고객일지 정확하게 파악하고 이들로 고객층을 모두 채울 수 있는 간단하고도 실천적인 방법을 찾을 수 있다면 어떤 일이 벌어질지 상상할 수 있는가?

이것이 바로 지금부터 이어질 몇 개의 장章에서 다루고자 하는 주제다.

이익을 복리로 불려 주는
이상적인 고객

'세상의 여덟 번째 불가사의'라고 불리는 '복리複利, compound interest'의 놀라운 힘은 당신도 잘 알고 있을 것이다. 사업에서도 이것과 비슷한 게 있다. 이것은 기하급수적으로 불어나는 복리만큼이나 강력하고 또 많은 점에서 더 중요하다. 그것은 바로 '복리처럼 불어나는 고객compounding customer'이다. 당신이 제공하는 제품이나 서비스에 만족하는 고객은 다른 사람에게 이것을 소개할 것이고, 이 사람도 다시 또 다른 사람들에게 당신 상품을 소개한다. 제품이나 서비스에 만족한 사람이 퍼트리는 입소문보다 더 강력한 힘을 발휘하는 마케팅 요소는 없다. 이것은 누구나 다 아는 사실이다. 하지만 문제는 어떻게 이 입소문을 만들어 내느냐 하는 것이다. 사업가들은 대부분 자기들이 실행하는 것을 개선할 수 있는 방법들을 찾는다. 물론 이것도 유익하고 중요하다. 하지만 또 다른 길이 있다. 매우 결정적인 길이다. 그것은 바로, 우선 올바른 고객을 당신이 끌어당기도록 해야 한다는 것이다.

 이상적인 고객은 당신의 제품이나 서비스를 구매할 뿐만 아니라 이것을 열정적으로 사용하는 사람이다. 이상적인 고객은 당신이 제공해야 하는 상품을 '진정으로 원하는' 사람이다. 이들은 단지 당신의 상품을 사는 데 그치지 않는다. 당신의 상품이 없이는 살아갈 수 없다고 느낀다.

고객이 더 이상적이면 이상적일수록 반품이나 불만은 줄어든다. 그리고 그만큼 더 많은 고객 만족을 실현하게 된다. 일단 올바른 고객에게 올바른 메시지를 전달하기 시작하면, 그들은 당신의 제품을 한 차례 살 뿐만 아니라 앞으로도 계속해서 당신의 제품을 살 것이다. 이들은 평균적인 고객보다 더 많은 매출액을 발생시킬 것이다. 이들은 또 자기가 아는 사람들에게 당신의 상품을 사라고 선전할 것이다. 당신의 이상적인 고객이 어떤 집단인지 포착하라. 그러면 곧 당신은 적게 일하고도 많은 (아주 많은!) 돈을 벌 수 있을 것이다.

그런데 왜 많은 기업가들이 이 놀라운 기회를 제대로 활용하지 않을까? 이유는 자기들의 이상적인 고객이 누구인지 모르기 때문이다.

당신의 이상적인 고객은 누구인가

이상적인 고객을 끌어당길 유일한 방법은, 그들이 누구인지 수정처럼 선명한 그림을 만들어 내는 것이다. 이 과정에서 성공과 실패가 갈린다. 이상적인 고객들이 지금 이 순간에도 당신의 상품을 스쳐지나갈 수도 있다. 만일 당신이 그 선명한 그림을 당신의 뇌 속에 형성해두지 않았다면, 당신의 망상 활성화 체계RAS는 그 고객들을 따로 걸러내지 못한다. 뇌가 어떻게 작동하는지 명심해야 한다. 당신이 찾는 것만 당신 눈에 보인다. 그러니 당신이 원하는 고객이 어떤 존재인지 정확하게 파악해라.

이상적인 고객의 특성은 당신이 하는 사업의 모든 측면에서 절대적으로 중요하다. 우선 제품 개발에 영향을 준다. 당신은 이상적인 고객들이 높이 치는 속성을 제품에 반영하고자 할 것이기 때문이다. 그리고 고객 서비스 개발에도 영향을 준다. 이상적인 고객들이 가장 중요하게 여기는 기준을 충족시키고자 할 것이기 때문이다. 마케팅과 판매에도 영향을 준다. 마케팅 매체를 선택하고 광고 문안을 작성할 때 이상적인 고객의 가치관과 관심을 최대한 고려하고자 할 것이기 때문이다.

이상적인 고객의 특성은 당신이 하는 사업에 중심적인 사항이기 때문에 당신 회사의 모든 직원은 이런 사실을 철저하게 인식해야 한다. 사실, 이상적인 고객에 대한 직원들의 지식 수준이나 이해 수준이 낮은 것이 사업 실패의 가장 흔한 이유이기도 하다.

그럼 일단 "누가 나의 이상적인 고객인가?"라는 간단한 질문에서 시작해 보자. 당신이 생각하는 이상적인 고객이 어떤 사람일지 적어 보자. 한두 문장으로 짧고 간단하게 정리해도 된다. 앞으로 계속 이 내용을 다듬고 또 풍성하게 만들어 갈 것이기 때문이다. 그리고 이 작업이 모두 끝날 즈음에는 처음과 전혀 다르게 바뀔 수도 있다. 아무튼 지금은 당신이 생각하는 이상적인 고객을 당신이 가지고 있는 노트 〈나의 대답〉에 간단하게 묘사해라.

이상적인 고객의 예

몇 가지 사례를 소개하겠다. 어린이집을 운영하는 경우, 식당 및 오락 복합 공간을 운영하는 경우, 그리고 소규모 건축회사를 운영하는 경우이다. 참고로 말하면 이것이 이상적인 고객을 가장 정확하게 묘사한다는 뜻이 아니다. 이런 질문을 던질 때 사람들이 떠올릴 수 있는 가장 보편적인 생각을 적은 것일 뿐이다. 이 사례들에 대해서는 이 장의 마지막 부분에서 다시 심도 있게 살펴볼 생각이다.

어린이집을 운영하는 사람

나의 이상적인 고객은 부지런한 어머니다. 미취학 아동 한 명이나 두 명을 데리고 있고 아마도 직장에 다니며, 가계 소득은 1년에 7만 달러 이상이다.

식당 및 오락 복합 공간을 운영하는 사람

나의 이상적인 고객은 남자다. 나이는 25세에서 45세 사이, 적당한 가격에 친구들과 무리를 지어서 즐거운 시간을 함께 보내길 바라며, 여기에 드는 비용을 여유 있게 지불할 수 있는 사람이다.

소규모 건축 회사를 운영하는 사람

나의 이상적인 고객은 연소득이 10만 달러가 넘어야 하며 가족이 늘어나서 집을 새로 짓고자 하는 35세 미만의 부부이다.

현재의 고객 분석하기

그럼 현재의 고객이 어떤 사람인지 묘사해 보자. 지난 몇 달 동안 당신이 겪었던 고객들을 모두 떠올리고 이들이 가지고 있는 기본적인 정보 예컨대 나이, 성별, 소득 수준 등을 적어라.

- 당신의 현재 고객은 주로 남자인가, 아니면 주로 여자인가? 비슷하게 동수인가, 아니면 어느 한쪽으로 치우쳤는가? 한쪽으로 치우쳤다면 비율은 어느 정도인가?
- 당신의 현재 고객을 예컨대 '35세에서 45세', '10대' 혹은 '자녀를 둔 사람(50대와 60대)' 등과 같이 특정한 연령 집단으로 구분할 수 있는가?
- 당신의 현재 고객은 주로 미혼인가, 아니면 주로 기혼인가?
- 당신의 현재 고객의 추정 소득 수준을 알고 있는가? 모른다면, 어느 지역에 살고 있는지는 알고 있는가? 거주지가 소득 수준과 일치하는 경향이 있기 때문이다.

이런 정보는 이상적인 고객에 접근하고 또 이들에게 무슨 말을 할지 파악하는 데 큰 도움이 된다. 인구통계학적인 정보는 정확한 마케팅 메시지를 만드는 데 엄청난 기여를 할 수 있다. 25세 여성에게 접근하는 방법은 55세 남성에게 접근하는 방법과 전혀 다르며, 기혼자에게 접근하는 방법이 미혼자에게 접근하는 방법과 전혀 다르기 때문이다. 일단 현재의 고객 몇 명을 상대로 해서 직접 조사하기를 권장한다. 적어도 세 명은 되어야 하는데, 열 명 남짓이면 좋다. 좀 더 많은 고객을 조사하면 좀 더 정확한 정보를 얻을 수 있을 것이다. 그리고 이 작업은 직원들에게 맡기고 싶지 않은 종류의 일이다. 고객 조사 내용은 전략 계획을 수립하는 데 결정적으로 중요한 바탕이 되기 때문에 이 작업은 당신이 직접 하고 싶을 것이다.

이 양식은 기업 대 기업B2B과 기업 대 개인B2C 두 종류가 있다는 것을 우선 확인하기 바란다. 대상에 따라서 양식을 이렇게 나누는 이유는, 고객이 기업인 경우와 개인 소비자인 경우에 따라서 질문 내용이 달라질 것이기 때문이다. 예를 들어서 나이나 성별 그리고 결혼 여부는 개인 고객에 해당하는 것이지 기업 고객에는 해당되지 않는 문항이다.

기업을 상대로 하는 조사에는 종업원의 수, 본사의 소재지, 조직 구조 등이 우선적인 관심 대상이다. 종업원의 수나 본사의 소재지는 당신이 다루어야 할 기업 문화를 추정하는 데, 그리고 당신의 마케팅 메시지가 의사 결정권자에게 정확하게 전달되도록 하기 위해서 몇 단계의 논의 절차를 밟아야 할지 파악하는 데 커다란 도움이 된다. 뉴욕에 본사가 있는 기업과 캘리포니아에 본사가 있는 기업 사이에는 커다란 차이가 있다. 그리고 구글을 상대하는 방식과 IBM을 상대하는 방식도 완전히 달라질 것이다.

사례 연구 :
인구통계학적 정보를 무시했던 자동차 보험 회사

우리와 함께 일했던 잭 루에드는 고객 관련 인구통계학이 얼마나 소중한지 생생하게 경험했다. 그는 미국에서 손꼽히는 자동차 보험 회사에 컨설팅을 해주는 일을 맡았다. 회의실에서 그는 마케팅 담당 중역들에게 이상적인 고객을 어떻게 잡고 있는지 물었다. 그러자 마케팅 담당 부사장은 특정 연령 집단과 소득 집단을 댔다. 이 일과 관련해서 잭은 다음과 같이 회상한다.

"아주 우연히 보았습니다. 회의실 책장에 그들의 고객 파일 출력물이 있더군요. 그걸 살펴보았죠. 그런 다음에 그걸 부사장에게 주면서 자세히 한번 살펴보라고 했습니다. 그 사람은 내가 시키는 대로 했습니다. 그 자료를 아주 잠깐만 살펴보아도 알 수 있는 중요한 사실을 그 사람은 모르고 있었던 겁니다. 그 내용은 바로, 그 회사의 고객 가운데 압도적인 다수가 여성이라는 사실이었습니다."

마케팅 담당 부사장은 잭이 했던 질문에 대한 답을 알지 못했던 것이다. 그가 자기 회사의 이상적인 고객을 묘사할 때 그는 사실이 아니라 추정에 근거했다. 그 회사는 자기들이 가진 마케팅 인구통계학적 정보를 살펴보는 아주 작은 수고조차 하지 않았던 것이다. 그 회사는 자기들이 이런 실수를 저질렀다는 사실을 깨달은 다음에는 곧바로 개선 작업에 들어갈 수 있었다. 다음은 다시 잭이 하는 말이다.

"우리는 우편물을 직접 고객에게 발송하는 방법을 썼습니다. 문안은 여성 카피라이터가 썼고, 수신인을 여성으로 했으며, 여성 이미지로 일러스트레이션도 넣었습니다. 그리고 이렇게 새로 마련한 우편물을 여성 고객에게만 발송했습니다. 실제 고객의 인구통계학을 파악하고 이해하고 또 여기에 초점을 맞춤으로써 회사의 매출액은 그해에 약 2000만 달러나 뛰어올랐습니다."

현재의 고객을 인구통계학적 정보를 동원해 분석함으로써 성공을 거둔 사례들이 있지만 당신이 명심해야 할 것이 하나 있다. 인구통계학적인 자료는 매우 가치 있는 정보지만 한계가 있다. 이것으로는 당신의 사업에 넓은 의미에서 기여하는 사람이 누구인지, 그리고 이 소비자를 어디에서 찾을 수 있을지를 알 수 있다. 즉 잠재적인 비전의 보편적인 측면만을 알 수 있을 뿐이다. 하지만 이 정보만으로는 이상적인 소비자를 규정하기가 어렵다. 이 정보만으로는 이들이 원하고 찾는 것이 무엇인지 알 수 없기 때문이다. 그런데 당신이 새로운 고객을 찾아 나선다고 할 때, 당신은 당신이 찾고 있는 사람들과 관련된 인구통계학적인 정확한 정보를 가지고 있어서 당신이 어디에서 이 고객들을 찾아야 할지 결정하는 데 도움을 받을 수 있다.

어느 집단을 이상적인 고객으로 삼아야 할지는 당신이 판단해야 한다. 어떤 기업이든 모든 고객을 다 만족시킬 수는 없다. 또 그렇게 하려고 애를 써서도 안 된다. 인구통계학적인 정보만으로는 한계가 있을 때 '사이코그래픽스psychographics'(시장을 분류할 때 쓰이는, 소비자의 생활 양식과 관련된 내용 - 옮긴이) 정보를 수집하는 게 중요하다. 이것이 바로 당신이 설문조사를 하는 궁극적인 목적이다.

사이코그래픽스 정보

기본적인 인구통계학적인 정보에다 사이코그래픽스 정보를 추가하면 고객 관련 사항을 더욱 입체적으로 파악할 수 있다. 인구통계학적인 정보는 당신이 제공하는 제품이나 서비스를 구매하는 고객들의 능력, 필요 사항, 관심을 드러내 주는 여러 가지 특성들을 보여 주는 데 비해서, 사이코그래픽스는 이들이 당신의 상품을 구매하는 이유와 동기를 파악하는 데 도움을 준다. 인구통계학적인 정보는 당신의 상품을 사는 사람이 '누구인지' 설명하지만, 사이코그래픽스 정보는 그들이 '무슨 이유로' 당신의 상품을 사는지 설명한다.

당신의 고객은 특별히 원하는 게 있기 때문에 당신이 파는 것을 산다. 당신이 할 일은 이들이 원하는 것을 알고, 이해하고, 해결해 주는 것이다. 고객들은 특정한 사업에 따라서 매우 다양하게 존재할 것이기 때문에 이들이 정확하게 어떤 사람인지 아는 게 매우 중요하다.

이런 설문조사를 하려고 고객들에게 전화를 걸 때는, 우선 당신이 하는 일을 더욱 나은 수준으로 개선하는 것이 목적이라고 말해라. 그 다음에 설문조사에 응해 줄 수 있는지 물어라. 그리고 설문에 응해서 몇 분 동안 시간을 내어 준다면 할인이나 쿠폰 제공 따위의 작은 선물을 줄 것이라고 제안해라. 당장 시간을 낼 수 있다고 하면 가장 좋다. 하지만 당장은 시간을 낼 수 없다고 하면 그들이 편한 시각으로 약속을 잡아라.

그리고 설문조사로 들어가면, 당신의 고객이 된 후 경험한 일들과 관련해서 몇 가지 간단한 질문을 던져라. 어쩌면 당신은 인구통계학적인 정보 가운데 상당 부분을 이미 잘 알고 있을 수도 있다. 전화 통화의 진짜 목적은 이름과 주소, 나이 따위의 주관적인 정보 너머에 있는, 고객의 바람과 주관적인 경험 따위의 사이코그래픽스 정보를 수집하는 것이다. 이런 정보는 다음과 같은 질문을 해서 얻을 수 있다.

- 우리 고객이 된 이유가 무엇입니까? 왜 우리와 거래를 합니까?
- 우리 사업에서 가장 마음에 드는 것은 무엇입니까?
- 우리가 제공하기를 바라는 다른 어떤 제품이나 서비스가 있습니까?
- 만일 우리 사업에 원하는 게 있다면 무엇입니까?
- 우리 사업에서 '가장 마음에 들지 않는 것'은 무엇입니까?

마지막 질문을 하면 사람들은 보통 모두 다 좋아서 마음에 들지 않는 게 없다고 말한다. 하지만 쉽게 포기하면 안 된다. 당신은 지금 고객에게 당신의 문제를 해결해 달라고 부담을 주는 것이기 때문에 좀 더 구체적으로 접근해서 부담을 덜어 줘야 한다.

"우리 회사와 거래하면서 가장 불편한 점이나 분통이 터지는 일이 무엇입니까? 이 문제와 관련해서 같은 업종에 있는 다른 회사와 비교하면 어떻습니까?"

이렇게 해서 아무리 작고 사소한 것이라 하더라도 당신 회사와 거래를 할 때 마땅치 않았던 것을 찾아내야 한다.

'예'나 '아니오'의 대답이 돌아올 수 있는 단답형의 질문이 아니라 포괄적인 질문을 해야 한다. '예'와 '아니오'라는 대답만으로는 많은 것을 알아낼 수 없다. 지금 당신에게 필요한 것은 유용성이 높은 정보다.

여기까지 왔으면 이제 좀 더 깊이 있게 들어가서, 다른 유형의 여러 사업들에 대해서 질문해라. 채소 가게, 세탁소, 식당, 카페, 병원, 쇼핑몰 등을 이용할 때 가장 분통 터지는 일이 무엇인지 물어라. 이 과정을 통해서 흔히, 보통은 잘 채워지지 않은 중요한 요구(혹은 바람)를 파악하기도 한다. 일단 숨어 있던 어떤 좌절 경험을 발견하면, 당신의 회사에서는 이미 그런 요소를 제거했다는 사실을 알릴 수 있는 여러 가지 방안을 모색할 수 있다. 그런데 누군가 이런 질문을 할 수 있다.

"이런 것들을 모두 다 할 필요가 정말 있습니까? 고객에게 전화를 걸어서 이것저것 물어보라……. 글쎄요, 내 생각에는 나는 이미 고객들을 충분히 안다고 생각하거든요. 그렇지 않나요? 한두 번 거래를 해본 것도 아닌데 말입니다."

아니다. 그래도 해야 한다. 이 모든 것들이 다 필요하다. 다른 업체들과의 경쟁에서 멀찌감치 앞서가려면 반드시 거쳐야 하는 과정의 한 부분이다. 이렇게 할 때 당신 회사는 업계에서 특별한 최고의 위치를 차지할 수 있다. 이유가 뭘까? 비록 당신은 고객이 원하는 것을 안다고 생각할지 모르지만 실제로는 당신 생각만큼 그렇게 많이 알지 못하기 때문이다.

우리 고객 가운데 한 사람은 인물 사진 작가였는데, 이 사람은 자기 고객들은 일을 빨리 끝내고 가격이 저렴하고 기술적인 전문성이 높은 점을 높이 친다고 믿었었지만, 고객 몇 사람과 이런 설문조사를 한 뒤에 고객들 가운데 그런 요소들을 언급하는 사람이 거의 없다는 사실을 알고는 깜짝 놀랐다. 사실 그의 고객들이 가장 중요하게 여기고 또 그에게서 가장 높이 평가했던 점은 그의 창조성이었다. 그는 조명과 카메라 각도 구사에 능숙했을 뿐만 아니라 잘 집중하지 못하는 어린아이들을 달래서 카메라를 바라보게 하는 데 탁월한 재주를 발휘했던 것이다. 미처 알지 못했던 이 한 가지 사실을 새로 아는 것만으로도 그는 고객이 원하는 것을 만족시키기 위한 여러 가지 방법들을 새로 마련하면서 경쟁자들을 확실하게 따돌릴 수 있었다.

이 과정이 발휘할 수 있는 힘을 믿어라. 그리고 이 설문조사 작업에 시간을 투자해라. 당신의 경쟁자들 가운데 이 작업을 하는 사람은 거의 없다는 사실도 당신에게 유리한 점이다.

현재의 고객과 이상적인 고객 사이의 갭 분석

설문 내용 가운데 사이코그래픽스 부분은, 고객이 당신과 거래하면서 가장 중요하게 여기는 요소들이 어떤 것인지 알려줄 질문 항목들을 담고 있다. 인구통계학적 정보를 마무리한 다음에는 사이코그래픽스 부분으로 넘어가서 각각의 소비자에게 적용될 수 있는 특성들을 본인의 생각에 따라서 미리 표시해라(이것은 연필로 하는 게 제일 좋다. 설문 과정을 되짚어보면서 마음이 바뀔 수도 있다). 그리고 설문을 끝낸 뒤에는 앞서 표시한 목록을 다시 검토해라. 그리고 이 고객에 대한 정보 및 판단이 최선이라고 생각하면, 고객이 가장 중요하게 여긴다고 생각하는 다섯 가지 특성을 적고 고객의 선호에 따라서 1부터 5까지 순위를 매겨라.

모든 설문을 마친 뒤에 설문조사 양식들을 나란히 펼쳐 놓고 당신이 획득한 정보를 살펴보아라. 그리고 다양한 표본들 가운데서 공통으로 드러나는 항목은 따로 표시를 해라. 당신은 지금 당신의 사업이 현재 끌어당기고 있는 전형적인 고객의 특성을 보고 있는 셈이다. 하지만 이렇게 해서 드러난 고객이 당신이 끌어당기고자 하는 이상적인 고객과 필연적으로 일치하지는 않는다. 확인이 필요하다.

지금부터는 확인하는 작업에 들어간다. 우선 아무것도 기입하지 않은 빈 조사서 양식을 한 장 꺼내서 맨 위에 "고객 특성 요약"이라고 제목을 적어라. 그리고 당신이 조사한 모든 고객들의 모든 모습을 합친 평균적인 내용을 적어 넣어라. 그리고 이번에는 또 다른 조사서 양식을 한 장 꺼내서 맨 위에 "이상적인 고객"이라고 제목을 적어라. 이번에는 당신이 이상적인 고객에게서 '기대하고 바라는' 상위 다섯 가지의 사이코그래픽스 특성을 적어라. 그리고 이 두 개의 목록을 비교해라. 일치하는가? 일치하지 않는다면, 당신의 현재 고객은 이상적인 고객이 아니라는 뜻이다. 그리고 이제 당신은 어떤 고객을 찾아야 할지 명확한 상을 가지고 있기 때문에, 이상적인 고객을 목표로 삼아서 이들을 끌어당기는 데 훨씬 유리한 위치에 선 셈이다.

사례 연구 :
헬스클럽 '펀더멘탈 피트니스'

수전 토마스는 동네의 한 헬스클럽을 인수했다. 인수한 뒤에야 그녀는 해야 할 일이 무척 많다는 사실을 깨달았다. 예전 주인이 운영을 아무렇게나 한 바람에 헬스클럽의 사정은 심각할 정도였다. 전면적으로 새로 정비를 해야 했다. 예전 주인이 여러 해 동안 거의 신경을 쓰지 않은 바람에 이 헬스클럽에 대한 인식도 좋지 않았고 기록 보존 체계나 기타 여러 운영 체계들도 낡은 옛날 방식이었다.

인수 다음 해에 수전이 처음 우리를 찾았을 때, 우리가 맨 먼저 그녀에게 제시했던 조언은 그녀가 생각하는 이상적인 고객이 어떤 사람인지 파악하라는 것이었다. 수전은 그때를 생각하면서 이렇게 말한다.

"나는 이상적인 고객이라는 생각을 그때까지 단 한 번도 해본 적이 없었습니다. 그저 우리 헬스클럽에 오시는 분들을 모두 만족시키려고만 최선을 다했거든요. 그런데 머레이가 나한테 이러는 겁니다.

'만일 모든 사람에게 모든 것을 만족시키려고 하면 결국 모든 사람에게 단 하나의 만족도 주지 못한다.' 그래서 나는 고객에게서 진정으로 바라는 게 무엇인지 나 자신에게 묻기 시작했습니다."

헬스클럽을 운영하는 사람들은 대부분 회원권을 산 회원 가운데 상당한 수의 사람들이 회원권만 살 뿐 운동하러 헬스클럽에는 나타나지 않는다는 사실을 잘 알고 있기 때문에, 회원권을 최대한 많이 판매한다. 수전은 이상적으로 생각하는 고객을 헬스클럽에 와서 시설을 이용하고 운동하는 사람으로 설정했다.

"나는 우리 헬스클럽이 목표로 설정해야 할 고객은 특정한 유형이어야 한다고 바랐습니다. 운동하면서 몸을 다듬고 가꾸고자 하는 열망이 있는 사람, 그리고 이 일에 어느 정도의 시간과 돈을 기꺼이 댈 마음이 있는 그런 사람요. 아침에 후다닥 달리기 한 번 하고 가는 게 끝인 사람이 아니고 말입니다."

수전은 자기가 찾는 고객이 어떤 유형인지 파악한 뒤, 헬스클럽의 웹사이트에 그 내용을 구체적으로 적었다. 그 내용은 다음과 같다.

펀더멘탈 피트니스의 이상적인 고객 목록
- 삶의 질을 높이고 싶다는 강한 바람을 가진 사람
- 굳은 의지를 가진 사람
- 전문가들의 조언이 얼마나 소중한 가치를 지니는지 이해하는 사람
- 신체 기능을 개선하고자 하는 바람 혹은 필요성이 있는 사람
- 몸을 건강하게 단련하고 기분 좋은 나날을 보내고자 하는 사람

- 건강 문제로 부담해야 하는 진료비를 줄이고자 하는 사람
- 자기 건강에 장기적으로 기꺼이 투자를 할 수 있는 사람
- 상호 신뢰와 존경을 바탕으로 한 인간관계를 맺고자 하는 사람
- 전문가의 조언을 기꺼이 잘 따르는 사람
- 최저가가 헬스클럽 선택의 기준이 아닌 사람
- 자기의 몸 상태 수준이 훌륭하든 혹은 그렇지 않든 상관없이, 편안 하다는 느낌을 주는 헬스클럽을 찾는 사람

수전이 우리를 찾은 지 6개월이 채 되지 않았을 때, 펀더멘탈 피트니스의 회원 수는 두 배로 늘어났고 매출액도 240퍼센트나 올랐다. 그리고 금상첨화로 그녀는 자기가 좋아하는 일을 하고 있으며, 또 고객들에게 평생 유지될 건강을 제공함으로써 이루 말할 수 없이 커다란 만족감을 느낀다.

수전의 고객이 필요로 하고 또 바라는 것은 수전의 열정과 완전히 일치한다. 이렇게 해서 펀더멘탈 피트니스는 그녀가 꿈에 그리던 사업체가 되었다. 수전의 펀더멘탈 피트니스에 대해서는 다음 장에서 다시 또 언급하면서, 수전이 이상적인 고객을 확정하는 동안 혁신을 단행할 수 있는 몇 가지 강력한 방안들이 그녀 앞에 선명하게 떠오른 과정을 살펴볼 생각이다.

사례 연구 :
'마운틴 선 아키텍처'의 비전보드

데이비드 클라크는 뉴멕시코에서 건축회사 '마운틴 선 아키텍처'를 설립했다. 회사 설립 7년 후, 그는 우리에게 도움을 청했다. 우리는 그에게 어떤 사람을 이상적인 고객으로 생각하는지 물었다. 그가 했던 다음 대답을 듣고 우리는 그가 어떤 사람인지 그리고 왜 우리를 찾았는지 금방 알 수 있었다.

"좋은 회사라면 전체 거래의 약 70퍼센트는 기존 고객과 하는 거래입니다. 그런데 지난 7년 동안의 고객들을 살펴본 결과, 처음 우리와 거래한 뒤에 다시 우리를 찾은 사람의 비율은 10퍼센트도 되지 않습니다."

현재의 고객 대부분은 인근 지역의 고객들이었다. 이들은 한 번 자기 집을 짓고 나면 더는 따로 수리를 받을 필요도 없었다. 이 말은, 그는 끊임없이 신규 고객을 개발해야 한다는 뜻이었다.

"존과 머레이는 내가 가장 선호하는 고객이 어떤 사람들인지 물었습니다. 누가 계속해서 일거리를 제공해 줄 것이냐는 질문이었습니다. 누굴까요?"

개발업자였다. 이들은 주기적으로 새로운 건축 사업을 시작했다. 상업용이든 주거용이든 이들은 끊임없이 새로운 사업을 시작했다. 데이비드는 환경 친화적인 방식에 관심을 가지는 몇몇 개발업자 고객들과 새로이 인간관계를 맺는 데 주력했다. 이런 작업은 그의 사업을 혁명적으로 바꾸어 놓았다.

데이비드는 "지금 와서 보면 너무도 명백한 사실인데, 이 사실을 깨닫는 데 어떻게 7년이라는 긴 시간이 걸렸을까?"라는 질문을 자기 자신에게 던졌고, 이때 그는 엄청나게 놀라운 사실을 깨달았다. 그 질문의 답은 '믿음'이었던 것이다.

"재정적으로 엄청난 부담에 짓눌려 있었기 때문에 이상적인 고객이라는 개념에 집중해 본 적이 없었습니다. 빚을 많이 지고 있었으며, 또 빚더미에서 벗어나려면 길고 힘든 시간을 싸우며 버텨내야만 한다고 믿었기 때문입니다. 돈을 좇아야만 한다는 강박 관념에 사로잡혀 있었기 때문에 '아무 고객'이나 무조건 환영이었고 이상적인 고객을 생각하고 따질 여유가 없었습니다."

그러다가 데이비드는 자기가 가진 여러 가지 재능에 대한 일련의 새로운 믿음을 만들어 내기 시작했다. 이런 노력 속에는 자기가 기술적으로 매우 뛰어난 유능한 사업가며 회사를 번영으로 이끌 수 있다는 일련의 자기 확신 내용들을 정리하는 작업도 포함되었다. 다시 데이비드가 한 말이다.

"내가 만들어 낸 그림은 나에게 완전히 낯설었습니다. 하지만 나는 그 안으로 나를 깊이 밀어 넣었습니다."

그는 자기 집을 비전보드로 온통 도배하다시피 했다. 그리고 얼마 뒤에는 완전히 새로운 규모의 흥미 있는 여러 건설 사업과 관련된 일을 따내려고 입찰에 나섰다.

그런데 여기에서, 설문조사를 할 때 확인할 필요가 있는 요소가 하나 더 있다는 사실을 분명히 해줄 필요가 있을 것 같다. 그것은 바로 의사 결정권자가 누구인지 알아내는 것이다.

구매 의사 결정권자를 파악하라

고객을 상대로 설문조사를 할 때, 당신의 상품을 구매하는 과정에서 누가 어떤 역할을 하는지 정확하게 파악하는 것이 중요하다. 대부분의 상품 거래에서 세 가지의 역할이 존재한다. 구매 관련 의사 결정을 내리는 사람, 구매 결정에 영향을 주는 사람(영향자), 그리고 실제로 제품이나 서비스를 사용하는 사람이 바로 그 역할들이다. 그런데 대부분의 회사는 여기에 대해서 깊이 있게 생각하지 않고, 결국 나중에는 후회한다.

예를 들어서 당신의 이상적인 고객은 기혼자이며 자녀가 둘인 여성이라고 당신이 설정했다고 치자. 이런 인구통계학적인 조건을 만족하는 대부분의 가정에서 가계 지출에 대해서는 보통 아내가 의사 결정권자다. 빨랫감을 세탁소에 맡긴다거나, 가전제품을 산다거나, 식품을 산다거나 하는 일은 모두 아내가 혼자 알아서 결정한다. 그리고 남편은 전형적으로 '영향자'다. 남편은 그런 일을 하길 꺼리지만 아내의 구매 결정을 최종적으로 승인하고 싶어 한다. 두 사람은 또한 동시에 어떤 제품이나 서비스에 대한 '사용자'다.

당신이 피자 체인점 하나를 운영한다고 치자. 당신의 고객은 특정

소득 수준의 가족이다. 당신은 이 가족에게 어떻게 피자를 팔 것인가? 이 질문에 대한 대답을 구하기 전에, 우선 다음 사항을 좀 더 확실하게 파악해 두자. 이 경우에 누가 의사 결정권자고, 누가 영향자며, 누가 사용자일까?

사용자가 누구인지는 쉽게 나온다. 가족 구성원이 모두 사용자다. 하지만 일반적으로 주문하는 사람은 부모이므로 부모가 의사 결정권자다. 하지만 아이들은 어떨까? 아이들은 의사 결정을 하지 않을 수는 있지만 이 결정에 영향을 미치는 것은 분명하다. 사실 아이들은 단순한 영향자일 수도 있지만 때로는 매우 강력한 영향력을 행사하는 영향자다. 만일 피자 매출액을 늘리고 싶다면, 아이들이 좋아할 만한 공짜 디저트를 주문받은 피자를 배달할 때 함께 제공해라. 그러면 아이들은 다음에도 부모에게 당신 가게에 피자를 주문하라고 영향력을 행사할 것이다.

마케팅과 판매를 효과적으로 하기 위해서는 당신이 접근해야 할 대상이 누구인지 알 필요가 있다. 여기에는 당연히 고객이 포함된다. 하지만 고객에 한정될 필요는 없다. 제품이나 서비스의 최종 사용자가 구매 과정에 참여한 사람에만 국한되지는 않기 때문이다. 예를 들어서 남성 고객을 상대로 하는 보험 상품이 있다고 치자. 그런데 이 상품의 구매 과정을 자세하게 들여다보면 보험 상품을 평가하고 그 상품에 가입하는 최종 결정을 내리는 사람은 아내나 여자 친구라는 사실을 알 수 있을 것이다. 이런 사실이 드러난 이상, 이 보험 상품에 대한 마케팅 광고는 여성을 향하게 된다. 비록 이 여성이 그

보험 상품의 최종적인 사용자가 아님에도 불구하고 말이다.

이런 상황은 특히 기업 사이의 거래에서 흔하다. 사실 사업하는 사람이라면, 당신이 제공하는 제품이나 서비스의 사용자도 아니면서 이 상품의 구매에 영향을 미치고 또 구매 결정을 하는 사람을 상대해야 하는 경우가 많았을 것이다. 그리고 또 구매 상담 혹은 구매 협상을 하는 사람이 최종적인 구매 결정을 내리기 전에 자기 윗사람이나 사장에게 허락을 받는 경우도 흔하게 볼 수 있다.

예를 들어서 당신이 어떤 대형 기업에 당신의 서비스를 팔려고 한다 치자. 하지만 실제로 당신이 물건을 파는 상대는 중간관리자다. 이 사람이 가장 우선적으로 원하는 게 무엇일까? 그것은 회사에서 잘리지 않고 살아남는 것이다. 이런 사실을 당신이 미리 안다면, 당신은 이 사람을 설득할 계획을 세울 것이다. 심지어 당신의 제품이나 서비스에 대한 최종 구매 결정을 내릴 사람에게 영향력을 행사할 수 있도록 (이런 기회는 당신에게는 돌아오지도 않는다!) 이 사람을 훈련시킬 수도 있다. 이 중간관리자는 당신의 상품을 자기 윗사람이나 사장에게 팔 준비가 되어 있을 뿐 아니라, 그들에게도 좋은 인상을 줄 것이다. 사실 이것이야말로 그 중간관리자가 가장 원하는 것이다.

중력, 상상력, 분석력을 동원해서 다시 한번 선명한 이미지를 만든다. 그리고 이 이미지를 규정하고 또 이것을 무의식적인 뇌에 각인시킬 때, 끌어당김의 법칙은 이것을 당신의 삶 속에 그리고 당신의 사업 속에 생생하게 살려 놓을 것이다. 어떤 비전이든 일단 이 비전의 그림이 예리한 초점에 잡히면, 당신은 무의식적으로 당신 안과 또 밖에 있는 모든 자원들을 정렬시켜서 이 그림을 현실에서 구현되게 할 것이다.

그럼 이제 이 고선명 렌즈를 당신이 시장에 내놓는 상품에다 대고, 그것이 이상적인 고객의 최대 기대치에 필적하도록 해보자.

이상적인 고객을 끌어당기는 법

1. 이상적인 고객 설정
2. 현재 고객 분석하기
   – 인구통계학적 정보 / 사이코그래픽스 정보
3. 현재 고객과 이상적인 고객의 갭 분석
4. 구매 의사 결정권자 파악

사례 연구 :
고객 뒤에 숨은 의사 결정권자
'데이브 앤 버스터 캐나다'

머레이가 식품 및 오락 복합 공간을 운영하는 회사인 '데이브 앤 버스터 캐나다'를 방문했을 때 이 회사는 많은 문제를 안고 있었다. 처음 회사 문을 연 이후로 판매고는 계속 떨어졌다. 주된 이유 가운데 하나는 목표 고객을 잘못 설정한 것이었다. 이 회사의 핵심 목표 고객층은 25세에서 45세 사이의 남성이었다. 이 회사는 이들을 이상적인 고객이라고 생각했기 때문이다. 그런데 머레이가 지휘하는 팀이, 이들 고객이 매장으로 나오게 하는 실질적인 의사 결정 과정을 면밀하게 살펴본 결과, 놀라운 사실을 발견했다. 그 고객층이 지배적인 의사 결정권자가 아니라는 사실이었다. 남자와 여자가 데이트를 하려고, 한 가족이 즐거운 식사를 하려고, 혹은 생일잔치나 기업 행사와 같은 특별한 행사를 할 장소를 결정하는 사람은 누구일까? 이 회사가 제공하는 상품에 대한 구매 결정을 하는 사람은 대부분 여성이었다.

머레이의 팀은 이 회사가 남성보다 여성을 상대로 마케팅하는 게 훨씬 유리할 것이라고 판단을 내렸다. 그래서 이 회사는 특정한 인구통계학적인 기준을 갖춘 여성들을 주된 마케팅 대상으로 삼았다. 이런 변화 덕분에 겨우 여덟 달 만에 이 회사의 평가액은 100만 달러에서 800만 달러로 늘어났다.

이상적인 고객의 특성

기업은 대부분 더욱더 많은 고객을 끌어들이려고 엄청난 시간과 돈과 노력을 들인다. 하지만 단순히 '더 많은' 고객의 요구에 응하는 것은 '더 적절한' 고객의 요구에 응하는 것만큼 기업을 성공의 길로 이끌지는 못한다. 당신의 회사를 더욱 적절한 고객들과 연결할 때 이 고객들은 당신이 제공하는 상품을 살 뿐만 아니라 당신 회사와 당신 회사의 홍보 대사 역할을 하면서 '새로운 고객을 창출'할 것이다. 시장 조사를 하고 이상적인 고객을 가능하면 선명하고도 정확하게 규정하는 일이 중요한 이유가 바로 여기에 있다.

자, 그럼 이제 당신이 생각하는 이상적인 고객의 특성을 정리해보자. 이 장 맨 앞에서 당신이 적었던 내용을 참고해라. 고객 설문 조사를 바탕으로 요약한 결과를 되짚어보고 당신이 생각하는 이상적인 고객에게서 바라고 기대하는, 순위를 정한 사이코그래픽스 특성 목록을 다시 한번 살펴보라. 이 모든 정보를 염두에 두고 이상적인 고객에 대한 그림을 새로 그려라. 가능하면 정확하고 상세하며 완벽할수록 좋다.

당신이 지금 하고 있는 작업이 무슨 작업인지 알고 있는가? 당신은 지금 '또 하나의 비전보드'를 만들고 있다. 이번에는 당신이 소망하는 사업을 그리는 게 아니다. 이 사업이 끌어당기는 '당신이 소망하는 고객'을 그리는 것이다.

당신은 전두엽이라는 돋보기와 전두엽이 가지고 있는 놀라운 집

13장
고객의
핫버튼을 찾아라

필요로 하는 것과 원하는 것, 어느 것이 더 힘이 셀까? 고객의 바람은 고객의 필요성보다 훨씬 더 강력한 힘을 시장에서 발휘한다.

지금까지 우리는 이상적인 고객이 원하는 것에 대한 거시적인 그림을 그렸다. 이제부터는 좀 더 구체적으로 살펴보자. 이상적인 고객을 찾고, 그 다음에 올바른 마케팅 메시지를 만들고, 이것이 이상적인 고객에게 가닿게 하고 또 그들을 당신의 사업으로 끌어당기려면 더욱 많은 그리고 세분화된 사이코그래픽스 정보가 필요하다. 당신은 고객이 무엇을 필요로 하고 또 무엇을 원하는지 철저하게 알아내야 한다.

'필요로 한다need'는 것과 '원한다want'는 것이 비슷하게 들릴 수도 있지만 사실은 밤과 낮만큼이나 다르다. 예를 들어 보자. 나는 출퇴근할 때 타고 다닐 새 자동차를 필요로 하지만 내 통장에는 그럴 만한 돈이 없다. 나는 새 자동차를 원하지 않는다. 왜냐하면 그럴 여유가 없기 때문이다. 하지만 뒤집어서 정리해 보자. 만일 내가 새 자동차를 원한다면, 내가 그 새 자동차를 진정으로 필요로 하는지 상관없이, 아마도 나는 이 소망을 이룰 길을 찾아낼 것이다.

필요로 하는 것과 원하는 것, 둘 가운데 어느 것이 더 힘이 셀까? 만일 당신에게 떼쟁이 어린아이가 있다면 생각할 것도 없이 금방 정답을 맞힐 것이다. 예컨대 당신의 아이가 학교에 입학할 때 입을 새 옷을 '필요로 하고' 또 새로 나온 게임을 '원한다면' 어느 쪽이 더 힘이 셀까? 그리고 우리가 감정을 숨기는 데 아무리 능하다 하더라도 원하는 것과 관련이 있을 때는 비록 어른이라 하더라도 아이들과 크게 다르지 않다. 아무리 '에어팟' 신제품이 출시된다 하더라도 이것을 진정하게 '필요로 하는' 사람은 없다. 그러나 하지만 얼마나 많은 사람들이 이것을 원하는가. 그리고 또 얼마나 많은 사람들이 실제로 사는가! 나이와 상관없이, 그리고 인구통계학적 내용과 상관없이 '바람'은 '필요성'보다 시장에서 훨씬 더 강력한 힘을 발휘한다. 그렇기 때문에 바로 이 지점에 마케팅 메시지를 집중해야 한다.

우리는 12장에서 수집한 사이코그래픽스 정보를 가지고서 고객의 필요성과 바람이 무엇인지 규명하는 작업을 했다. 자, 이제부터는 현재 고객의 선택을 좌우하는 가장 긴급한 '핫버튼hotbutton'들로는 어떤 것들이 있는지 규명함으로써 이 문제를 깊이 파헤쳐 보자.

고객의 선택을 좌우하는 핫버튼

핫버튼은 대부분의 사람들이 당신과 거래할 생각을 할 때 가장 염두에 두는 자기 안의 어떤 문제나 좌절감, 그리고 관심사다. 고객들의 핫버튼은 이들이 당신의 고객이 될 수 있는 가장 강력한 이유다. 사람들은 모두 개성이 다른 개별적인 존재이기 때문에 핫버튼은 사람마다 각기 다 다르다고 쉽게 생각할 수 있다. 하지만 어떤 주어진 제품이나 서비스를 구매하는 이유와 관련해서는, 특정한 산업 분야별로 사람들이 모두 몇 개 되지 않는 핫버튼을 동일하게 공유하는 경향이 있다는 사실이 밝혀졌다.

당신은 이삿짐센터 예약 담당자나 항공사의 예약 담당자 혹은 지붕을 수리해 주는 업체에 전화를 할 때 어떤 기대감을 가지는가? 어떤 결과가 있기를 가장 바라는가? 아마 당신은 짐이 파손되지 않고 빠르고 정확하게 옮겨질 것을 기대할 것이다. 예약 사항이 정확하게 기재되어서 오래 기다리지 않아도 되길 바랄 것이다. 단 한 번의 시공으로 완벽하게 지붕이 보수되어 다시는 물이 새지 않기를, 그리고 공사 비용이 예상치와 크게 다르지 않기를 원할 것이다. 이것은 당신뿐만 아니라 다른 고객들도 마찬가지다.

너무 간단하게 들리지 않는가? 실제로 간단하다. 하지만 수많은 회사들이 자기들 고객의 핫버튼이 정확하게 무엇인지, 자기 회사의 영업 분야에 핫버튼이 무엇을 뜻하는지 그리고 고객의 그런 기대에 부응하기 위한 최상의 방법이 무엇인지 확인하지 않는다. 이런 의문을 통해서 얻은 결론으로 자기들의 이상적인 고객들과 소통할 수 있는 방법을 찾으려 하지 않는 것은 말할 필요도 없다.

다시 한번 말하지만 우리는 지금 선명함과 집중이라는 주제를 다루고 있다. 자, 이제 당신이 하는 사업에서 가장 상위 순번으로 꼽을 수 있는 핫버튼을 세 개 내지 다섯 개 찾아내는 일만 남았다. 이 목록이 개별 회사마다 다 다를 수도 있지만 '특정한 산업' 안에 포함되는 회사들 사이에서는 일치하는 경향을 보인다. 그렇기 때문에 우선 당신 회사가 어느 산업에 속하는지부터 알아보자.

이 분류 작업을 위해서 우리는 서비스 산업, 전문직 산업, 소매 유통 산업, 도매 산업 그리고 기회 산업이라는 다섯 개의 산업 범주 개념을 쓴다.

각 산업을 대표하는 업종을 간략하게 소개하면 다음과 같다. 만일 당신이 하는 사업이 이 목록에 포함되어 있지 않으면, 어떤 특성이 당신의 사업과 일치하는지 살펴보고 당신의 사업이 어느 산업에 속하는지 추정하기를 바란다.

산업 분류

서비스 산업	카센터, 은행, 교육, 부동산, 식품 서비스, 어린이집 등
전문직 산업	광고, 변호사, 회계사, 의사, 치과 의사, 건축가 등
소매 유통 산업	자동차 대리점, 옷가게, 식당, 빵집, 꽃집, 문구점 등
기회 산업	상담, 재택 기업가, 중개인, 직접 판매자, 온라인 서비스 개발자 등
도매 산업	컴퓨터 하드웨어, 제지, 식품 제조, 포장 및 컨테이너 등

가격보다 가치다

이런 이야기를 고객에게 혹은 강연장에서 할 때 즉각 날아오는 질문이 하나 있다.

"그럼 가격은요? 어째서 어떤 목록에서도 가격에 높은 순위를 매기지 않았습니까?"

사업가들은 흔히 고객에게 상품의 가격이 가장 중요한 핫버튼이거나 적어도 상위 3위 안에는 드는 핫버튼이라고 생각한다. 하지만 실제로는 그렇지 않다. 여러 핫버튼들 가운데서도 하위에 속할 뿐이다. 소비자들은 대부분 가격이 높을 때 그만큼의 가치를 충분히 보장해 주기만 한다면 기꺼이 높은 가격을 지불한다.

이로써 우리는 핵심적인 통찰력에 접근할 수 있다. 중요한 것은 가격이 아니라 '가치'라는 사실이다. 가치가 가격을 결정하지 가격이 가치를 결정하지 않는다. 그렇다면 가치란 무엇일까? 정말 중요한 질문이다. 왜냐하면 가치는 상대적인 개념이기 때문이다. 상대적이라면 무엇에 상대적이라는 말일까? 고객이 생각하고 느끼고 말하는 것에 대해서 상대적이다. 가치를 한마디로 말하면 고객이 '원하고' 또 '필요로 하는' 것이다. 이런 사실은 사업을 하는 데 결정적으로 중요하다. 때문에, 가치를 정확하게 규명하고 정의하는 데 많은 노력을 들인다 하더라도 이런 노력은 언제나 그만한 값어치를 한다.

당신 회사가 하는 마케팅이나 광고가 다른 업체들이 하는 것과 다르지 않게 보인다면 고객들은 당신이 제공하는 진정한 가치를 쉽게 알아차리지 못한다. 실질적인 차별성이 없다면 당신이 제공하는 제품이나 서비스는 수많은 똑같은 것들 가운데 하나가 될 뿐이다. 가치에 대한 정보가 없는 상태에서 잠재적인 고객들이 의존할 수 있는 최하위의 차별성은 가격밖에 남지 않는다. 이런 일이 일어나도록 해서는 안 된다. 이런 일이 일어난다면 끝장이기 때문이다. 만일 당신이 제공하는 상품의 차별성을 드러낼 수 있는 강력한 방법을 찾을 수 없다면, 마지막 남은 수단은 가격이다. 그리고 만일 오로지 가격으로만 경쟁해야 하는 처지에 몰린다면, 그 사업을 그만 접어야 할 때라는 뜻이다. 여기에는 승산이 있을 수 없다. 당신이 제시하는 가격보다 낮은 가격을 제시할 사람은 언제든지 있게 마련이기 때문이다.

다행스럽게도 우리가 컨설팅했던 회사 가운데서 이런 상황으로 내몰린 곳은 한 군데도 없었다. 사실 경쟁업체들보다 높은 가치를 고객에게 제공하며 또 이런 사실을 고객에게 전달할 수 있기만 하다면, 가격을 더 올릴 수도 있다. 다시 한번 말하지만 고객은 대부분, 제공받는 상품이나 서비스의 가치가 특별하게 높다는 사실을 이해하기만 한다면, 상대적으로 높은 가격이라 하더라도 얼마든지 지불할 용의가 있다. BMW를 생각해 보라!

두 변호사 이야기

메리는 이혼 문제로 변호사를 찾고 있다. 그녀는 변호사 두 명에게 자기 사건을 맡아 줄 때 수임료를 어떻게 책정할 것인지 묻는다. 메리가 이렇게 물은 것은 달리 물어볼 말이 딱히 없었기 때문이다. 한 번도 이런 일을 경험해 본 적이 없었기에 그녀는 변호사를 고용하는 일과 관련해서 어떤 쟁점들이 거론되는지도 모르고 변호사들이 어떻게 다른지도 모른다. 그래서 그녀가 물어볼 수 있는 것이라고는 수임료뿐이었다(이런 사정은 대부분 산업 분야의 대부분 기업에 대해서도 일반적인 현상임을 기억하기 바란다. 가치에 대한 정보가 없는 상황에서 소비자가 구매 판단을 할 때 의존할 수 있는 요소는 가격뿐이다).

첫 번째 변호사는 한 시간에 250달러를 받는다고 대답하고 자기가 그녀의 사건을 맡으면 무척 좋겠다는 말도 한다. 그리고 다이어리를 펼치면서 이런 말을 덧붙인다.

"그럼 우리 언제 만나서 사건 이야기를 할까요?"

하지만 메리는 확답하지 않는다. 우선 다른 변호사도 만나 보고 나서 결정하고 싶기 때문이다.

메리는 두 번째 변호사를 만나서도 똑같은 질문을 한다. 하지만 그녀에게 돌아오는 대답은 전혀 다르다. 이 변호사는 우선 그녀가 처한 상황에 대한 질문부터 몇 가지 했다. 그리고 메리가 하는 이야기를 한참 듣고 난 뒤, 자기가 제공하는 도움에 대해서 설명했다.

"우리가 제공하는 서비스는 인근에 있는 다른 대부분의 가정 문제 전문 변호사들이 제공하는 서비스와 많이 다릅니다. 특히 이혼 소송일 때 더 그렇습니다. 가능하면 양측이 원만하게 타결하도록 이끄는 게 우리가 설정하고 있는 목표입니다. 우리 의뢰인만이 아니라 상대방까지도 고려한다는 뜻입니다. 이런 방식으로 접근하니까, 우리에게 의뢰한 고객들 가운데 70퍼센트가 나중까지도 계속 전 남편 혹은 전 부인과 우호적인 관계를 유지하더군요. 그리고 이혼으로 인한 상처도 빠르게 치유하고 새로운 환경에 더욱 빨리 적응했습니다."

그리고 이 변호사는 자기 말이 허풍이 아니라는 말과 함께, 비서를 시켜서 자기가 여태까지 변론을 맡은 이혼 사건들 관련 자료를 보내 줄 테니까 읽어 보라고 하고, 이 자료들을 읽어 보면 자기가 한 말이 허튼소리가 아님을 알 수 있을 것이라고 말한다. 이 변호사는 메리에게 한 말과 동일한 내용의 정보를 웹사이트와 법률 회사 소개 책자 및 기타 홍보물에 게시하고 있다. 그리고 사람들 앞에서 크고 작은 자리에서 연설할 때마다 가능하면 이런 내용을 소개한다. 이 변호사는 무슨 이유로 이런 정보를 사람들에게 알리려고 애쓸까? 이상적인 고객으로 설정한 사람들의 핫버튼에 직접적으로 호소하기 위해서, 자기만의 독특한 가치를 고객에게 알리기 위해서다.

이 변호사는 계속해서 다음과 같이 말한다.

"이렇게 긍정적인 차원에서 접근할 때 우리 의뢰인들이나 상대방 배우자들이 모두 편했습니다. 하지만 특히 이혼 소송을 좀 더 편한 마음으로 바라볼 수 있었던 사람이 있습니다. 바로 아이들이죠. 우리는 소송 과정에서 제일 신경을 많이 써야 할 사람이 바로 아이들이라고 생각합니다."

그러면서 이런 목적을 달성하는 데 도움이 될 만한 여러 가지 새로운 프로그램들을 이미 개발해 놓았다고 말한다. 그리고 자기에게 사건을 맡길 경우, 소송 기간은 다른 데 맡길 때보다 평균 25퍼센트 줄어들 것이라고 기대해도 좋다고 말한다.

그리고 이 변호사는 마지막으로 수임료는 한 시간에 300달러라고 말한다.

과연 메리가 어느 변호사를 선택할 것 같은가? 두 번째 변호사에게 사건을 맡길 가능성이 높다. 이 사람은 메리에게 자기가 제공하는 서비스의 독특한 특성을 자세하게 말하고 또 자기에게 사건을 맡기면 메리가 어떤 이득을 얻는지 자세하게 말했기 때문이다. 요컨대, 그는 자기 법률 회사가 가지고 있는 '가치'에 관한 정보를 제공한 것이다. 비록 시간당 수임료가 20퍼센트 정도 비싸긴 하지만, 소송 기간이 줄어드는 만큼 수임료는 덜 나갈 것이고 또 소송 이후의 삶의 질이 상대적으로 좋다면 그것도 충분히 매력적이기 때문이다.

만일 두 번째 변호사가 시간을 내서 자기가 제공하는 서비스의 가치를 설명하지 않고 그저 시간당 수임료는 300달러라고만 말했다면, 아마도 그는 메리의 이혼 소송 사건을 첫 번째 변호사에게 빼앗기고 말았을 것이다.

고객의 기대를 넘어서기

어떤 회사든 간에 그 회사를 찾는 고객은 문제나 관심거리를 가지고 있다. 만일 당신이 고객이 품고 있는 이런 것들을 정확하게 파악할 수 있다면, 당신의 이상적인 고객이 진정으로 원하는 것이 무엇인지 알아내 그가 원하는 것을 만족시키는 해결책을 제시할 수만 있다면, 이 고객은 언제나 당신 회사만 찾을 것이다.

이상적인 고객이 원하는 것이 무엇인지 알아내기 위해서 우리는 여태까지 수집한 정보를 활용해야 한다. 그 사람의 머릿속으로 들어가서 그가 가지고 있는 핫버튼들을 분석해야 한다. 특히 각각의 핫버튼들이 실제로 그들에게 '어떤 의미'가 있는지 알아야 한다. 그런 다음에 이 정보를 당신이 제공하는 제품이나 서비스와 비교해서, 당신 회사가 당신 고객이 원하는 것을 충족함으로써 궁극적으로 그의 문제를 해결해 주는지 확인해야 한다. 이를 위해서 우리는 각각의 핫버튼을 방법론적으로 검토하며 다음 질문을 던지고자 한다.

1. 이 핫버튼이 당신의 이상적인 고객에게 실질적으로 무엇을 의미하는가?
2. 당신이 하는 사업은 현재 고객의 그 바람에 이상적인 해결책을 제시하는가?

만일 두 번째 질문에 조금도 망설임 없이 '예'라고 대답을 할 수 있다면, 축하받을 자격이 있다. 하지만 아주 냉정하고 솔직하게 돌아보기 바란다. 왜냐하면 어떤 회사가 제공하는 제품이나 서비스든 간에, 비록 눈에 두드러지는 결점은 아니라 하더라도 적어도 어느 정도 개선의 여지는 있게 마련이기 때문이다. 이를 인정하고 다시 한번 더 두 번째 질문을 곰곰이 생각하기 바란다. 우리는 지금 당신 회사가 당신 고객이 원하는 내용에 대해서 일반적이고 평범한 해결책이 아니라 '이상적인' 해결책을 제시하는지 묻고 있다.

그런데 이 두 단계만으로는 부족하다. 단순히 고객의 '기대에 부응하는' 것만으로는 당신 회사가 특별하게 돋보이지 않기 때문이다. 당신이 진정으로 원하는 것은 고객의 기대에 단순히 대응하는 차원이 아니라 '그 기대를 넘어서는' 것이다. 그렇기 때문에 우리는 다음 세 번째 질문을 던진다.

3. 당신은, 고객의 그 바람에 특별한 해결책을 제시할 수 있는가?

이 세 번째 질문은 당신에게 창조적인 발상의 기회를 제공한다. 이 기회를 통해서 당신 회사를 진짜 훌륭하게 바꾸어 놓을 수 있다. 당신이 찾는 것은, 당신 회사가 제공하는 제품이나 서비스를 개선하고 혁신해서 단순히 '좋은' 해결책이 아니라 '놀랍도록 탁월한' 해결책, 당신의 회사를 최고의 반열에 올려놓을 수 있는 해결책을 제시할 수 있는 창조적이며 상상력이 넘치는 여러 가지 방안들이다.

예를 들어서 당신이 배관 수리를 전문으로 하는 회사를 운영한다고 치자. 그런데 당신이 설정하고 있는 이상적인 고객의 지하실에서 누수 현상이 나타났다. 수도관이 새는 것이다. 배관 설비 사업은 서비스 산업 범주에 속한다. 이상적인 고객이 가장 우선적으로 원하는 것은 '문제의 정확한 해결'이다.

하지만 이것은 상당히 포괄적인 표현이다. 구체적으로 표현하면 어떤 것이 될까? 특정한 핫버튼을 포착한 다음에는, 그 핫버튼이 당신의 고객에게는 구체적으로 어떤 의미인지 정확하게 확인하는 게 중요하다. 당신의 고객이 당신 회사에 원하는 특정한 기대 내용이 무엇인지 그 핫버튼을 사용해서 찾아내야 한다는 말이다. 우리는 고객의 이 특정한 기대 내용을 고객의 관점에서 "나는 …을 원한다."라는 진술문으로 표현하고자 한다. 이렇게 할 때 고객이 원하는 내용에 초점을 맞출 수 있기 때문이다. 이 경우에 다음 세 개의 진술문을 정리할 수 있다.

고객의 바람 ("나는 …을 원한다.")

1. 나는 수도관이 고쳐져서 더는 물이 새는 일이 없기를 원한다.
2. 나는 배관공이 정품 재료를 써서 나중에 다시 물이 새는 일이 없기를 원한다.
3. 나는 배관공이 솜씨가 좋은 사람이라서 나중에 다시 물이 새는 일이 없기를 원한다.

다음 단계는 당신의 회사가 고객의 바람을 충족하기 위해서 제공하는 해결책을 묘사하는 진술문을 작성하는 것이다. 이번에는 고객의 관점이 아니라 당신 회사의 관점이 되는데, 이 진술문의 형식은 "우리는 …을 한다."이다.

우리의 해결책 ("우리는 …을 한다.")

1. 우리는 문제가 발견된 부분을 땜질하지 않고 문제가 발생한 수도 관을 통째로 교체한다.

2. 우리는 현재 시장에서 구할 수 있는 것 가운데 최고 품질의 동파이 프를 사용한다.

3. 우리는 배관공들에게 최소한 5년 이상 경험을 쌓고서 최고 배관공 이라는 공식적인 자격을 획득할 것을 요구한다.

지금까지 당신은 고객이 무엇을 찾는지, 그리고 당신은 이 기대에 어떻게 부응할 것인지 살펴보았다. 하지만 단순히 기대에 부응하는 것만으로는 당신의 회사를 성공의 길로 이끌기 어렵다. 이상적인 고 객을 당신 회사로 끌어당겨서 이들을 평생 고객으로 만들어야 한다. 이렇게 하려면 다음 단계가 필요하다.

차별성 확보하기

이 부분이 바로 핫버튼을 규정할 때 발휘되는 진정한 힘이 깃든 지 점이다. 이상적인 고객이 가장 긴급하게 원하는 것을 해결하고 가치 에 대한 고객의 생각을 타의 추종을 불허할 정도로 예외적인 방식으 로 충족함으로써 당신의 회사를 특별하게 만들기 위한 방법론적인 초점을 적용하고자 한 영역이 바로 이 '특별함'과 관련된 내용이다.

앞에서 예로 들었던 배관 수리 회사 사례로 다시 돌아가자. 첫 번째 해결책은 "우리는 문제가 발견된 부분을 땜질하지 않고 문제가 발생한 수도관을 통째로 교체한다."이다. 아주 좋은 해결책이다. 하지만 특별하지는 않다. 사실 그 정도는 대부분의 배관 수리 회사들이 다 한다. 어떻게 하면 혁신을 기해서 이런 배관 설비 보수 작업에 특별한 가치를 부여할 수 있을까? 어떻게 하면 동종 업계의 다른 회사들이 흉내 낼 수 없는 확실한 차별성을 보이며 특별할 수 있을까?

문제가 발생한 수도관을 통째로 교체한 뒤에 나머지 다른 파이프도 문제가 있는 곳은 없는지 그리고 부식과 관련된 문제는 없는지 점검할 수 있다. 부서진 파이프를 교체하기만 하고 돈을 받아 나오지 않고, 혹시 나중에라도 또 다른 곳에서 누수가 일어날지도 모른다는 가능성을 염두에 두고 집 전체의 각종 배관을 꼼꼼하게 살필 수도 있다는 말이다.

이렇게 할 때 고객이 누릴 수 있는 이득은, 미래에 발생할지도 모르는 누수 사태를 미리 방지해서 여러 가지 비용을 줄일 수 있다는 것이다. 만일 파이프 하나의 상태가 좋지 않다면 함께 시공되었을 다른 파이프의 상태도 마찬가지로 좋지 않을 가능성이 높다. 고객은 당신 회사의 이런 세심함을 높이 평가하고 고마워할 것이다. 대부분의 다른 배관 회사들은 따로 일부러 시간을 들여서 이런 노력을 하지 않기 때문에 더욱 그렇다.

이런 간단한 혁신 하나만으로도 당신 회사는 다른 경쟁자들과 차별성을 가지기 시작한다. 그 덕분에 발생하는 마케팅 효과도 엄청나게 크다. 왜냐하면 이제 당신은 이런 추가 서비스는 당신 회사만이 보장하는 것이라는 메시지를 '모든' 고객에게 전할 수 있기 때문이다. 이 단 하나의 혁신은 당신 회사가 제공하는 서비스의 가치를 한층 높여 준다. 사실 이렇게 함으로써 당신 회사는 경쟁 회사들보다 더 높은 가격을 매길 수도 있다.

"나는 …을 원한다."의 두 번째와 세 번째 문제와 여기에 대응하는 "우리는 …을 한다."의 두 번째와 세 번째 해결책을 놓고 생각해 보면, 또 다른 혁신도 나타난다. '고품질의 폴리프로필렌 파이프'로 시공할 수도 있다. 그리고 시공 기술자의 '적절한 교육과 전문성'을 원하는 소비자를 위해서 당신 회사의 최고 배관공들이 한 해에 한 번씩 지역의 전문대학에서 교육을 받고 학점을 따도록 할 수도 있다.

혁신적인 생각 ("우리는 …을 할 수 있다.")

1. 우리는 수도관 교체 작업을 한 뒤에 배관상의 다른 문제는 없는지, 특별히 부식과 관련된 문제는 없는지 점검할 수 있다.
2. 우리는 동파이프가 제공할 수 없는 10년 보증을 제공하는 폴리프로필렌 파이프 시공을 할 수 있다.
3. 우리는 우리 회사의 모든 최고 배관공들이 해당 분야의 전문성을 더욱 공식적으로 인정받기 위해 한 해에 한 번씩 지역의 전문대학에서 교육을 받고 학점을 따도록 할 수 있다.

마지막으로 이 모든 것을 통해서 고객이 궁극적으로 받을 수 있는

혜택을 요약해서 "우리는 미래에 발생할 수도 있는 누수 피해와 거기에 따르는 수리비를 절약할 수 있게 해줍니다."라고 함으로써 그 과정을 모두 마무리한다.

자, 이제 이런 과정을 조심스럽고도 철저하게 행하기만 하면 당신의 사업을 완전히 바꾸어 놓을 수 있다는 사실을 이해할 수 있는가?

브레인스토밍의 창조적인 힘

이 작업을 하면서 "세상에 바보 같은 생각은 없다."라는 브레인스토밍의 기본적인 원칙을 항상 염두에 두기 바란다. 머리에 떠오르는 아이디어는 뭐든 적어라. 아무리 터무니없고 미친 짓거리처럼 보여도 괜찮으니까 모두 적어라. 사실 혁신적인 아이디어들은 대부분 처음 어떤 사람의 머리에 떠올랐을 땐 불가능하게 보이거나 말도 안 되는 것처럼 보였다.

예를 하나 들겠다. 우리를 찾아온 고객 가운데 치과 의사가 있었다. 그는 아홉 살에서 열여덟 살까지의 학생 환자를 전문으로 진료했다. 이 치과 의사의 이상적인 고객인 학부모의 핫버튼들은 어떤 것일까? 우선 이들의 자녀는 주말을 제외하고는 한 주 내내 학교에서 생활한다. 그리고 오늘날 대부분의 학부모는 직장에 다닌다. 아이를 치과 병원으로 데리고 가려면 부모 가운데 한 사람이 잠시 직장에서 나와서 아이가 있는 학교까지 자동차를 몰고 간 다음에 아이를 태우고 치과 병원으로 갔다가, 아이가 치료를 받을 때까지 한두 시간 기다렸다가, 다시 아이를 학교에 태워다 주고, 그 다음에 다시 직장으로 돌아가야 했다.

부모로서는 이만저만 힘든 일이 아닐 수 없다. 직장에서 그만큼 일하지 못하니까 상사에게 눈총을 받아야 하고, 시간제로 일한다면 그만큼 임금이 깎이고, 또 자동차를 몰고 오가면서 허비하는 연료비도 그만큼 손해다. 이 치과 의사의 고객은 거의 모두 이런 문제를 안고 있었다. 치과 의사는 이 지역에서 혁신적인 방법을 개발해서 고객을 힘들게 하는 이 문제를 해결할 수 있는 방법을 찾으려고 브레인스토밍을 하기 시작했다.

우선 그는 밴을 하나 구입하고 기사를 고용해서 치과 병원에 올 아이들을 태워 오고 또 태워다 주는 방안을 생각했다. 그런데 이 방법은 문제가 하나 있었다. 이 차량이 사고를 낼 때에 대비해서 지불해야 하는 보험료가 너무 비쌌던 것이다.

그렇다면 택시를 이용하면 어떨까? 택시 승객에게는 보험료가 적용되고 게다가 차량을 따로 구입하지 않아도 되니 좋았다. 하지만 이 방법 역시 문제가 있었다. 신뢰도가 문제였다. 택시를 이용하는 방법을 고객 몇 명에게 넌지시 운을 떼본 결과, 부모들은 누군지 알지도 못하는 택시 운전사에게 자기 아이를 맡기는 데 강한 저항감을 보였던 것이다. 어떤 일이 있어도 택시 기사가 자기 아이를 학교에서 병원으로 그리고 다시 병원에서 학교로 태우고 다니게 하지는 않겠다는 게 부모들의 공통된 정서였다.

마지막으로 치과 의사는 한 가지 아이디어를 떠올렸다. 하지만 너무도 황당한 내용이라서 그는 처음에 이 아이디어를 입 밖으로 꺼내지도 않았다. 리무진 서비스를 동원하자는 아이디어였다. 조사한 결과 리무진 기사는 철저한 검사를 통해서 알코올 중독자와 약물 중독자를 제외시키며 또 철저한 전과 조회를 통과해야 한다는 사실을 알아냈다. 이 정도면 아이의 안전과 관련된 부모의 걱정을 덜 수 있었다. 그리고 또 한 가지 좋은 점이 있었다. 치과 진료를 받으러 혹은 받고 난 뒤에 기사가 열어 주는 문으로 리무진을 타거나 리무진에서 내리는 모습을 친구들에게 보일 때 아이는 얼마나 기분이 좋을까? 리무진 서비스를 동원하면 보험 문제도 해결되었다. 리무진 운행을 하려면 높은 보상을 보장하는 보험에 가입하도록 법률로 정해져 있었기 때문이다.

하지만 비용이 너무 비싸지 않을까? 터무니없을 정도로 비쌀 게 분명했다. 그래서 치과 의사는 비용이 얼마나 드는지 확인도 하지 않았다. 하지만 우리가 봤을 때 비용은 터무니없을 정도로 비싸지는 않았다. 치과 병원은 주로 낮에 진료하는데, 이 시간에 리무진 운행은 손님이 없어서 한가했다. 그래서 리무진 회사에서는 할인된 가격으로 치과 의사의 제안을 받아들였다. 한 시간에 60달러인 리무진 운행 비용은 25달러로 할인되었다. 50퍼센트가 넘는 할인이었다. 이 가격이라면 치과 의사가 하루에 부담하는 비용은 200달러였다. 한 주로 치면 1000달러였다.

여기까지는 좋았다. 그런데 1년으로 치면 리무진 서비스를 받는

데 무려 5만 달러의 비용을 추가로 들여야 했다. 과연 이렇게 많은 비용을 들일 가치가 있을까?

우리는 이 문제를 함께 고민했고 마침내 그는 이 개혁적인 방안을 실시하기로 결심했다. 그러자 손님은 급격하게 늘어났다. 야근까지 해야 할 정도였다. 연간 추가 매출액은, 5만 달러의 추가 비용을 빼고도 35만 달러나 늘어났다. 게다가 그 5만 달러는 세금 공제를 받을 수 있는 비용이었다. 뿐만 아니라 그는 리무진 서비스를 제공하면서 진료비를 올렸는데, 고객은 이런 진료비 인상에 아무도 불만을 제기하지 않았다. 부모들이 생각하기에 자기들이 추가로 받는 가치가 인상된 진료비를 상쇄하고도 남는다고 생각했기 때문이다. 자기 아이를 위해서 리무진 서비스까지 생각하는 치과 병원을 두고 다른 치과 병원을 찾을 부모는 많지 않을 것이다. 이 치과 병원이 그야말로 대박을 터트렸음은 말할 필요도 없다.

이 사례에서 서비스 구매의 의사 결정권자는 누구일까? 아마도 아이의 어머니일 것이다. 어머니는 자기 아이가 최고의 대접을 받기를 원한다. 그런데 리무진 서비스라는 아이디어가 어머니의 이런 바람을 만족시켰다. 영향자는 아마 아버지일 것이다. 아버지는 아이에게 리무진 서비스를 해줬다는 사실에 굉장한 자부심을 느낄 것이다. 그리고 사용자이자 또 한 사람의 영향자는 바로 환자인 학생이다. 그는 학교 앞에서 기다리는 리무진을 타고 병원으로 가면서 '높은 사람'이 되었다는 짜릿한 느낌과 흥분을 만끽할 것이다. 그리고 그의 학교생활도 더욱 즐겁게 바뀔 것이다. 이러다 보면 몇 달 지나지 않아서 아이는 어머니에게 이렇게 말할 것이다.

"엄마, 얼마나 더 기다려야 치과에 가요? 빨리 가고 싶은데······."

이상적인 고객의 핫버튼 연구

자, 이제 당신 차례다. 이 장의 앞부분에서 당신이 작성했던 상위 세 개의 핫버튼 목록으로 돌아가서, 다음부터의 과정을 직접 수행하라. 각각의 핫버튼에 대해서, 고객들이 당신 회사에 원하는 내용을 정확하게 묘사하는 적어도 한두 개의 "나는 ···을 원한다." 진술문과 여기에 대한 해결책을 제시하는 "우리는 ···을 한다." 진술문을 작성해라.

만일 솔직히 이상적인 고객이 원하는 것을 떠올릴 수 없다면 그들에게 직접 물어보면 된다. 당신이 잘 알고 있는 고객들에게 전화를 걸어서 그들이 당신 회사에 가장 크게 기대하고 원하는 내용이 무엇인지 물어라. 만일 당신이 지금 회사를 운영하는 게 아니고 회사를 지금 새로 세우려고 한다면, 잠재적인 고객 두세 명을 선택해서 당신이 제공할 제품이나 서비스를 살 때 그들이 기대하고 원하는 내용이 무엇일지 물어라. 또 가족이나 친구, 이웃에게도 물어라. 여기에는 정답이 따로 있지 않다는 사실을 명심해라. 당신은 지금 이상적인 고객의 관점에서 각각의 핫버튼이 구체적으로 어떤 것을 뜻하는지 분석하는 것일 뿐이다.

그런데 만일 당신이 해결책을 제시하는 "우리는 ···을 한다." 진술문을 단 하나도 떠올리지 못할 경우는 어떻게 할까? 이것은 당신이 당신 사업에 대해서 아는 게 매우 부족하다는 것을 뜻한다. 고객의 기대를 넘어서기는커녕 그 기대에 단순히 대응조차 제대로 하지 못한다는 말이다. 만일 어떤 이유에서든 당신의 회사가 당신이 생각해낸 "나는 …을 원한다."에 대한 해결책을 단 하나도 제시하지 못한다면, 현재 당신이 하는 사업에 대해서 우선 좀 더 깊이 연구하라고 강력하게 권하고 싶다.

혁신이 경쟁력이다

이 과정의 마지막 단계가 사업 브레인스토밍의 전 과정에서 가장 중요한 단계다. 이건 절대로 과장이 아니다. 여기에서 당신이 생각해내는 아이디어나 혁신 내용은 당신의 사업을 혁명적으로 바꾸어 놓을 수 있다.

여태까지 당신이 한 작업을 다시 한번 더 돌아보아라. 그리고 당신이 해결책으로 내놓은 것들을 곰곰이 살펴보면서 이것들을 더욱 획기적으로 개선할 참신한 방안들이 없을까 생각해라. 충분히 시간을 가지고 연구해라. 모든 가능성과 모든 아이디어를 받아들일 수 있도록 마음을 활짝 열어라. 연필과 수첩을 가지고 다니면서 머리에 떠오르는 생각은 무엇이든 다 적어라. 처음에는 비록 말도 안 될 정도로 황당하게 보일 수도 있지만 결코 무시하지 말고 다 적어라. 이런 것들 가운데서 많은 것들이 실현 가능성이 없거나 비용이 너무 많이 들어서 실행에 옮길 수 없다고 나중에 판명이 날 것이다. 하지만 이것도 하나씩 모두 꼼꼼하게 확인해 보기 전에는 절대로 알 수 없는 일이다. 치과 의사의 리무진 서비스를 생각해라! 당신이 하는 사업이 이상적인 고객들에게 저항할 수 없는 매력을 발산하며 이들을 끌어당기게 하려면, 반드시 거쳐야 하는 과정이다.

당신이 생각한 각각의 혁신적인 해결책을 놓고 이것이 이상적인 고객에게 줄 최대의 이익이 무엇인지 정리해라. 이 부분이 바로, 당신이 상위 세 개의 핫버튼을 찾아내느라 당신이 바친 노력이 결실을 맺는 지점이다.

모든 핫버튼에 대해서 해결책을 제시하고 다시 혁신적인 아이디어를 내는 데는 많은 시간이 걸린다. 하지만 이 과정은 무척이나 소중하고 가치가 있는 작업이다. 이 과정을 절대로 그냥 뛰어넘어 가지 마라. 바로 이 지점에서 당신은 당신의 경쟁자와 뚜렷하게 구별되는 차별성을 만들어 내면서 매출액과 수익을 비약적으로 높일 수 있기 때문이다. 이 작업을 하면서 스스로 이런 질문을 던져라. 나의 경쟁자들 가운데서 과연 몇 명이나 이런 작업을 하고 있을까? 놀랍게도 단 한 명도 없다! 이 작업을 함으로써 당신은 경쟁자들을 압도할 수 있는 엄청난 경쟁력을 확보하게 된다. 이 과정을 모두 마치고 나면 당신과 당신의 회사는 이제 더는 마이너리그가 아니라 메이저리그에 있을 것이다.

고객 이득의 차별성을 확보하라

앞에서 '유일하게 가장 큰 이득'에 대해서 깊이 들어가지 않고 넘어 갔었는데, 여기에서 자세히 살펴보기로 하자.

여러 핫버튼을 자세하게 살피고 혁신하는 전체 과정은, 고객이 얻을 수 있는 단 하나의 커다란 이득을 확인하지 않고서는 결코 완성되지 않는다. 왜 그럴까? 그 이득이야말로 전체 과정의 핵심이기 때문이다. 이것은 기업 발전의 성배聖杯다. 즉, 고객은 바로 그 이득이 있기 때문에 다른 회사가 아닌 바로 당신의 회사에서 제공하는 상품을 선택하는 것이다.

이 작업을 효과적으로 수행하려면 우선 특성과 강점과 이득을 구분해야 한다.

- 특성 = 당신이 제공하는 제품이나 서비스를 구성하는 구체적이고 뚜렷한 요소
- 강점 = 당신이 제공하는 제품이나 서비스가 산출하는 결과
- 이득 = 위의 특성과 강점이 만들어 내는 정서적인 경험

사람들은 자동차를 사지 않는다. 집을 사지 않는다. 식당에서 음식을 사지 않는다. 보석 가게에서 보석을 사지 않는다. 헬스클럽에서 한 달 회원권을 사지 않는다. 사람들이 사는 것은 자동차, 집, 음식, 목걸이, 운동 등이 가져다주는 어떤 느낌이다. 사람들은 특성이

나 강점을 사는 게 아니다. 사람들은 이득을 산다.

예를 들어서 당신이 400마력 엔진을 장착한 자동차를 한 대 산다고 치자. 이때 엔진은 특성이고 물리적인 요소, 즉 부품이다. 이 자동차가 정지 상태에서 시속 200킬로미터 속도에 도달하는 데까지 걸리는 시간은 5초밖에 되지 않는다. 이런 가속 능력은 이 엔진에서 비롯된 강점이다. 하지만 이처럼 급하게 가속할 때 몸에서 아드레날린이 분출되는 것을 느낀다. 이 느낌은 말로는 뭐라고 설명할 수 없다. 이것이 바로 소비자가 상품을 구매하면서 원하는 이득이다.

당신이 지금 읽고 있는 이 책도 마찬가지다. 잠시 생각해 보라. 이 책의 특성은 신경과학, 양자물리학, 경영 컨설팅 및 실천적인 경영 개선 등과 같은 매우 다양한 영역의 주제에 관해서 수십 년 동안 축적된 결과를 소개한다는 점이다. 이 특성이 있기 때문에 이 책은 사업을 성공으로 이끌기 위한 전인적이고도 알기 쉬운 매우 독특한 길을 제시한다는 강점을 가지고 있다. 그리고 이런 접근이 가져다주는 이득은, 이 책이 당신이 지금 하고 있는 혹은 소망하는 사업을 엄청난 성공의 길로 이끄는 데 필요한 해답을 제시한다는 점이다.

만일 우리가 이 책의 제목을 '신경과학, 양자물리학, 경영 컨설팅 및 실천적인 경영 개선을 위하여'라고 정했다면 독자들이 환호했을까? 그렇지 않을 것 같다고? 아마 그랬을 것 같다. 그렇다면 '사업을 성공으로 이끄는 알기 쉬우며 독특한 지침서'라는 제목은 어떤가? 그래도 여전히 이 책이 당신이 바라거나 필요로 하는 책이라는 확신을 가지지 못할 가능성이 높다. 그래서 제목을 '부의 해답The Answer'

이라고 정했다. 방금 인용한 세 개의 제목 모두 책 내용과 정확하게 일치하지만 우리는 굳이 '부의 해답The Answer'이라는 제목을 선택했다. 왜냐하면 당신은 우리의 이상적인 고객이고, 당신이 원하는 것이 우리가 바라는 해답이기 때문이다.

당신의 이상적인 고객이 무엇을 원하는지 정확하게 알아라. 그리고 이 바람을 만족시키고 나아가 그것을 넘어설 방법을 정확하게 파악해라. 그러면 당신이 하는 사업, 당신의 회사는 위대한 성공을 거둘 것이다.

고객의 선택을 좌우하는 핫버튼 파악하기

1. 가격보다 가치에 집중하라
2. 고객의 바람을 해결하라
3. 차별성을 확보하라
4. 브레인스토밍을 적극 활용하라
5. 이상적인 고객의 핫버튼을 연구하라
6. 혁신만이 경쟁력이다
7. 고객이 얻는 이득의 차별성을 확보하라

14장

회사의 DNA

혹시 태권도 시범을 본 적이 있는가? 그랬다면 사람이 맨손으로 송판을 쪼개고 심지어 벽돌까지 깨는 모습을 보았을 것이다. 매우 인상적이다. 하지만 당신도 훈련을 제대로 받기만 하면 얼마든지 그렇게 할 수 있다. 장담한다. 예를 하나 들어 보자. 미국 중서부 지방에 토네이도가 휩쓸고 간 뒤 놀라운 것이 발견되었다. 강철판에 밀짚 몇 개가 박혀 있었다. 밀짚처럼 약한 물체가 어떻게 강철판을 뚫을 수 있었을까? 도대체 어떤 힘이 작용했던 것일까?

이것이 바로 집중의 힘이다. 사업의 비전을 그리고, 그 비전을 지지하는 데 필요한 여러 믿음을 만들어 내는 데 동원했던 바로 그 힘이다. 이상적인 고객에 대한 상을 만들어 내는 데 사용했던 바로 그 힘이다. 그리고 이 힘은 또한, 당신이 하는 사업 혹은 회사의 정수를 선명하게 드러내는 데 사용하고자 하는 바로 그 힘이기도 하다. 특히 이상적인 고객에게 전달할 메시지를 만들어 냄으로써 우리는 당신 회사의 정수를 선명하게 드러낼 것이다. 목표 대상이 분명하고 내용 또한 워낙 강력해서 이 메시지를 듣는 이상적인 고객은 모두 다 곧바로 당신에게 이끌릴 것이다.

단순한 하나의 메시지가 어떻게 그렇게 강력한 힘을 발휘할 수 있을까? 다른 회사 또한 메시지를 통해 특성과 강점을 자랑하지만, 당신 회사는 고객이 원하는 이득에 초점을 맞추기 때문이다. 이는 이상적인 고객들에게 당신의 회사야말로 자기들이 필요로 하는 것과 원하는 것을 해결해 주는 '유일한' 회사임을 깨닫게 한다.

이 메시지가 바로 소위 'USP unique selling proposition'라 불리우는 독특하고 차별화된 슬로건이다. USP는 회사의 짧은 사명선언문일 수도 있고 직원들이나 소비자에게 공감을 불러일으키는 제품이나 서비스 슬로건인 태그라인의 형태일 수도 있다. 그리고 이것이 바로 당신 회사의 DNA다.

독점제공품, 당신의 DNA

독점제공품이라고도 부르는 USP는 당신이 고객에게 제공하는 가장 중요한 이득이며, 이것이 있기 때문에 경쟁업체와 완벽한 차별성을 가질 수 있다. 이것은 당신이 제공하는 제품이나 서비스의 독특한 성격에 초점을 맞춘다. 이때 독특하다는 것은 이것이 당신의 고객에게 특별히 중요하다는 의미와 더불어 경쟁업체들은 이것을 고객에게 제공하지 못한다는 의미를 동시에 담고 있다. 고객이 오로지 당신이 제공하는 제품이나 서비스만을 찾는 이유도 바로 이 때문이다.

사람들은 흔히 USP를 단순히 기발한 마케팅 메시지 정도로만 바라본다. 하지만 USP가 가지는 의미는 이것보다 훨씬 더 크다. 강력한 USP는, 당신이 브랜드를 혁신하고 가격을 결정하고 직원을 교육하고 또 회사 운영과 관련된 수천 가지 의사 결정을 하는 그 모든 방식의 토대를 형성한다. '월마트'는 자기들이 하는 사업의 모든 측면을 규정하는 USP를 충실하고도 지속적으로 사용함으로써 세계 최대의 소매 유통점으로 성장했고, 여기에서 수많은 갑부들이 등장했다. 월마트가 쓰는 USP는 바로 이것이다.

"월마트를 이용하면 돈이 절약되고, 삶이 윤택해진다."

잘 만들어진 USP는 단 한 문장으로 회사가 현재 하는 활동을 고객이 쉽게 알 수 있도록 해준다. 하지만 거의 모든 기업은 이렇게 하지 못한다. 이들이 내세우는 여러 과제나 주장은 여기저기 현수막으로 많이 걸려 있지만, 직원의 99퍼센트는 그것이 무엇인지 알지 못한다.

만일 '포드'나 '제너럴모터스'의 이사회에 참석해서 이사들에게 회사가 설정하고 있는 과제를 30초 안에 설명하라고 말하면, 이사들이 말하는 내용은 제각각일 것이다. 어떻게 이렇게 단언할 수 있는지 묻는 독자가 있을지도 모르겠다. 이 회사들이 낸 결과를 보면 충분히 알 수 있다는 게 그 질문에 대한 대답이다. 제너럴모터스는 이상적인 고객이 누구인지 모른다. 모든 고객에게 모두 다 잘하려고 한다. 파멸로 가는 지름길이다.

하지만 똑같은 질문을 '렉서스'의 이사회에 가서 해보라. 그러면 모든 사람들이 조금도 망설이지 않고 이구동성으로 다음과 같이 말할 것이다.

"완벽함을 추구하는 것입니다."

렉서스는 왜 이렇게 다를까? 이유는 하나다. 자기들의 USP를 알고 있기 때문이다. 자기들의 이상적인 고객이 누구인지, 또 그들이 어떤 사람들인지 알고 있다.

월마트의 USP와 렉서스의 USP가 전혀 다르다는 사실을 눈여겨보기 바란다. 전자는 최저 가격을 바탕으로 하고 후자는 최고 품질에 따른 최고 가격을 바탕으로 하고 있다. 바탕이 전혀 다르다는 사실은 우리 논의의 본질이 아니다. 각자 자기들이 잘할 수 있는 것에 집중한다는 게 핵심이다. 폭을 좀 넓혀서 보자면, 이들은 모두 자기의 DNA를 알고 있기 때문이다.

많은 회사들이 소비자의 관심을 사로잡고 또 소비자에게 깊은 인상을 남기려고 수많은 캐치프레이즈와 구호를 만들어 낸다. 하지만 USP는 이런 것과 전혀 다르다. 이것은 당신 회사의 심장이고 영혼이다. 당신 회사의 USP는 당신 회사가 상징하는 것을 전달한다. 이것을 회사 안팎으로 전달해서 의사소통을 꾀한다. 당신의 USP는 잠재적인 고객이나 실제 소비자부터 당신 회사의 직원이나 납품업체 그리고 투자자까지 당신 회사와 관련이 있는 모든 사람들과 의사소통을 원활하게 하도록 돕는다.

이 장에서 우리는 몇 가지 탁월한 USP의 사례들을 소개하고 이어서 당신도 당신만의 USP를 만들게 도움을 주고자 한다.

고객의 관심을 집중시키는 강력한 USP

효과적인 마케팅 프로그램을 만드는 작업은 선명하고도 간결한 메시지를 개발하는 것에서 출발한다. 이 메시지에는 정확히 회사가 무엇을 하는지, 이상적인 고객에게 어떤 이득을 발생시키는지가 녹아 있어야 한다. 이것이 바로 USP의 목적이다. 매력적이고 강력한 USP를 만드는 것은 경쟁에서 차별성을 확보하기 위한 절대적인 과정이다. USP는 미래의 성공을 보장해 주는 주요 요소 가운데 하나다. 이는 마케팅 차원에서뿐만 아니라 제품을 개발하고 기존 고객을 붙잡아 두는 것에 이르기까지 모든 차원에서 적용되는 진실이다.

그러나 USP를 만드는 것만으로는 부족하다. USP를 사용해야 한다. 완벽한 메시지를 뽑아내는 데 시간과 노력을 투자했다면, 이것이 웹사이트, 마케팅 관련 물품, 광고 문안, 고객을 대하는 직원의 말투 등 회사의 모든 곳에 그리고 제품이나 서비스를 생산하는 모든 단계에 스며들도록 해야 한다.

강력한 USP의 개발은 한 회사가 거대한 성공의 영광을 누리느냐 아니면 쇠락과 실패를 맛보느냐를 판가름한다. 만일 회사가 놀라운 성공을 거두게 하고 싶다면, 업계에서 타의 추종을 불허하는 선두로 인정받게 하고 싶다면, 기하급수적으로 성장하게 하고 싶다면, 반드시 멋진 USP를 가지고 있어야 한다.

오늘날 대부분의 기업들이 고객에게 제공하는 이득 대신에 제품이나 서비스의 특성을 강조하는 실수를 범하고 있다. 컴퓨터를 광고할 때 처리 속도나 메모리, 하드디스크의 용량을 강조한다. 텔레비전도 스크린의 크기 혹은 QLED, OLED 따위를 내세워서 광고한다. 승용차나 트럭도 엔진 마력이나 연비 그리고 선택사양 목록을 내세워서 광고한다. 음료수도 0칼로리를 내세워서 광고한다. 하지만 누가 여기에 신경을 쓴단 말인가? 말을 낭비하는 것이고 돈을 낭비하는 것이다. 무엇보다 잠재적인 고객의 관심을 낭비하는 것이다.

특성은 분명 어떤 제품이나 서비스를 다른 것과 다르게 보이는 요소다. 하지만 잠재적인 고객이 실제 구매 행동으로 나서게 할 수 있을 정도로 강력한 힘을 발휘하지 않는다. 특성이 분명하고도 쉽게 해석되지 않을 때는 더욱 그렇다. 잠재적인 고객은 언제나 자기 자신에게 다음 세 가지 질문을 한다.

1. 이게 도대체 나에게 무슨 의미가 있을까?
2. 수많은 것들 가운데서 군이 내가 이 제품이나 서비스를 사야 하는

이유가 뭘까?

3. 내가 왜 굳이 '이 회사의 제품 / 서비스'를 사야 할까?

USP는 고객이 이 세 가지 질문을 하기도 전에 벌써 이 질문에 대답한다. USP는 다음 두 가지 과제를 수행해야 한다. 당신이 제공하는 제품이나 서비스가 고객이 원하는 것과 필요한 것을 무엇으로, 어떻게, 왜 만족시켜야 하는지 설명하는 것이 하나이고, 또 하나는 당신 회사를 경쟁업체와 차별화하는 것이다.

엘리베이터 연설

다음과 같은 일이 일어난다고 상상해 보자. 엘리베이터를 타는데, 이미 안에 타고 있던 한 사람이 당신에게 우호적인 태도를 보이며 목례를 한다. 인사를 나눈다. 당신이 그 사람에게 무슨 일을 하느냐고 묻고, 그 사람이 어떤 대답을 한다. 그리고 이번에는 그 사람이 묻는다.

"선생님은 무슨 일을 하십니까?"

당신에게 주어진 시간은 30초다. 뭐라고 대답해야 할까?

이때 당신이 하는 말이 소위 '엘리베이터 연설elevator speech', 즉 언제 어디에서나 당신이 하고 있는 사업의 가장 매력적인 가치를 선명하고도 강력하게 그리고 간결하게 30초 안에 압축해서 할 수 있는 말이다. 사실 엘리베이터 연설은 자연스러운 대화 방식으로 드러내는 USP라고 할 수 있다.

여기에는 훌륭하게 적용할 수 있는 공식이 하나 있다. 이 공식은 문제 제시와 해결책 제시라는 두 부분으로 나뉜다. 문제 제시 부분은 "혹시 이런 적 없습니까?"라는 말로 시작해서 당신의 고객이 당신이 제공하는 제품이나 서비스를 경험하지 못했을 때 경험하는 문제를 묘사한다. 그리고 해결책 제시 부분이 이어지는데, "우리가 하는 일은…"이라는 말로 시작해서 당신이 제공하는 제품이나 서비스가 고객의 문제를 어떻게 행복하게 해결하는지 설명한다.

강력한 엘리베이터 연설

"혹시 이런 적 없습니까? (이어서, 고객의 문제를 묘사한다.)"

"네, 우리가 하는 일은 이렇습니다. (이어서, 당신 회사가 제공하는 해결책을 설명한다.)"

그런데 이런 이야기가 30초 안에 다 담을 수 없을 정도로 길어 보이겠지만 전혀 그렇지 않다. 사실 전혀 어렵지 않다. 예를 하나 들어 보겠다.

"혹시 이런 적 없습니까? 집에 물이 새서 배관 수리 회사에 전화를 걸어서 부탁했다가 하루 종일 기다렸던 적 말입니다."

여기까지 말하면 상대방은 고개를 끄덕일 것이다. 상대방뿐만 아니라 모든 사람들이 다 그렇다. 설령 그 사람이 그런 경험을 한 적이 없다 하더라도 상황을 충분히 상상하고 이해할 수는 있을 것이다. "혹시 이런 적 없습니까?"라는 말은 그야말로 마법의 문구다. 이 말이 나옴으로써 두 사람은 같은 경험을 나눈 동지로서 한편이 된다. 그런데 여기에서 중요한 것은, 당신이 이제 마법이라도 부리는 것처럼 단번에 해결할 그 문제를 가능한 한 생생하게 묘사해야 한다는 점이다.

"우리가 하는 일은 이렇습니다. 우리는 고객을 정중하게 모십니다. 그리고 고객의 시간을 존중하기 때문에 약속한 시간에서 절대로 15분을 넘기지 않습니다. 우리는 문제를 신속하고 정확하게 처리해서 고객이 인생에서 더욱 중요한 일을 할 수 있도록 돕습니다."

할리우드에서는 좋은 시나리오를 쓰는 비법이 떠돌고 있다. 이 비법의 내용은 이렇다. '1장에서는 주인공을 나무에 묶는다. 2장에서는 이 나무를 향해서 거대한 바위들을 굴린다. 그리고 3장에서는 주인공이 나무에서 빠져나오게 한다.' 좋은 엘리베이터 연설은 30초짜리 영화와 같다. 주인공이 어쩌다가 나무에 묶이고 거대한 바위들이 이 나무를 향해 굴러 내려오는 위기에 처하지만 주인공은 기적적으로 이 위기에서 벗어난다. 엘리베이터 연설문을 만든다는 것은 문제를 제시하고 또 해결하는, 말로 된 영화를 한 편 만드는 것이나 다름없다.

광고업계의 사람들이 말하듯이 '상처를 입혀 고통을 준 다음에 치료해 주는' 것이다. 누군가의 관심을 사로잡으려면 그 사람의 정서를 자극해야 한다. 위에 든 사례에서 이 정서는, 수도관에서 물이 줄 줄 새는데 믿을 만하고 또 자기 심정을 충분히 이해해 주는 자상한 배관 수리 서비스를 받을 수 없을 때 고객들이 느끼는 고통이다. 우리는 이 고통을 자극한 다음, 그들의 고통을 치유해야 한다.

정서로 접근하고 논리로 정당화하라

잘 팔리는 상품은 모두 고객의 정서를 장악한다. 하지만 정서가 모든 것을 해결해 주지는 않는다. 논리 역시 이 과정에서 빠질 수 없다. 이를 정리하면 다음과 같다.

사람들은 정서를 바탕으로 구매하지만 자기의 구매 행위를 논리로써 정당화한다.

이것이 바로, 사람들이 자기가 제공하는 제품이나 서비스의 이득뿐만 아니라 특정한 특성에 대해서도 언급하고 싶어 하는 이유다. 이득은 고객이 진정으로 원하는 것이고, 특성은 감정적인 구매 결정을 논리로써 정당화하기 위한 필요성을 충족시킨다.

"혹시 이런 적 없습니까?"로 시작할 때 반드시 고객의 가장 약한 정서 부분을 건드려야 한다. 당신이 어떤 상황을 묘사할 때 고객이 분노의 감정으로 당신이 하는 말에 공감할 때를 생각해 보라. 예컨대 어떤 외래 환자가 의사의 진찰을 받으러 병원에 갈 때 이 사람을 가장 화나게 하는 문제는 무엇일까? 아마도, 진료를 받을 때까지 오랜 시간 기다려야 하는 상황이 아닐까 싶다. 만일 당신이 개인 병원을 운영하는 의사라면, 바로 이 지점이 혁신이 가능한 곳이 될 것이다. 만일 병원을 찾아온 사람들에게 10분 이상 기다리게 하지 않겠다고 보장하면 어떻게 될까? 이것 역시 당신의 USP를 위해서 감정을 어떻게 자극할지 초점을 맞추기 좋은 내용이 될 것이다.

또 식당에 갈 때는 어떤가? 음식이 나올 때까지 오래 기다려야 한다거나, 옆자리에서 어린아이들이 시끄럽게 떠든다거나, 서빙이 굼뜨다거나 혹은 음식의 맛이 매번 다르다든가 하는 점이 될 것이다. 바로 이 지점에도 혁신의 여지 그리고 강력한 USP를 만들 여지가 풍부하다.

정서를 자극하라. 그러면 잠재적인 고객이 당신의 USP에 관심을 기울일 것이다.

간결한 USP 만들기

어떤 일을 하든 간에 엘리베이터 연설을 해야 할 때는 자주 있다. 하지만 이를 단 하나의 짧고 간결한 캐치프레이즈 차원으로 축약할 필요가 있다. 가장 좋은 방법은 우선 문장이나 문구 혹은 단어를 종이에 적기 시작하는 것이다. 이때 적는 내용을 평가하려 들지 마라. 심지어 거기에 대해서는 아무런 생각도 하지 마라. 당신이 제공하는 제품이나 서비스가 고객에게 제공할 수 있는 다양한 이득들과 관련해서 머리에 떠오르는 게 있으면 그냥 적기만 해라.

수많은 전문 카피라이터들이 방금 설명한 것과 똑같은, 단순하지만 매혹적인 방법을 쓴다. 이것이 바로 소위 '마인드맵mind map'이다. 직접 해보자. 종이와 연필을 준비해라. 종이의 한가운데에 당신이 하는 사업을 적어라(우리가 지금 다루고 있는 사례로 보자면 이 사업은 '배관 수리'다). 그 다음에는 그 사업 주변에 당신이 고객에게 제공할 수 있는 모든 이득을 적기 시작해라. 특별한 순서는 없고 그저 머리에 떠오르는 대로 무작위로 적기만 하면 된다.

마인드맵의 강력함은 어떤 종류의 합리성이나 분석적 틀을 허용하지 않음으로써 창조성이 자유롭게 발휘될 수 있다는 데 있다. 실제로 사람의 정신은 이처럼 무작위적인 연속성으로 작동한다. 사람의 뇌에는 수많은 생각들이 특정한 방식으로 구조화된 상태로 저장되어 있지 않다. 동시에 수백만 개의 자극에 의해서 생각들이 촉발될 뿐이다. 이미 우리 머릿속에는 온갖 생각들이 존재하는데, 분석이라는 과정은 이런 생각들을 들쑤셔서 이 생각들을 재배열하는 방식들을 찾는 것이다.

마인드맵이라는 방식을 활용할 때 하나의 생각은 곧 전혀 다른 방향의 다른 생각을 촉발하고 이런 과정이 계속 반복된다. 이런 과정에서 자기가 찾고자 하는 생각들이 자기가 알지도 못하는 사이에 떠오른다.

고객이 원하는 진짜 이득 찾기

마인드맵을 브레인스토밍하고 난 뒤에 적어 두었던 고객의 이득들을 살펴보자. 고객의 관점에서 가장 강력하게 보이는 것들을 골라라. 이때 철저하게 고객의 입장에서 다음과 같은 질문을 스스로에게 던져야 한다.

"만일 내가 배관공을 부른다고 할 때, 이들 가운데 어떤 것이 나에게 가장 의미가 클까?"

마인드맵 작업에서 나온 것들 가운데서 '시간 엄수', '기다리는 시간 없음' 그리고 '확실한 보장, 아니면 무료'가 가장 강력한 이득들이다. 왜냐하면 우리는 목이 빠져라 기다린 다음에야 어슬렁거리며 나타나는 사람을 가장 싫어하기 때문이다. '신속한 수리', '친절' 그리고 '정확한 수리'는 어떨까? 이것들도 나쁘지는 않다. 하지만 우리가 배관공에게 일을 맡길 때 이런 것들은 기본적인 사항으로 이미 염두에 두고 있다. 심지어 현재 많은 배관 수리 업체들이 여기에 초점을 맞추고 있다. '늦게 되면 연락'은 기본적으로 긍정적이지 않고 부정적이다. '도착 시간 오차 15분'은 기본적으로 '기다리는 시간 없음'과 마찬가지 의미다. 하지만 그다지 매력적으로 보이지 않는다.

분류 작업을 한 끝에 우리는 최종적으로 세 개의 이득, 즉 '시간 엄수', '기다리는 시간 없음' 그리고 '확실한 보장, 아니면 무료'를 선정했다. 이 셋을 조합해서 단 한 문장의 강력하고도 매력적인 USP를 만들었다.

"기다리는 시간 없도록 시간 엄수·배관 수리 보장, 아니면 공짜."

만일 어떤 배관 수리업체가 이런 말을 한다면 우리는 "그걸 어떻게 해낼 수 있습니까?"라고 물을 것이다. 이 질문을 지렛대 삼아서 잠재적인 고객으로 하여금 당신이 제공하는 제품이나 서비스에 대해서 더 많은 것을 알도록 유도해라. 이것이 바로 USP가 원하는 결과다. 엘리베이터 연설로서든 아니면 슬로건으로서든 당신의 USP를 듣는 사람은 누구나 곧바로 "그걸 어떻게 해낼 수 있습니까?"라는 질문을 하게 된다. 만일 이런 반응이 없다면, USP를 좀 더 다듬어야 한다.

사례 연구 :
'리-믹스'의 전문성 강조

1970년대의 대부분의 부동산 회사는 직원들에게 고정급을 주는 임금 체계를 시행했다. 이 바람에 성과가 좋은 중개업자라 하더라도 성과급은 거의 받지 못했다. 결과적으로 이직률이 상승했고, 경험이 적고 전문성도 떨어지는 사람들이 많아졌다. 데이브 리니거와 게일 리니거 형제는 이런 상황을 바꾸고자 했다. 높은 전문성을 갖춘 전국적인 규모의 부동산 회사를 설립함으로써 부동산 중개업 분야의 아마추어적인 이미지를 불식하기로 맹세했다.

형제는 '리-믹스'를 설립하면서 USP를 만들었다. 그들은 이것을 트레이드마크인 붉은색과 흰색 그리고 파란색의 열기구에다 커다랗게 적었다. 이 USP는 리-믹스가 제시하는 독특한 가치를 사람들에게 간결하고도 강렬하게 심어 주었다. 결국 전국의 모든 사람이 보게 된 이 USP는 '군중 위에!Above the Crowd!®'였다. 세월이 지난 뒤에 리-믹스는 '직원이 뛰어나면 결과도 뛰어나다®'라는 슬로건 하나를 추가했다.

사례 연구 :
경쟁을 뛰어넘은 '인디언 모터사이클'

나는 1999년에 '인디언 모터사이클' 브랜드를 인수하면서 이 회사의 브랜드 가치를 개발하고 이것을 사람들에게 적극적으로 알릴 필요가 있음을, 즉 USP를 개발할 필요가 있음을 알았다. 그렇게 하려면 우선 이상적인 고객을 규정하는 일부터 먼저 시작해야 했다.

이 회사는 할리 데이비슨과 경쟁하기를 원하지 않았다. 그리고 오토바이를 타는 사람들을 주된 고객으로 삼으려 하지도 않았다. 이 회사가 바란 것은 가처분 소득이 더욱 많은 사람들, 즉 의사나 변호사 등과 같은 전문직 종사자들을 주된 고객으로 삼으려고 했다. 이 사람들은 더욱 높은 삶의 질을 바라며 여기에 기꺼이 돈을 지불할 사람들이기 때문이었다. 그래서 인디언 모터사이클은 할리 데이비슨과 경쟁할 마음으로 1만 3000달러짜리 오토바이를 만들 생각은 처음부터 하지 않았다. 대신 4만 달러짜리 최고급 오토바이를 만들기로 결정했다. 그리고 다른 모든 브랜드와 경쟁해야 하는 195달러짜리 가죽 재킷 대신에 1200달러짜리 재킷을 만들기로 결정했다.

새로운 인디언 모터사이클은 제품의 가치를 높이 평가하며 비싼 가격을 기꺼이 지불할 고객들을 끌어당기기를 바랐고, 우리의 팀이 지니고 있는 가치, 즉 더욱 크고 높은 가치가 있는 행위를 하겠다는 생각을 높이 평가하기를 바랐다. 이렇게 자기들이 진정으로 하고자 하는 것이 무엇인지 파악하는 과정을 조심스럽게 수행하면서 이들은 USP를 마련했다. 그것은 바로 "품질은 가격보다 더 가치가 있다." 였다.

새롭게 탄생한 인디언 모터사이클은 이 USP를 등대 삼아서 모든 의사 결정을 내렸다. 그리고 회사의 이런 이미지는 끌어당김의 법칙을 실현했다. 인디언 모터사이클이 문을 열자마자 고객들이 구름처럼 몰려들었던 것이다.

USP를 제대로 만든다는 것은, 회사의 모든 것을 모든 사람이 바라볼 수 있도록 해주는 것이며 또한 회사의 전체 구조를 사람들에게 설명하는 것이나 다름없다.

사례 연구 :
가격보다 가치, '펀더멘탈 피트니스'

또 다른 사례로서 이번에는 수전 토마스가 헬스클럽 사업에서 어떻게 혁신했는지 살펴보자. 수전은 이상적인 고객층을 규정하며 또한 이 고객에게 봉사할 수 있는 혁신적인 방안들을 모색했다. '펀더멘탈 피트니스'의 심장과 영혼을 어떻게 정리할 것인지 많은 시간을 들인 끝에 마침내 간결한 USP를 마련했다. 그녀가 처음 바라보았던 것은 가격과 가치의 차이점이었다. 다음은 수전이 하는 말이다.

"헬스클럽 산업에서는 모든 업체들이 가격을 기반으로 해서 경쟁을 합니다. 나는 그렇게 하지 않기로 결정했죠. 나는 더욱 높은 수준의 서비스를 고객에게 제공하고 싶었습니다."

수전은 자기 신체 상태를 개선하고자 하는 결심이 확고한 사람들을 이상적인 고객이라고 규정했다. 그녀의 고객들은 특히 바쁜 사람들이었지만 많지 않은 시간을 쪼개서 헬스클럽을 찾는 사람들이었다. 따라서 이들에게 시간은 무척 소중했다. 수전의 이상적인 고객들에게 시간은 돈보다 더 가치가 높은 것이었다. 이상적인 고객이 필요로 하는 것과 원하는 것의 상위 목록들을 정교하게 확인하고 나자, 펀더멘탈 피트니스의 USP는 어렵지 않게 정리되었다.

"우리는 절반의 시간으로 당신을 당신 삶의 최고 상태로 만들어드립니다."

사람들이 "그걸 어떻게 해낼 수 있습니까?"라고 물을 때마다 수전과 직원들은 즉각 다음과 같이 대답했다.

"고객이 우리 클럽에 찾아오시면 우리는 고객께서 무엇을, 어떻게 할 것인지 그리고 언제 어떻게 시간표를 바꾸어야 할 것인지 정확하게 알려드립니다. 우리는 미리 충분한 시간을 들여서 고객에게 무엇이 필요한지 고객이 충분히 알 수 있도록 해드립니다. 그런 다음에 이 목표를 달성할 수 있도록 구체적으로 지도해 드립니다."

강력한 USP의 사례들을 몇 가지 예로 들면 다음과 같다.

- 당신의 자동차가 당신이 누구인지를 말합니다.
- 우리는 모텔 가격으로 고객을 별 네 개짜리 호텔에 모십니다.
- 우리는 당신의 부채를 당신을 위한 자산으로 바꾸어 드립니다.
- 신선하고 뜨거운 피자를 30분 안에 배달할 것을 보장합니다.
- 자동차를 소유하는 동안 무한 보증합니다.
- 15분이 당신의 자동차 보험 납입금을 15퍼센트 깎아 줍니다.

당신의 엘리베이터 연설

자, 이제 당신 차례다. 당신이 이상적인 고객으로 설정하는 사람들의 핫버튼과 당신 회사를 경쟁업체들보다 멀찌감치 앞서가게 해줄 혁신 내용을 파악하면서 당신이 했던 작업들을 다시 한번 돌아봐라. 당신의 고객이 당신과 당신의 회사에 기대하는 것, 가장 인상적이거나 가장 매력적이거나 가장 고통스럽거나 혹은 가장 화가 나는 문제들을 곰곰이 생각해라.

그리고 "혹시 이런 적 없습니까?" 진술문과 "우리가 하는 일은 이렇습니다." 진술문을 가능하면 압축적으로 완성해라. 문장은 짧을수록 좋다.

자, 이제 당신의 엘리베이터 연설을 쉽게 기억할 수 있는 한 문장으로 줄여 보자. 물론 서두를 필요는 없다. 생각할 수 있는 모든 문구를 다 동원해라. 마인드맵을 활용해라. 그리고 핫버튼을 생각할 때처럼 고객이 가장 원하는 것과 필요로 하는 것이 무엇일지 곰곰이 생각해라. 고객의 입장이 되어서 자신에게 다음과 같은 질문을 던져라. 이 회사가 해결해 줄 수 있는 나의 가장 큰 문제 혹은 고통은 무엇일까? 이 회사가 정말 나의 이 문제나 고통에 대해서는 타의 추종을 불허할 정도로 뛰어난 해결책을 제시할까? 무엇 때문에 나는 그렇다는 느낌이 들까?

짧은 USP를 만들기 위해서는 충분히 많은 시간을 투자해야 한다. 완벽하지 않다고 해서 걱정하지 마라. 적절한 문구나 표현을 생각해 내는 데 시간이 오래 걸려도 상관없다. 당신은 지금 당신의 잠재적인 고객이 당신의 제품이나 서비스에 대해서 질문하게 할 USP를 원한다는 사실을 잊지 마라. 완벽해질 때까지 계속 쓰고 또 써라. 며칠 혹은 몇 주가 걸릴 수도 있다. 어쩌면 몇 달이 걸릴 수도 있다. 이렇게 공들인 USP를 제대로 작성했는지는 어떻게 알 수 있을까? 간단하다. 사람들이 말하는 USP를 듣고 "그걸 어떻게 해낼 수 있습니까?"라고 물으면 성공이다.

사례 연구 :
'월드 벤처스 트래블'의 기적

그런데 과연 이런 노력들이 정말로 필요하고 가치 있을까? 데이브 울로아와 이베트 울로아 부부에게 물어보면 해답을 들을 수 있다. 데이브는 뉴욕에서 경찰관으로 일했다. 그리고 이베트는 버뱅크 시청에서 경제 개발 부처에서 일했다. 그러다가 두 사람은 경제적 자유라는 커다란 꿈을 안고서 여행 산업의 네트워크 마케팅(다단계 판매. 일명, 피라미드 판매 - 옮긴이) 사업을 시작했다. 하지만 두 사람이 우리를 찾아와서 도움을 청할 시점에서는 회사가 성장을 멈추고 막추락하기 시작할 때였다. 두 사람의 소득은 두 사람이 예전 직장에 다닐 때 벌어들이던 소득과 같은 수준이었고, 그 벽을 뛰어넘지 못하고 답보 상태에 머물러 있었다. 두 사람이 우리와 함께 했던 작업 가운데 일부는 '신경 온도 조절 장치'를 재설정하고 두뇌 재조정을 통해서 여러 가지 새로운 믿음들을 만드는 것이었다. 그리고 두 사람이 해결해야 할 또 하나의 커다란 과제는 자기들의 이상적인 고객을 규정하고 아울러 간결한 USP를 마련하는 것이었다.

　데이브와 이베트는 고객들이 자기 집에 여행사를 차려서 가족 단위 휴가 여행 예약을 받을 수 있도록 하는 기회를 제공한다. 이들이 맨 처음 내세웠던 USP는 다음과 같았다.

"우리는 사람들이 여행하면서 자기들의 소득 포트폴리오 선택조건을 다각화할 수 있도록 도와드립니다."

하지만 너무 길었다. 말도 너무 많았다. 그리고 무엇보다 나쁜 점은, 매력적이지 않다는 것이었다. 사실 사람들은 '소득 포트폴리오 선택조건을 다각화'라는 말을 듣자마자 얼굴을 찡그린다. 이 말의 뜻을 정확하게 파악하기 위해서는 논리적으로 생각해야 하기 때문이다.

이처럼 말이 많으면서 동시에 무슨 뜻인지 알아들을 수도 없는 구호는 놀라울 정도로 많다. 사실 보편적인 현상이다. 어떤 이유에선지 회사를 운영하는 사람들은 잠재적인 고객에게 강한 인상을 심어주려면 복잡한 용어를 쓰는 게 유리하다고 종종 생각한다. 하지만 그렇지 않다. 정반대다. 고객들은 제품이나 서비스가 자기들에게 어떤 '이득을 줄지' 궁금할 뿐이다. 그걸 알고자 한다.

우리는 석 달 동안 기존의 USP를 가지고 씨름한 끝에 마침내 다음과 같은 새로운 USP를 마련했다.

"우리는 사람들이 꿈에 그리던 여행을 하면서 돈을 벌게 해드립니다."

이게 바로 제대로 된 USP이다. 짧고 매력적이며 상대방의 관심을 사로잡는다. 그리고 곧바로 "그걸 어떻게 해낼 수 있습니까?"라는 질문이 나오게 유도한다.

이 새로운 문장에 동원된 어절은 채 열 개가 되지 않는다. 어절 단어 하나를 생각해 내는 데 평균 10일이 걸린 셈이다. 그런데 이렇게 까지 했어야 할 가치가 있을까? 있다. USP를 이렇게 바꾸고 몇 달 지나자 월 매출액은 예전의 무려 다섯 배로 뛰어올랐다.

이것이 바로 매력적인 USP의 힘이다. 많은 시간과 노력을 들이더라도 매력적인 USP를 만들 가치가 있는 것도 바로 이 때문이다. 이 USP를 사업의 모든 영역으로 침투시켜야 하는 것 역시 마찬가지다.

당신의 USP를 마법 주문으로

강력하고 매력적인 USP를 만들었는가? 그렇다면 이제 USP를 당신의 모든 것에 침투시키고 당신 회사와 당신이 하는 사업의 DNA가 될 때까지 반복해야 한다.

데이브와 이베트는 잠재적인 고객을 만나는 행사에 참여할 때마다 USP를 말한다. 그때마다 언제나 잠재적인 고객은 실제 고객으로 바뀐다. 이들은 강연을 할 때나 낯선 사람을 처음 만났을 때 그리고 상공회의소의 회의에 참석할 때도 늘 이렇게 한다. 웹사이트에도 이 USP를 올려 두고 있다. 요컨대 언제 어디에서나 이렇게 한다. 그리고 이들의 USP를 보거나 들은 사람은 한결같이 이렇게 반응한다.

"그걸 어떻게 해낼 수 있습니까?"

좋은 USP는 등대와 같다. 고객을 떼로 불러 모은다. 수익이 하늘 높이 치솟게 해준다. 직원들까지 모두 최고경영자와 같은 생각을 하게 해준다. 특정한 부분에 초점을 맞추어서 집중하게 함으로써 회사 안에서 사업과 관련된 오해가 나타나지 않고 분쟁도 일어나지 않게 해준다. 그리고 어렵기만 하던 마케팅 분야를 커다란 성공으로 이끈다. 이것은 당신 회사가 가지고 있는 그 어떤 것보다 강력한 도구다.

많은 사람들이 이 과정을 즐거워한다. 하지만 이것은 하나의 과정이며 적절한 순서 속에서 적절한 단계들을 밟는 게 중요하다는 사실을 명심해라. 지금 당장 자기의 USP 브레인스토밍 작업을 하고 싶은 마음이 들 것이다. 가장 즐거운 부분이고 가장 끌리는 부분이기 때문이다. 하지만 이 과정을 하기 전에 다른 단계들을 먼저 밟아야만 한다. 이상적인 고객이 누구인지 규정하고 또 이 고객이 원하는 것이 무엇인지 확인하지 않고서는 이상적인 고객을 끌어당기기 위해서 어떤 것을 결정한다는 것은 아무런 의미가 없다.

이상적인 고객에 대한 분석을 마치고 나면 가능한 많은 시간을 들여서 가장 올바른 USP를 개발해라. 그리고 주기적으로 이것을 재검토해서 계속 다듬어라. 이상적인 고객에게 메시지를 전달하는 더 낫고 새로운 방법은 언제든 나타나기 때문이다. 당신이 사업을 계속하는 한 더 훌륭하고 새로운 방법을 찾는 작업은 계속 필요하다.

좋은 USP의 요건
....

1. 고객의 관심을 집중시킨다

2. 짧고 간명하다

3. 고객의 마음과 머리를 함께 움직인다

4. 고객의 핵심니즈를 찌른다

5. 당신을 성공으로 이끄는 마법 주문 역할을 한다

15장
이상적인 고객에게
다가가기

이상적인 고객이 어디에 있는지 알지 못한 채 마케팅하는 것은 항로를 모르고 비행하는 것과 같다.

이제 당신은 이상적인 고객이 누구인지 그리고 이들이 무엇을 원하는지 알고 있다. 그리고 당신은 이들이 원하는 것을 만족시킬 방안을 간결하고도 강력한 문구로 정리했다. 그렇다면 이제부터 어떻게 하면 이상적인 마케팅을 펼침으로써 이상적인 고객에게 다가갈 수 있을지 살펴보자.

마케팅은 의사소통의 가능성을 개선하고자 하는 것이다. 부연해서 말하면, 가장 적절한 메시지를 만들어 내고 이 메시지를 가장 적절한 사람들에게 전달할 수 있는 가장 올바른 경로와 형식을 찾아내는 것이다. 이렇게 하는 데는 여러 가지 방법이 있다. 어떻게 하는 게 좋을지 전문가에게 의견을 구할 수 있다. 지금까지 어떻게 고객을 사로잡았는지 돌아보면서 직관으로 판단을 내릴 수도 있다. 아니면 과거의 경험들을 놓고 합리적인 추론을 할 수도 있다. 당신이 최초의 전략과 전술을 어떤 방식으로 선택했는지 모르겠지만, 어쨌거나 다음 단계는 이 전략과 전술을 시험하고 연구하고 조정하고, 또다시 시험하고 연구하고 조정해야 한다.

그들이 있는 곳에서 당신의 고객을 찾아라

혹시 이런 우스갯소리를 들은 적이 있는지 모르겠다. 한 남자가 가로등 아래에서 빙빙 돌고 있었다. 순찰을 돌던 경찰관이 다가와서 물었다.

"뭐 하시오?"

"열쇠를 잃어버려서요."

경찰관은 남자를 도와서 함께 열쇠를 찾기 시작했다. 그런데 10분 넘게 찾았지만 열쇠는 나타나지 않았다. 그러자 경찰관은 짜증이 나서 물었다.

"이 자리에서 잃어버린 게 확실합니까?"

"아뇨, 저기서요. 내 차가 서 있는 데서요."

남자는 20미터 가까이 떨어져서 주차되어 있는 자동차를 가리켰다. 그러자 경찰관이 기가 막혀서 물었다.

"그런데 왜 여기서 열쇠를 찾아요?"

남자의 대답은 이랬다.

"여기가 가로등이 있어서 잘 보이잖아요."

이 남자는 아무리 열심히 오랫동안 찾는다 하더라도 잃어버린 열쇠는 찾지 못할 것이다. 똑같은 원리가 당신이 하는 사업에도 적용된다. 아무리 많은 돈과 노력을 마케팅 활동에 쏟는다 하더라도, 그리고 거기가 아무리 가로등 불빛으로 환하다 하더라도, 고객들이 있는 곳에서 고객을 찾지 않는다면 절대로 이상적인 고객을 끌어당길 수 없다.

우리는 어떤 척추 지압사와 일한 적이 있었다. 이 사람은 사업을 확장시키고 싶어 했다. 그는 자기 지역에 있는 다른 척추 지압사들에게 어떻게 고객들을 끌어모으는지 물어보고는 그들이 전단지를 우편으로 발송한다는 사실을 알았다. 그가 만났던 척추 지압사 한 사람은 5000명의 주소를 확보해서 전단지를 보내고 있었다. 우리 고객이 이 사람에게 물었다.

"그게 효과가 있었습니까?"

"그다지 효과가 없더라구요. 문의한 사람이 둘밖에 없었으니까요."

전단지 발송에 든 비용은 600달러였다. 문의한 두 사람도 결국에는 고객으로 등록하지 않았다. 결국 600달러만 허비한 셈이었다.

우리가 만난 척추 지압사는 행동에 나서기 전에 이상적인 고객이 어디에 있을지를 먼저 생각했다. 그가 확보하고 있던 최고의 고객들은 다들 허리가 아파서 그를 찾았다. 요통은 보통 밤늦도록 계속된다. 그래서 밤늦도록 잠을 이루지 못하는 사람들이 의외로 많다. 참을 수 없을 정도로 통증이 심하면 병원에 입원하겠지만 그 정도가 아닌 사람들은 그냥 집에서 참는다. 다만 밤에 잠을 잘 이루지 못한다거나 책을 읽는 따위의 집중력이 필요한 활동을 제대로 하지 못하는 처지를 감수하면서, 통증을 잊으려고 밤늦게까지 소파에서 텔레비전을 보곤 한다.

우리 고객은 지역 케이블 방송국에 광고를 할 때 비용이 얼마나 드는지 조사했다. 생각보다 비싸지 않았다. 그래서 여기에 몇 차례 연속 광고를 내보냈다. 그리고 불과 나흘 동안 문의 전화를 145통이나 받았다. 광고 비용은 모두 500달러였다. 문의 전화 한 통을 유도하는 데 4달러 든 셈이었다. 그리고 문의 전화를 한 사람 가운데 수십 명이 그의 고객 명단에 이름을 올렸다.

조금만 신경을 써서 계획을 짜도 이런 큰 차이를 만들 수 있다.

올바른 유통 경로를 선택하라

척추 지압사는 이상적인 고객에게 다가가기 위한 첫 번째 단계가 어디에 가면 이들을 가장 쉽게 만날 수 있는지 결정하는 것임을 정확하게 이해했다. 이것을 다른 방식으로 표현하면 다음과 같다.

"당신이 하는 사업에서 무엇이 올바른 유통 경로일까?"

유통 경로는 고객이 당신과 거래를 할 수 있는 매개다. 당신이 선택하는 특정한 유통 경로는 또한 이상적인 고객이 당신의 메시지를 어디에서 가장 잘 들을 수 있을 것인지를 결정한다. 다음은 기본적인 유통 경로 일곱 가지다.

- 직접 판매
- 대리점 판매
- 전화 판매
- 우편 판매
- 온라인 판매
- 소매 유통
- 이벤트 판매

당신 회사는 이들 가운에 하나 혹은 그 이상을 활용할 것이다. 각각은 모두 뚜렷하게 구별되는 특정한 의사소통 전략을 필요로 한다.

내가 '텔레커뮤니케이션즈 터미널 시스템스'에 합류했을 때를 예로 들어 보자. 이 회사는 대서양 연안에서 태평양 연안까지 모두 아우르는 전국적인 조직의 전화 회사가 되고자 했다. (그 이전에는 그런 회사들은 지방 단위에서만 활동했었다.) 나는 직접 판매 방식으로는 이 목표를 결코 달성할 수 없다는 사실을 알았다. 그래서 판매 대리점 방식을 택하기로 결정하고 전국 규모의 대리점 조직을 만들었다. 지역 차원의 서비스를 제공하는 대리점을 활용해서 나의 팀은 목표를 달성했다. 이 회사가 아주 짧은 기간 동안 6000만 달러의 매출액을 달성하는 데 중심적으로 기여했던 것이다.

이상적인 고객의 여러 특성들을 알아내는 작업이 기억날 것이다. 이것을 바탕으로 해서, 위에서 예로 들었던 척추 지압사가 그랬던 것처럼 당신 자신이 고객이 되었다고 상상해라.

이들은 어디에 있는가? 이들이 당신이 제공하는 제품이나 서비스를 구매하고자 하는 바람이나 필요성을 느낄 때, 이들은 무엇을 하고 있는가? 이들이 보내는 낮 생활은 어떻고 밤 생활은 어떤가? 이들은 어떤 잡지를 읽는가? 이들이 습관적으로 찾는 매체는 무엇인가? 만일 당신이 하는 사업이 기업을 상대로 하는 것이라면, 당신의 고객들은 정보를 수집하고 추세를 따라잡기 위해서 어떤 경제 관련 매체를 활용하는가?

이상적인 고객의 모든 일상생활을 염두에 둔 채로 일곱 가지 유통 경로를 찬찬히 살펴라. 그리고 어느 것이 당신의 고객에게 가장 잘 맞는지, 다시 말하면 어느 유통 경로를 선택할 때 당신의 마케팅 메시지가 고객에게 가장 잘 전달될 수 있을지 결정해라.

사례 연구 :
이중 구조의 프랜차이즈 모델

우리가 맨 처음 기업 컨설팅 회사 설립을 계획할 때, 우리는 처음부
터 우리가 전 세계의 사업가들의 삶에 영향을 미치고자 한다는 사실
을 잘 알고 있었다. 또한 장차 회사가 아무리 커진다 하더라도 고객
과의 직접적인 접촉 및 이를 통한 질 높은 접촉의 경험을 계속 유지
해야 한다는 것도 잘 알고 있었다. 이 사업을 생각해 낸 순간 우리는
목표를 달성하기 위한 이상적인 유통 경로가 무엇일지 생각하기 시
작했다.

선택은 결코 쉽지 않았고 금방 이루어지지도 않았다. 여러 가지
대안들이 많이 있었기 때문이다. 예를 들면 각 지역에 지국을 세운
다음에 샌디에이고에 있는 본부가 이 지국들을 통제하는 직접 판매
라는 방식을 택할 수도 있었다. 혹은, 역시 직접 판매 방식이긴 하지
만, 서던캘리포니아 대학교처럼 대규모 시설을 지은 다음에 교육 프
로그램들을 마련해서 지역의 고객뿐만 아니라 전 세계의 고객들을
상대할 수도 있었다. 또는, 다른 조직들 혹은 기관들에 독점적인 허
가권을 내줄 수도 있었다. 이밖에도 우리가 생각한 대안들은 많았
다. 하지만 그 어떤 것도 확실하다 싶은 생각이 들지 않았다.

우리는 온갖 다양한 유통 경로 및 모델을 검토하면서 여러 달을
보냈다. 그리고 마침내 우리가 원하는 결과나 경험과 완벽하게 들어
맞는 모델은 단 하나밖에 없다는 결론을 내렸다. 그것은 일종의 대

리점 형태인 프랜차이즈 방식이었다. 우리가 추구하는 열정적이고 헌신적인 고객 서비스 경험을 지역 차원에서 창출하기 위해서는 그 지역에서 우리를 대표해 줄 수 있는 조직이 필요했다. 중앙 본부 차원에서는 결코 획득할 수 없는 지역의 독특한 특성과 경제적 조건 및 기타 측면들을 이해하는 지역 인사들이 필요했다. 우리는 전 세계의 수천 명을 우리 회사의 정식 직원으로 고용할 수도 있었다. 하지만, 본부에서 물리적으로나 심리적으로 멀리 떨어져 있는 지역에서 직원 자격으로 일하는 사람들이, 자기 지역에서 우리에게 프랜차이즈 수수료를 지불하면서 자기 사업을 하는 사람보다 더 적극적이지는 못할 것이라고 판단했기 때문에 그 방안은 포기했다.

우리는 이중 구조의 프랜차이즈 모델을 활용하기로 결정했다. 약 100개 정도의 마스터 프랜차이즈(우리는 이들을 '지역 소유주'라고 불렀다)가 있고 이들이 다시 1500개 정도의 지역 프랜차이즈(가맹점)를 개발하고 지원하는 구조였다. 그렇지만 당시에 이런 방식의 프랜차이즈 형태는 서서히 사라지는 추세였다. 본사에 떨어지는 수익이 더 적은 구조이기 때문이다. 하지만 수익 일부를 포기하더라도 우리에게는 딱 들어맞는 방식이었다. 브랜드, 교육 모델의 통일성 그리고 지역 차원에서 고객이 경험하는 서비스의 질에 대한 지배권을 좀 더 많이 확보함으로써 장기적인 비전을 튼튼하게 받쳐 주기 때문이었다.

이 프랜차이즈 모델 덕분에 우리는 우리가 가지고 있는 핵심적인 능력에 초점을 맞추어서 집중할 수 있었다. 고도로 개발된 우리의 기술과 능력은 훈련, 판매, 마케팅, 관리 그리고 인프라 등의 여러 영역 속에 존재한다. 직접 판매라는 경로로 동일한 목표를 달성하려면 관리자가 100명이고 전체 직원이 1000명이나 되는 회사를 만들어야 했다. 그리고 이렇게 할 경우 우리가 하는 일은 엄청나게 산만하고 혼란스럽게 될 터였다. 프랜차이즈 방식이 우리로서는 최고의 유통 경로였다. 우리에게 맞는 것은 이것 말고는 없었다.

우리는 각 지역의 가맹점을 통제하는 프로그램을 개발하고 실시했다. 그리고 집행 역량을 점차 키우면서 관련 경험을 차곡차곡 쌓았다. 1년 뒤, 33개 국가에서 3000개 이상의 사업체가 합류했다. 그런 다음에도 우리는 가맹점을 계속 늘려갔다. 그리고 각 지역의 가맹점에 대한 통제 장치가 적절하게 자리를 잡을 때까지 다시 1년이 걸렸다. 그래서 우리 회사가 창립 2주년을 맞을 즈음에는 다시 말해서 우리의 프로그램을 충분히 시험할 수 있는 기간이 지나고 나자, 프랜차이즈 권리를 처음에는 국내적으로 그리고 나중에는 국제적으로 팔 수 있게 되었다. 그리고 계획대로 우리는 처음 열 개 지역에 그 권리를 팔았으며, 그러고도 우리는 줄곧 꾸준하게 성장하고 있다.

올바른 마케팅 전략을 선택하라

이제 어디로 가면 이상적인 고객에게 접근할 수 있는지 알았기 때문에 어떤 마케팅 전략을 구사해서 당신의 메시지를 이들 고객에게 전달할 것인지 살펴볼 차례다. 여러 가지 마케팅 전략을 소개하면 다음과 같다.

- 광고(텔레비전, 라디오, 인쇄물)
- 구매 시점point of purchase, POP과 판매 시점point of sale, POS
- 기업 홍보
- 단골 고객 프로그램
- 바터
- 선전 간판
- 어피니티 마케팅(친한 사람들을 중심으로 전개하는 마케팅 – 옮긴이)
- 옥외 매체
- 이벤트 마케팅
- 인터넷
- 입소문
- 자매 회사
- 직접 마케팅
- 카탈로그 마케팅
- 특정 장소 매체
- 프로모션과 제휴 프로모션

선택할 수 있는 가짓수가 정말 많다! 다행하게도 이 모든 전략을 다 구사하지 않아도 된다. 사실 유통 경로의 경우와 마찬가지로, 당신이 놓인 상황에서 이들 가운데 한두 가지만이 비용이나 고객의 반응이라는 측면에서 두드러지게 효과적이다. 그리고 당신이 확보한 여러 정보를 바탕으로 할 때 선택은 훨씬 쉬울 것이다.

어린이집의 경우 가장 합당한 마케팅 방법은 직접 마케팅이다. 고객 목록을 입수한 다음, 특정한 인구통계학적 정보를 사용해서 이 목록을 한층 더 정교하게 다듬을 수 있다. 우리의 고객이 집에서 가족과 함께 생활한다는 점에 착안해서, 어린이집을 중심으로 해서 반경 8킬로미터 안에 있는 대상으로만 한정해도 마케팅 대상은 한층 줄어든다. 여기에서 가계소득 7만 달러 이상과 어린 자녀가 있는 대상으로 추리면 마케팅 대상은 다시 줄어든다. 이렇게 해서 최종 정리된 대상 집단은 비록 규모는 작지만 응답 가능성이 매우 높다. 따라서 이들에게 다이렉트메일DM(소비자에게 직접 우송하는 광고 인쇄물 - 옮긴이)을 발송한다 하더라도 비용은 그다지 많이 들지 않는다.

고객에게 다가갈 전략을 마련했으니 이제 남은 건 전술 계획을 짜는 일이다.

올바른 마케팅 전술을 선택하라

이상적인 고객에게 다가가는 전략을 다이렉트메일로 정했으므로, 이제 이 전략을 보완할 수 있는 전술적인 행동 계획을 결정하기만 하면 된다. 유통 경로 선택은 잠재적인 고객을 '어디에서' 찾을 것인가 하는 문제고, 전략 선택은 그 고객에게 다가가기 위해서 '무엇을' 할 것인가 하는 문제며, 전술 선택은 구체적으로 '어떤 방법'을 사용할 것인가 하는 문제다.

- 유통 경로 = 어디서
- 마케팅 전략 = 무엇을
- 마케팅 전술 = 어떻게

다이렉트메일을 고려할 때 선택할 수 있는 양식이 여러 가지 있다. 광고 편지가 될 수도 있고 팸플릿이 될 수도 있고 또 엽서가 될 수도 있다. 광고 편지를 수신자가 읽어 주기만 한다면 효과가 있다. 하지만 오늘날에는 그럴 가능성이 높지 않다. 사람들은 대부분 광고 편지임을 확인하는 순간 바로 쓰레기통에 던져 버리기 때문이다.

그렇다면 팸플릿은 어떨까? 팸플릿도 우편 봉투에 넣지 않은 채로 보낼 수 있는 것이라면 효과가 있을 수 있다. 하지만 여기에도 문제가 있다. 팸플릿 역시 광고물임을 쉽게 알 수 있어서 잠재적인 고객에게 제품이나 서비스에 대한 정보를 제공하기도 전에 쓰레기통으로 직행할 가능성이 높다.

그리고 이들 다양한 종류의 우편물은 비용면에서도 제각기 다르다. 얼마를 지출해야 할지 결정하기 전에 우리는 사람들이 너무도 쉽게 무시해 버리는 한 가지 요인을 고려할 필요가 있다. 이 내용은 다음 절에서 계속 이어진다.

당신 고객의 생애 가치

마케팅 활동을 시작하기 전에 여기에 들어가는 비용과 여기에서 비롯되는 이득을 따져 봐야 한다는 사실은 잘 알고 있을 것이다. 그런데 이때의 이득을 정확하게 평가하려면 고객에 대해서 한 가지 결정적인 정보를 알 필요가 있다. 그것은 바로 고객의 생애 가치lifetime value(고객이 평생 어떤 기업에 얼마나 기여하는지를 가격 수치로 나타낸 값 - 옮긴이)다.

생애 가치란, 당신이 어떤 고객과 관계를 맺는 동안 그 고객이 올려 줄 것이라 기대하는 매출액과 수익을 금액으로 환산한 가치다. 만일 이상적인 고객의 생애 가치를 안다면 당신은 엄청나게 유리하다. 이 정보가 있을 때 마케팅 비용을 훨씬 정확하고 생산적으로 산정할 수 있으며, 잠재적인 고객의 관심을 끌어내는 일이나 마케팅 관련 의사 결정을 내리는 일이 훨씬 쉬워진다. 생애 가치는 또한 각각의 고객을 획득하기 위한 노력에 얼마나 많은 돈을 지출할 수 있을지 미리 정확하게 알 수 있게 해준다. 그리고 미래의 현금 흐름의 양상도 훨씬 정확하게 예측할 수 있게 해준다.

이 수치를 알지 못할 때, 한 기업의 마케팅 노력은 잘못되거나 성급한 정보를 바탕으로 의사 결정을 내림으로써 허둥대기만 하다가 실패하기 쉽다. 그리고 이런 결정은 자칫 기업을 파멸의 구렁텅이로 몰고 가기도 한다. 생애 가치에 따른 현금 흐름 상황을 알지 못한 채 마케팅 활동을 하는 것은, 모든 비행사가 비행을 하기 전에 반드시 쓰도록 되어 있는 비행 계획서도 쓰지 않은 채 비행하는 것이나 마찬가지다.

사례 연구 :
신규 고객 확보 비용

우리와 함께 일했던 잭 루에드는 카탈로그로 가정용 장식용품을 판매하는 회사를 위해서 일한 적이 있었다. 이 회사는 고객 확보 비용을 어떤 고객이 처음 구매하기 직전까지 이 고객에게 들어간 비용으로 철저하게 제한해서 계산했다.

"이 회사는 고객의 생애 가치는 전혀 고려하지 않았습니다. 그랬기 때문에 이 회사는 어떤 고객이 처음 자기 회사의 상품을 샀을 때 이 거래에서 얻은 이익보다 많은 돈을 고객 확보 차원에서 이 고객에게 투자하는 것이 장기적으로 훨씬 수익성이 높은 전략이라는 생각은 전혀 하지 않았던 겁니다."

하여 잭이 제안한 대로 이 회사는 고객 확보 전략을 채택하고 신규 고객마다 15달러씩 '손해를 봐가면서' 투자하기 시작했다.

"그런데 이렇게 한 지 1년이 되어갈 무렵에 단골 고객의 수가 얼마나 늘어났던지 총매출액이 800만 달러나 늘어났습니다. 달리 한 것도 없이 그저 고객의 생애 가치에 주목해서 고객 확보 전략을 조금 바꾸었을 뿐인데 말입니다."

변화를 꾀한 지 3년 만에 이 카탈로그 회사의 매출액은 네 배로 늘어났다.

고객의 생애 가치를 계산하는 법

고객의 생애 가치를 계산하는 법은 간단하다. 우선 이 고객의 '생애 매출액life revenue'을 계산해라. 생애 매출액은 이 고객이 평생 동안 당신 회사에 올려 줄 매출액이다. 미국에서 평균적인 소비자는 5년에 한 번씩 이사를 한다. 5년에 한 번은 한 회사의 판매력이 닿지 않는 곳으로 이사를 간다는 전제하에, 통상적으로 충성도가 높은 고객의 생애를 5년으로 바라본다. 당신이 하는 사업의 특수성을 고려할때 고객의 생애는 10년이 될 수도 있고 석 달이 될 수도 있다. 이 판단은 당신이 알아서 하면 된다.

자, 그런데 당신이 어떤 제품을 소매가 100달러에 판매하고 당신의 고객은 이 제품을 세 달에 한 번씩 (다시 말하면, 1년에 네 번씩) 산다고 치자. 고객의 생애를 5년으로 치면 이 고객의 생애 매출액은 100×4×5=2000달러다. 생애 매출액을 구하고 나면 이 매출액을 발생시키는 데 들어간 모든 비용을 빼라. 여기에는 전체 상품에 대한 비용과 이 고객을 확보하는 데 들어간 판매 및 마케팅 비용까지모두 포함한다.

당신이 파는 100달러짜리 그 제품의 생산 및 인도에 들인 비용이

10달러라고 치자. 당신의 고객은 총 20회에 걸쳐서 이 제품을 구매하기 때문에 당신이 부담한 전체 비용은 200달러다. 그리고 이 고객을 확보하기 위해서 판매 및 마케팅 비용을 90달러 지출했으며, 또 5년 동안 이 고객과 의사소통하는 데 500달러를 지출했다고 치자. 그렇다면 전체 비용은 200＋90＋500＝790달러다. 그러면 이 고객에게서 발생하는 '생애 수익life profit'은 2000－790＝1210달러가 된다.

그런데 이 수치가 왜 중요할까? 당신이 이 고객의 생애 가치를 알지 못한 채 마케팅 관련 결정을 내린다면, 아무것도 보이지 않는 깜깜한 어둠 속에서 총을 쏘는 것이나 마찬가지기 때문이다. 아무것도 보이지 않는 데서는 아무리 총을 쏘아도 기적이 일어나지 않는 한 원하던 목표물을 맞힐 수 없다.

계속해서 위에서 들었던 사례로 이야기하겠다. 그 100달러짜리 제품을 팔면서 당신은 그 제품의 생산비가 10달러이고 그 고객을 확보하는 데 90달러가 들었다는 사실을 알고 있다. 이 첫 번째 거래에서 당신은 본전을 하는 셈이다. 그런데 이 고객을 위해서 마케팅 비용을 그렇게 지출할 가치가 있을까? 이 수치만 놓고 본다면 전혀 그럴 가치가 없다. 어쨌거나 딱 본전이고 이익을 남기지 못했으니까 말이다. 그래서 이 고객을 상대로 하는 마케팅 활동을 중단해야겠다는 마음을 품을 수도 있다. 하지만 그렇게 했다가는 엄청난 기회를 놓치고 만다.

고객의 생애 가치를 알고 있을 때는 이야기가 완전히 달라진다. 설령 첫 번째 거래에서 본전을 했다고 하더라도 그 고객을 상대로 꾸준하게 마케팅 활동을 하면 결국 1210달러의 이익을 남길 수 있음을 알 수 있기 때문이다. 거의 공짜나 다름없는 가격으로 제공되는 휴대전화 판매에서 생애 가치의 효과는 유감없이 발휘된다. 약정 기간 동안 발생하는 통신료 매출액이 휴대전화 할인 금액을 보충하고도 남기 때문이다.

게다가 매출액이 늘어날수록 회사의 시장 가치도 그만큼 늘어난다. 몇몇 산업 분야에서는 기업의 연매출액이 두 배로 늘어났을 때 기업의 가치가 5배, 10배 심지어 30배까지 늘어난다. 다시 말해 만일 당신 회사의 연매출액이 10만 달러 늘어날 경우 회사의 기업 가치 또한 늘어나며, 만일 회사를 팔 경우에는 300만 달러를 더 받을 수 있다는 말이다.

광고의 홍수를 돌파하라

마케팅 전략을 결정하고 나면 그 다음에는 소비자에게 전달하는 메시지를 예리하게 다듬어서 이들이 전화를 걸거나 웹사이트에 들어가서 혹은 매장에서 당신 회사의 상품을 살 수 있도록 충격을 주어야 한다.

그런데 어떤 마케팅 담당자든 모두 직면하는 문제가 하나 있다. 잠재적인 고객들은 수많은 마케팅 메시지의 홍수에 빠져 있다는 점이다. 미디어가 한껏 발달한 오늘날 우리는 무지막지하게 쏟아지는 광고 메시지에 아침에 눈을 떠서 밤에 잠들 때까지 하루 종일 노출되어 있다. 유튜브와 SNS, 라디오, 신문, 이메일, 웹사이트, 지하철역 플랫폼과 지하철 차량 안 그리고 심지어 게임에서조차 광고 메시지들은 우리의 눈을 사로잡고 귀를 파고든다. 또한 슈퍼마켓의 과일이나 한적한 산책로에서조차 광고 메시지들이 기를 쓰며 우리의 관심을 사로잡으려고 한다. 그리고 이런 광고의 홍수는 지금 이 순간에도 점점 더 규모가 커지고 있다.

소비자들은 너무도 많은 마케팅 메시지를 접한다. 그래서 이들의 핫버튼을 건드리지 않는 메시지들은 대부분 아무런 흔적도 남기지 않고 사라지고 만다. 당신은 지금까지 이 책을 읽으면서 잠재적인 고객이 누구인지, 그들이 가장 절박하게 원하는 것이 무엇인지 그리고 당신 회사가 이것을 어떻게 만족시킬지 정확하게 알아내려고 시간과 노력을 들였다. 이 모든 것이 전략적이고도 정밀하게 대상을 설정한 광고 메시지로 이상적인 고객의 마음을 사로잡아서 거래를 유도하기 위함이다.

이 목적을 달성하기 위해서 전문 카피라이터를 고용하는 것은 충분한 가치가 있는 투자다. (어떤 전문직이든 마찬가지겠지만 카피라이터라는 전문직 역시 모든 사람들이 다 똑같은 역량을 가지고 있지는 않다. 그러므로 함께 일해 본 사람들이 강력하게 추천하는 사람을 선택하는 게 중요하다.) 하지만 전문 카피라이터를 고용하든 아니면 당신이 직접 광고 문안을 작성하든 간에 효과적인 마케팅 메시지를 얻어야 한다.

광고의 홍수를 돌파하는 마케팅 공식

효과적인 마케팅 문안은 다음 요소를 갖추고 있다.

- 독자의 관심을 사로잡고 또 계속 붙잡는다.
- 잠재적인 고객에게 충분히 매력적인 '정보'를 줘서 적절한 판단을 내릴 수 있게 한다.
- 명쾌하고 위험도가 낮아서 따라오기 쉬운 다음 단계를 제시해서 잠재적인 고객이 행동을 취할 수 있게 한다.

그런데 고객이 취하는 그 '다음 단계'의 행동이 반드시 신용카드를 꺼내서 당신의 상품을 사는 게 아니라는 점을 분명히 알아야 한다. 전화를 걸어서 더욱 많은 정보를 알려고 한다거나, 시험 삼아서 한번 써볼 테니 무료 제공을 해달라고 하거나, 혹은 소매점을 직접 방문해서 상품을 확인할 수도 있다. 어떤 경우에서든 당신은 이 고객이 실질적으로 당신 회사의 상품을 구매하는 구체적인 다음 단계의 행동을 하도록 자극해야 한다.

그것이 바로 광고의 홍수를 돌파하는 마케팅 공식이다.

"사로잡고·계속 붙잡고·정보를 제공하고·제안하라."

비록 우리가 여기에서는 이 공식을 증명하기 위해서 글로 쓴 문안의 사례를 들지만, 사실 이 공식은 인쇄물 형태의 광고 외에도 SNS, 유튜브, 팸플릿, 전단지, 시연회, 웹사이트, 이메일, 쿠폰 등 모든 마케팅 소재에서도 사용될 수 있고 또 그래야 한다.

사로잡아라

광고 메시지가 무엇보다 가장 우선적으로 해야 할 일은 잠재적인 고객의 관심을 사로잡는 것이다. 이 일은 보통 관심을 끄는 '제목'으로 처리한다.

광고에서 제목은 다른 어떤 부분보다 중요하다. 광고의 제목에 끌리지지 않는 고객은 내용이 아무리 좋다 하더라도 그 내용을 읽지 않는다. 만일 제목이 역할을 해내지 못하면, 광고의 나머지 부분은 시간과 노력과 돈을 쓸데없이 낭비하는 데 기여할 뿐이다.

인쇄물 광고에서 제목의 활자체는 가장 크다. 그렇기 때문에 시선이 맨 먼저 간다. 라디오 광고에서 제목은 청취자가 가장 먼저 듣는 말이다. 매체가 무엇이든 간에 모든 마케팅 메시지는 제목에서부터 시작한다. 그리고 이 제목은 잠재적인 고객의 관심을 사로잡아야 한다. 그것도 효과적이고 즉각적으로.

또한 관심을 사로잡는 제목은 수많은 마케팅 담당자 혹은 사업가가 전혀 생각하지 않는 결정적인 기능을 수행한다. 이상적인 고객에게는 당신 회사의 상품을 구매할 자격을 부여하고 그렇지 않은 사람에게는 자격을 박탈하는 기능이다. 잘 쓴 제목은 당신의 제품이나 서비스를 필요로 하거나 원하는 사람들만의 관심을 사로잡는다. 그렇지 않은 사람들이야 당신의 광고에 관심을 가지든 말든 아무 상관이 없다.

당신은 이미 12장에서 이상적인 고객의 특성을 규정함으로써 이 사람들이 필요로 하는 것과 원하는 것이 무엇인지 파악했다. 그리고 13장에서 다시 더 나아가, 핫버튼 개념을 적용해서 그 바람과 필요성을 더욱 정교하게 다듬고 또 그것들에 집중하는 방법도 익혔다. 그런데 이 모든 것이 사실은 제목을 뽑아내는 데 필요한 원재료들이다.

예를 들어서 당신이 운영하는 어린이집이 2세에서 5세 사이의 어린이를 전문적으로 돌본다고 하자. 그리고 또 같은 지역에 있는 다른 어린이집들의 경우에 교사와 어린이의 비율이 교사 한 명에 어린이가 약 열 명이라고 치자. 이때 이상적인 고객의 핫버튼은 자기 아이가 교사로부터 더욱 집중적이고 지속적인 관심을 받는 것이다. 하여 당신은 혁신을 꾀한다. 교사의 수를 늘려서 교사 한 명에 어린이 다섯 명이 되도록 하는 것이다.

이제 당신은 그 핫버튼과 혁신 내용을 원재료로 사용해서 관심을 사로잡는 제목을 만들 수 있다. 예를 들면 다음과 같이 된다.

"지금 당신의 아이를 맡고 있는 어린이집이, 당신의 아이를 사람이 아니라 숫자로 바라본다고 느끼지 않습니까?"

다시 말하지만 제목은 전체 광고 문안에서 가장 큰 활자로 드러내야 한다. 그래야 읽는 사람이 무엇부터 먼저 읽어야 하는지 정확하게 알아차린다.

계속 붙잡아라

당신은 잠재적인 고객의 관심을 사로잡았다. 좋은 소식이다. 하지만 나쁜 소식이 기다리고 있다. 그 고객의 관심은 겨우 2초밖에 지속되지 않는다는 점이다. 2초라는 짧은 시간이 흐르고 나면 잠재적인 고객의 관심은 떠나 버리고 만다. 고객은 미디어의 홍수 속에 살고 있다는 사실을 명심해야 한다. 단순히 고객의 관심을 사로잡는다고 해서 당신의 메시지가 고객에게 제대로 전달되지는 않는다. 당신이 사로잡은 관심은, 광고의 홍수를 돌파하는 마케팅 공식을 주의 깊게 따르지 않는 한, 곧 당신을 뿌리치고 떠나 버리기 때문이다.

잠재적인 고객의 관심을 일단 사로잡은 뒤에는, 그가 읽는 다음 내용이 이 관심을 '계속해서 붙잡고 있도록' 해야 한다. 이것이 바로 '부제목'이 할 일이다. 제목은 만찬석상에서 축배를 제안하기 전에 다른 사람들의 관심을 사로잡으려고 숟가락으로 잔을 두들기는 행위다. 부제목은 축배를 제안하는 당신의 짧은 연설 가운데 맨 앞부분을 차지하는 말이다. 당신의 이상적인 그러나 잠재적인 고객이 산만한 느낌으로 손목시계를 바라보면서 다음과 같이 말한다고 상상해보자.

"아, 좋아요. 내 관심을 사로잡았으니까 10초 시간을 드리죠. 나한테 말하고 싶은 게 뭐죠? 제발 빨리 그리고 간단하게 끝내줘요. 나는 다른 볼일도 많은 사람이거든요."

부제목이 갖추어야 할 요소는 분명하다. 그것은 바로 '상품 구매의 의사 결정과 관련된 결정적인 정보'를 제공함으로써, 이 사람이 당신의 제품이나 서비스에 기울인 관심을 지속시키는 것이다. 다른 말로 하면, 제목이 가한 충격을 바탕으로 해서 독자가 다음 내용을 더 읽고 싶은 마음이 들도록 제목에 구체적인 살을 붙이는 것이다.

예를 들면 이렇다.

"당신의 아이가 개인적이고, 자상하며, 따뜻한

일 대 일의 관심을 받을 수 있는 어린이집이 있습니다."

부제목은 전체 광고 문안에서 두 번째로 큰 활자로, 제목 바로 아래 또는 바로 뒤에 나타난다. 그렇기에 모호한 구석이 조금도 없어야 한다. 광고 문안을 읽는 사람의 눈이 어디로 가는지 정확하게 알아야 한다.

정보를 제공하라

광고 메시지를 전달할 공간을 어느 정도 확보하고 나면, 제목과 부제목이 한 약속을 보장하는 방식과 관련된 중요하고도 혁신적인 정보를 제공해야 한다. 이것은 바로 전체 광고 문안 가운데서 가장 긴 부분을 차지하는 '본문'이 담당할 몫이다.

만일 당신이 법정 변호사라면 제목과 부제목은 모두 진술이 될 것이고, 소송 내용의 쟁점과 관련된 증거 제시는 본문에 해당된다. 당신이 제시하는 본문은 당신의 어린이집이 최선의 선택이라는 사실로 잠재적인 고객을 설득해야 한다. 그런데 이때 그저 단순하게 당신이 최고라고 말하는 것만으로는 충분하지 않다. 그 사실을 '입증해야' 한다.

본문에서는 단순하게 '당신의 어린이집이 가지고 있는 특성'이 아니라 '그들이 얻고자 하는 이득'을 강조해야 한다. 사업가들이 가장 자주 범하는 실수이자 가장 커다란 실수는 고객이 얻을 수 있는 이득이 아니라 자기 상품의 특성에 초점을 맞추는 것이다.

잠재적인 고객은 모두 자기에게 가장 유리한 거래를 하려고 한다. 이것은 매우 중요한 사실이다. 하지만 가장 유리한 거래라는 것은 고객이 '가격이 가장 싼 상품'을 바란다는 뜻이 아니다. '가치가 가장 높은 상품'을 원한다는 뜻이다. 그러므로 광고 문안의 본문에서는 잠재적인 고객에게 당신의 제품이 가지고 있는 높은 가치를 '수정처럼 선명하게' 드러내는 일이 무엇보다도 중요하다. 앞의 몇 개 장^章에서 당신이 실제로 해본 작업들이 중요한 것도 바로 이런 이유 때문이다. 만일 당신이 이상적인 고객의 여러 특성들을 알지 못한다면 그리고 이 고객의 핫버튼을 알지 못한다면 그리고 또 당신이 적절한 혁신을 하지 않았다면, 마케팅 메시지에 담을 메시지로 어떤 정보가 적절한지 도무지 파악하지 못할 것이다.

다시 어린이집 사례로 돌아가자면, 어린이집을 운영하는 사람으로서 당신은 당신의 어린이집에서 교사 한 사람에 대한 어린이의 비율이 같은 지역의 다른 어린이집들에 비해서 절반밖에 되지 않는다는 사실을 강조하고자 할 것이다. 경쟁자들의 악의적인 공격을 받지 않기 위해서라도 어린이집 사업과 관련해서 당신이 혁신을 실현했다는 정보를 부모들에게 정확하게 알리고자 할 것이다. 더 나아가서, 이런 혁신 내용이 과연 사실인지 다른 어린이집에 문의를 해보라는 말까지 할 수도 있다. 그리고 광고 문안의 지면이 허락한다면,

어린이집 사업 분야에서 당신이 실현한 또 다른 개혁적인 조치들도 소개하고 강조할 수 있다.

여기에서 조심스런 선택을 해야 한다. 비록 광고 본문이 전체 광고 문안에서 가장 긴 부분이긴 하지만, 어쨌거나 광고 문안에 속한다는 사실을 명심해야 한다. 팸플릿이나 소책자 혹은 카탈로그가 아니다. 당신은 모든 정보가 다 소중하다고 느낀다. 그래서 이런 정보들을 가능하면 많이 담고 싶다. 하지만 이런 유혹에 빠져들면 안 된다. 자, 이제 여기까지 당신은 잠재적인 고객의 관심을 사로잡고 또 계속 붙잡았다. 하지만 세상에 넘쳐나는 광고의 홍수는 여전히 이 고객의 소매를 붙잡고 끌어당긴다. 그렇기 때문에 그 고객을 하루 종일 붙잡고 있을 수는 없다. 당신에게 허락된 시간은 길어야 1~2분뿐이다.

제안하라

모든 마케팅 메시지는 '매력적인 제안'으로 끝맺어야 한다. 유튜브든, SNS든, 인쇄물 광고든, 텔레비전이나 라디오의 방송 광고든, 시연이든 혹은 웹페이지 광고든, 형식이나 포맷이 무엇이든 간에 모든 광고는 매력적인 제안으로 끝맺어야 한다.

왜 그럴까? 그렇게 하지 않을 경우 잠재적인 고객 100명 가운데 99명은 그냥 가버릴 것이기 때문이다. 이들은 당신이 '지금 당장' 어떤 행동을 취하라고 요구하지 않는 한, 그리고 그렇게 해야 할 마땅한 이유를 제시하지 않는 한 어떤 행동도 취하지 않는다.

당신의 제안이 담고 있는 목적은 잠재적인 고객이 행동을 취하도록 하는 것, 단 하나뿐이다. 그렇기 때문에 이 제안 단계를 흔히 '행동을 부르는 단계'라고도 말한다. 매력적인 제안에는 잠재적인 고객이 판매 과정의 다음 단계, 즉 행동을 취하는 단계로 넘어가도록 유도하기 위해서 위험이 전혀 없거나 있어도 조금밖에 없어야 한다.

만일 가격이 낮거나, 적정한 수준의 제품이나 서비스를 판다면 고객의 다음 행동 단계는 이 상품을 구매하는 것이다. 하지만 가격이 비싼 상품일 경우에는 관련 정보를 좀 더 알아보는 게 다음 행동 단계가 된다. 고객에게 권장하는 훌륭한 방법은 관련 정보를 무료로 제공한다고 제안하는 것이다.

잠재적인 고객이 전화나 인터넷으로 관련 자료를 요청하면 당신은 고객과 관련된 정보를 우선 포착한다. 만일 고객이 곧바로 당신의 제품이나 서비스를 사지 않는다 하더라도 일련의 추가적인 매력적인 메시지들을 사용해서 계속해서 의사소통을 이어갈 수 있다. 이 과정 역시 앞서 제시한 공식을 따라야 하며, 물방울이 바위에 구멍을 낼 수 있다는 믿음을 가지고 끈질기게 이어가야 한다.

지금까지 설명한 네 단계를 쉽게 정리하면 다음과 같다.

- 1단계. 사로잡아라 : 제목
- 2단계. 계속 붙잡아라 : 부제목
- 3단계. 정보를 제공하라 : 본문
- 4단계. 제안하라 : 행동을 제안

지금까지 몇 개 장*들을 통해서 우리는 가상의 어린이집을 사례로 사용해 왔다. 하지만 이 사례는 가상의 사례가 아니다. 몇 년 전에 어린이집을 운영하던 사람이 우리에게 도움을 청했고, 우리는 지금까지 당신에게 설명했던 전체 과정들을 이 고객과 함께 실시했다. 이 고객이 운영하는 어린이집이 어떻게 되었을지 궁금할 것이다. 물론 아주 커다란 성공을 거두었다. 이 어린이집은 해당 지역에서 최고의 어린이집으로 군림하며 시장을 지배했다.

만일 이 책을 읽는 당신이 어린이집 사업을 한다면, 당신의 어린이집이 동네의 작은 어린이집에 지나지 않든 수십억 달러 규모의 대형 기업이든 상관없이, 당신 역시 우리의 도움을 받았던 고객과 마찬가지로 성공을 기대할 수 있다.

16장
크게 생각하라

크게 생각하는 사람은 '가끔씩' 아름다운 꽃향기를 맡기 위해 발길을 멈추지 않는다. 사실 가끔씩이 아니라 '늘' 그렇게 한다.

당신은 끌어당김의 법칙, 잉태의 법칙, 행동의 법칙 그리고 보상의 법칙을 앞에서 이미 배웠다. 소망하는 사업을 어떻게 선명한 비전으로 만들어 내는지, 그리고 이 비전과 이것과 연관된 여러 믿음을 어떻게 무의식적인 뇌의 발전소에 각인시키는지 이미 배웠다. 또한 이상적인 고객을 규정하고, 혁신을 단행하는 방법을 배웠다. 여기에 강력한 USP를 마련하고 효과적인 마케팅 활동을 수행하기 위한 이상적인 기준을 선택함으로써, 문제의 그 비전을 실천적인 전략과 전술로 옮기는 방법 또한 배웠다. 이제 당신은 일련의 전략적인 계획 도구들도 확보했다. 갭 분석, 매출 계획서, 판매 프로세스 지도 그리고 고객의 생애 가치 등이 이런 도구들에 포함된다.

과연 이 모든 것들만 있다면 성공이 보장될까? 당신은 성공을 거둘 수 있다는 확실한 대답을 할 수 있는가?

아니, 아직은 절대 아니다. 한 가지 결정적인 요소가 남아 있다. 정확하게 정의를 내리기 가장 어렵지만, 그럼에도 불구하고 다른 모든 요소들을 하나로 결합하는 가장 본질적인 요소다. 마지막 장章에서 다루고자 하는 내용이 바로 이 부분이다.

만일 완벽한 생일 축하 케이크를 만드는 제조법을 당신이 알고 있다고 치자. 더욱이 이 제조법은 오랜 세월에 걸쳐서 검증된 것이라고 치자. 그런데 당신이 이 제조법을 열두 사람에게 제시하며 각자 제조법대로 케이크를 만들라고 한다고 치자. 물론 이 사람들에게는 모두 최고 시설의 주방이 제공된다. 과연 이들이 만든 열두 개의 케이크가 모두 완벽할까? 물론 그렇지 않을 것이다. 몇 개는 완벽할 것이고, 또 몇 개는 완벽하지는 않더라도 훌륭한 수준일 것이고, 한두 개는 실패작일 것이다. 제조법이 아무리 완벽하다 하더라도 케이크를 만드는 과정에서 언제나 변수로 작용하는 존재가 있다. 바로 '케이크를 만드는 사람'이다. 이 사람은 언제나 동일하지 않기 때문에 변수로 작용할 수밖에 없다.

'사람'이야말로 특별한 요소다. 결코 '몇 숟가락'이나 '몇 분' 혹은 '섭씨 몇 도' 따위로 측정할 수 없는 가장 특별한 요소다. 그리고 성공한 모든 사업가들이 공통적으로 가지고 있는 요소가 있다. 그것은 바로, 이들은 '특정한 방식'으로 생각한다는 점이다. 이 사람들은 특정한 방식으로 집중하고 또 특정한 방식으로 행동한다.

그렇다면 놀라운 성공을 가져다주는 특별한 요소는 무엇일까? 바로 '크게 생각하는 것'이다. 이 장에서는 크게 생각한다는 것에는 어떤 뜻이 담겨 있는지 살펴볼 생각이다.

크게 생각하면
큰 그림이 보인다

나와 존은 1980년에 처음 만났다. 어떤 티 파티 자리였는데, 그때 우연하게 옆자리에 앉았다. 우리는 금방 뜻이 맞았고 몇 시간 동안 쉬지 않고 이야기를 나누었다. 그 다음 주에도 다시 만나서 다시 또 길게 시간을 보냈다. 우리는 서로에게 가장 좋은 친구가 되었고, 그때 이후로 줄곧 가까이 접촉하며 지금까지 살아왔다. 그런데 각자의 사업 경험을 비교하면서 흥미로운 사실 하나를 발견했다. 비록 서로의 스타일과 접근법이 매우 다르긴 했지만, 핵심적인 몇 가지 원칙에서는 놀랍도록 비슷했던 것이다. 각자의 뇌가 매우 다르게 작동함에도 불구하고 본질적인 차원에서 우리는 같은 방식으로 생각했다.

존은 사람의 뇌가 어떻게 작동하며 또 인간이 삶과 사업에서 자신의 실체를 어떻게 창조하는지 깨우치는 데 많은 노력을 기울였다. 존은 탐구를 한 끝에 마침내 이 책 3장에서 끌어당김의 법칙, 잉태의 법칙 그리고 행동의 법칙이라고 설명한 내용을 파악했다. 나는 어떤 사업이 성공했을 때 이 사업을 성공으로 이끈 요소들로 어떤 것들이 있는지 또 이 요소들은 어떻게 상호 작용하는지 규명하는 데 노력을 기울였다. 그래서 나는 10장에서 '비전', '집중' 그리고 '행동'이라고 설명한 내용을 파악했다. 경로는 서로 달랐지만 결론은 같았다. 모든 것은 비전에서 시작한다는 것이다.

크게 생각하는 사람은 자기가 무엇을 하든 그리고 자기가 어떤 과정에 놓여 있든 상관하지 않고 큰 그림을 바라본다. 이들은 사업 전체를 하나의 조각 퍼즐 맞추기로 바라본다. 그래서 각각의 조각 그림을 개별적인 그림으로도 바라보지만, 이와 동시에 그 조각 그림이 포함된 좀 더 큰 그림 혹은 나아가 전체 그림과의 연관성도 함께 바라본다. 이들은 자기들이 현재 어디에 있는지 그리고 자기들이 가고자 하는 지점은 어디인지 언제나 정확하게 알고 있다. 그 간극을 메우는 데 어떤 것들이 필요한지 선명하게 파악한다는 말이다.

이것만이 아니다. 크게 생각하는 사람은 유연하다. 그래서 조금이라도 오차가 생기면 목표를 수정해야 한다는 걸 잘 이해한다. 25년 뒤에 일이 어떻게 될지 당신은 모른다. 알 수가 없다. 하지만 꾸준히 다가갈 그리고 도달할 수 있는 어떤 목표를 설정할 수 있다. 이 목표를 달성하고 나면 그 다음 목표를 설정하고, 그 목표를 달성하고 나면 다시 또 다음 목표를 설정할 수 있다.

이들은 자기들이 어디로 가고 있는지 언제나 정확하게 인식한다. 설령 그 목표 지점으로 어떻게 가야 할지 모르는 상황이라 하더라도 목표 지점만은 정확하게 인식한다. 이들은 자기의 용어와 의지로 규정할 수 없는 대상은 성취할 수 없음을 알고 있다. 그렇기 때문에 성공이 자기들에게 어떤 의미가 있는지 정확하게 규정하기 위해서 엄청난 노력을 기울인다.

이들을 움직이는 것은 열정이지 분위기나 돈이 아니다. 크게 생각하는 사람들은 자기들이 하는 일에 대해서 무조건적으로 열정적이다. 이들은 돈이 성공이 아니며 단지 성공에 따라붙은 부산물이라는 것을 안다. 이들은 자기가 하는 일에 정말 미친 듯한 열정을 보이면 돈은 저절로 생긴다는 것을 안다. 일을 처음 시작할 때나 어려움을 만나서 힘겹게 투쟁할 때 이런 말을 믿기란 매우 어렵다. 하지만 그럼에도 불구하고 믿어야 한다. 크게 생각하는 사람들은 반지하 월세방에 살면서 종잣돈을 마련하려고 이리 뛰고 저리 뛰면서도 크게 생각한다.

크게 생각하는 사람들은 자기 태도를 통제함으로써 실패의 두려움을 극복한다. 이들은 마음속에 있는 그림들에 대한 통제력을 잃지 않음으로써 자기 태도를 통제한다. 성공한 사업가 가운데는 '비전보드'라는 말을 들어 본 적도 없고 이런 생각을 해본 적도 없는 사람들이 많다. 하지만 비록 이들이 '비전보드'라는 단어를 쓰지는 않았지만, 이들은 모두 하나같이 어떤 방식으로든 두뇌 재조정의 노력을 기울였다.

물론 이들 역시 다른 사람들과 마찬가지로 시련과 패배와 실망을 경험한다. 하지만 마음속의 그림들을 통제하기 때문에 일시적인 기분의 변덕스러움에 휘둘리지 않는다. 또한 이들은 실패의 위험을 기꺼이 무릅쓰기만 하면 성공할 것임을, 커다란 위험을 감수하지 않으면 커다란 성공도 얻을 수 없음을 알고 있다. 크게 생각하는 사람들은 통이 크다. 이들은, 성공했을 때 자기들의 삶에 충분히 큰 충격을 줄 수 있는 일에만 관심을 기울인다. 소소한 몇 개의 승리를 거두려고 커다란 희생을 치르는 것은 이들에게 아무런 의미가 없다. 커다란 승리가 아니면 도전할 가치가 없다고 보기 때문이다.

크게 생각하는 사람들은 집중한다

크게 생각하는 사람들은 줄곧 집중된 상태를 유지한다. 이들은 자기들이 설정한 여러 목표를 단순화시켜서 한꺼번에 많은 것을 얻으려고 하지 않고 거기까지의 과정을 수많은 단계로 잘게 쪼갠 다음에 한 단계씩 이루어 나간다. 이 작은 단계들을 모두 밟아 나가면 결국엔 성공의 정점에 다다를 수 있다는 것을 알고 있기 때문이다. 이들은 비록 마음속에는 커다란 그림을 품고 있지만 결코 서두르지 않는다. 또, 일련의 작은 성공을 거둘 때의 경험이 가지는 가치를 결코 소홀히 여기지 않는다.

크게 생각하는 사람들은 뛰어나게 잘할 수 있는 분야에 모든 노력을 집중한다. 잘하지 못하는 분야에서 시간과 노력을 낭비하지 않는다. 성공하는 데 필요하지만 갖추지 못한 능력이 있다면, 이 능력을 가지고 있는 최고의 인재들을 자기 곁으로 불러들인다. 사업가들은 대부분 "내가 다른 사람들로부터 도움을 받으면서 지불할 수 있는 최소치가 얼마일까?"라고 묻지만, 크게 생각하는 사람들은 이와는 반대로 "최고의 인재들로부터 도움을 받기 위해서 우리가 지불할 수 있는 최대치가 얼마일까?"라고 묻는다. 최고의 인재들을 주변에 포진시키면 성공은 이미 떼놓은 당상이라고 생각하는 것이다.

크게 생각하는 사람들은 자기가 팔고 싶은 것이 아니라 고객이 원하는 것에 초점을 맞추고 집중한다. 이들은 고객의 입장에 서서 고객에게 좋은 건 무엇이든 다 한다. 자기가 만드는 상품의 종류가 무엇이든 혹은 어떤 산업 분야에 속하든 상관없이 이들은 고객이 원하는 것을 알아내려고 고객과 끊임없이 접촉한다.

이뿐만이 아니다. 이들은 최고 수준의 고객들을 찾는 일에 집중한다. 평범한 고객 열 명을 확보하는 것보다 최고 수준의 고객 한 명을 확보하는 게 더 낫다는 걸 알고 있다. 최고 수준의 고객 한 명은 입소문을 퍼트리며 매출액을 크게 높여 주지만, 평범한 고객 열 명은 오히려 사업을 피곤하게 할 수도 있기 때문이다. 그리고 한 단계 더 나아간다. 이들은 고객의 기대에 단지 부응하는 데 그치지 않고 이것을 뛰어넘는 것이 성공의 토대임을 알고 행동한다.

크게 생각하는 사람들은 판매 및 마케팅이 사업의 핵심임을 알고 있다. 무언가를 팔지 못한다면 아무것도 아니다.

크게 생각하는 사람들은
행동한다

크게 생각하는 사람들은 반드시 가장 똑똑한 사람도 아니며 아는 게 가장 많은 사람도 아니며 또 해당 분야에 관한 경험과 솜씨가 가장 많고 좋은 사람도 아니다. 이들이 다른 사람들과 다른 점은, 일단 어떤 결정을 내리고 나면 그 결정에 따라서 행동을 취할 용기를 가지고 있다는 것이다. 똑똑하고 아는 게 많지만 두려움 때문에 행동으로 나서지 못하는 사람들이 수없이 많다. 크게 생각하는 사람들은 두려움을 이기는 유일한 수단이 행동하는 것임을, 그리고 두려움이 아무리 크다 하더라도 행동으로써 두려움을 돌파해 들어가면 결국 두려움을 이기고 만다는 사실을 알고 있다. 자기가 진정으로 믿는 것을 향해서 전심전력의 행동을 취할 줄 아는 것이다. 다음은 크게 생각하는 사람들의 행동 패턴이다.

첫째, 실수를 통해서 교훈을 얻으며 계속 앞으로 나아간다. 이들은 실수는 당연히 흔히 있는 일이며 실수를 통해서 무언가를 배울 수 있고, 때로는 실수를 해야만 소중한 교훈을 얻을 수 있음을 알고 있다.

둘째, 에너지가 넘치며 놀랄 만큼 열심히 그리고 많이 일한다. 이들은 성공하려면 개인적인 희생을 치러야 함을 이해하기 때문에 하루 24시간 모두를 일에 바치는 것도 두려워하지 않는다. 특히 초기에 많은 노력을 투자하면 결국 나중에 개인적으로나 재정적으로 커다란 보상이 돌아온다는 것을 알고 있다.

셋째, 꾸물거리거나 일을 뒤로 미루지 않는다. 꾸물거리거나 일을 뒤로 미룰 때 성공은 그만큼 멀리 달아난다는 것을 안다. 대부분의 사람들이 일단 자금을 모으고 나서 혹은 적절한 인재를 확보하고 나서 행동에 나서겠다고 말하지만, 크게 생각하는 사람들은 이런 경로를 따르지 않는다. 이들은 행동을 취해야 할 가장 적절한 시기가 어떤 생각을 떠올린, 다시 말해서 자기들이 어떤 것이 이루어지길 가장 원하는 '바로 지금'임을 알고 있다. 사업에 성공한 사람과 그렇지 않은 대부분의 사람들 사이의 유일한 차이는, 성공한 사람은 '더 나은 시기'로 미루지 않고 곧바로 행동을 취한다는 점이다. 지금보다 더 나은 시기는 결코 오지 않음을 알고 있기 때문이다.

넷째, 끈기가 있다. 우리는 거의 빈털터리로 북아메리카에 이민을 와서 10~20년 만에 엄청난 성공을 거둔 사람들 이야기를 많이 알고 있다. 이들은 교육의 수준이나 인맥이란 점에서 훨씬 불리했음에도 불구하고 커다란 성공을 거두었다. 어떻게 이렇게 할 수 있었을까? 기회를 알아보고 끈기 있게 일에 매달렸으며, 성공 가능성에 집중하고 또 실패의 가능성을 마음속에서 지웠기 때문이다.

다섯째, 의식 속에 실패라는 개념이 들어설 여지를 두지 않는다. 이 사람들에게 '실패'는 외계의 단어다. 사실, 사업을 하게 되면 실패할 확률이 높다. 처음 사업을 시작해서 5년을 넘기지 못하고 손을 들고 항복하는 경우가 전체의 95퍼센트나 된다. 이들 또한 이런 통계치를 알고 있지만 무시한다.

여섯째, 자기 권한과 책임을 위임할 줄 안다. 사업을 처음 시작하면 해야 할 일이 무척 많다. 생산, 설계, 법무, 재정, 판매, 마케팅, 고객 지원 등등 수도 없이 많다. 회사가 점차 커질 때 사장은 자기가 여전히 그 모든 것을 '혼자' 해야 한다는 잘못된 생각에 빠지기 쉽다. 이는 매우 위험하고, 때로는 치명적으로 작용하는 발상이다.

회사를 세워서 순조롭게 출발한 사람들 가운데 결국 자기 일을 적절하게 다른 사람들에게 위임할 줄 몰라서 실패하고 마는 사람들이 많다. 억만장자가 억만장자일 수 있었던 비밀은 바로 남에게 위임할 줄 아는 능력이다. 당신 주변에 당신이 찾아낼 수 있는 최고의 인재들을 포진시켜라. 그리고 그 사람들이 자기 식대로 일하게 해라. 그리고 한 발 더 나아가서, 명예와 공을 혼자 독차지하지 말고 그 사람들과 함께 나누어라. 이럴 때 그 사람들은 더욱더 헌신적으로 일하게 된다.

세계에서 가장 큰 성공을 거둔 기업의 역사를 연구해 보라. 그러면 창업자나 최고경영자가 하는 가장 현명한 행위가 기업이 부닥친 특정한 위기 상황이나 혹은 국면의 전환이 필요할 때 거기에 맞는 인재를 영입했던 일임을 알 수 있을 것이다. 이들은 '자기 자신의 방식'에서 벗어나는 법을 알고 있었다. 크게 생각하는 사람들은 사업의 규모가 커지면 자기 권한을 위임하는 법을 배우고, 다양한 능력과 기질을 가지고 있는 사람들을 모아서 팀을 꾸리는 법을 배운다.

사실 위임은 어떤 사람이 혼자서 회사를 꾸려 나갈 때 훨씬 더 필요한 요소다. 회사의 최고책임자인 당신은 회사의 특정한 업무를 회사 바깥의 누군가에게 언제 위임해야 할지 분명하게 알아야 한다. 그래야 당신이 더욱 생산적인 활동에 집중할 수 있기 때문이다.

마지막으로 크게 생각하는 사람들은 본능적인 통찰력을 따르는 경향이 있다. 하지만 이들은 '검증과 확인'을 대단히 중시한다. 이들은 자기 주변을 신뢰하는 사람들로 포진시킨다. 그리고 이 집단의 도움을 받아서 자기의 판단과 본능적인 통찰력을 확인한다.

크게 생각하는 사람들은
일을 합리적으로 나눈다

사업의 규모가 커지면 어떤 분야나 지역의 권한과 책임을 동업자, 중역, 또는 직원에게 위임하거나 회사 바깥으로 외주를 주는 등의 선택을 해야 한다. 당신이라면 어떻게 하겠는가? 상황마다 모두 다르다. 그리고 회사의 규모라든가 당신이 확보하고 있는 여러 가지 가용 자원의 규모 따위의 고려해야 할 요소들도 많이 있다. 하지만 여기에도 중심적인 지침은 있다. 이 지침은 다음 질문을 던진다. 이 분야 혹은 지역이 당신의 사업에 중심적인 가치를 지닌 것인가? 이 것이 당신 회사의 정체성을 구성하는 한 부분인가? 당신이 하는 일의 핵심적인 부분인가?

당신이 당신만의 독특한 힘과 능력을 가지고 있듯이 회사도 마찬가지로 그렇다. 만일 당신 회사가 당신에게는 없는 어떤 기술을 필요로 한다면 이 기술을 가지고 있는 사람을 고용하면 된다. 어떤 특정 지역을 관할하는 부서 하나를 신설해서 중역 한 사람에게 그 부서를 책임지게 할 수도 있다. 하지만 이와 달리, 당신 회사에 반드시 필요한 일이지만 회사의 내부 인력으로 수행하기에는 벅찬 일들이 있을 경우에는 외주로 돌리는 게 더 현명할 때도 있다. 회계, 제조, 특수 마케팅 활동(예를 들면 미디어 관련 활동이나 기업 홍보 혹은 텔레마케팅), 디자인 등이 보통 이런 일이다.

크게 생각하는 사람들은
도움을 청한다

어떤 회사든 더는 성장 곡선이 위로 뻗어 나가지 못하는 정체 지점에 도달할 때가 있다. 이 경우 회사는 한계에 부닥쳐서 더는 나아가지 못할 것처럼 보인다. 특정 단계에서 우리를 가로막는 장애물은 무엇일까? 이것은 앞서 7장에서 했던 질문과 동일한 것이다. 즉, 사업이 정체 상태에 빠져들었을 때, 원인은 흔히 '우리 자신'에게 있는 경우가 많다. 이런 일이 발생하면 도움을 청해야 한다.

크게 생각하는 사람들은 남에게 도움을 청하는 것이 자기 자신의 한계를 넘어서서 앞으로 나아갈 수 있는 매우 중요한 방법임을 알고 있다. 이들은 도움을 필요로 할 때 도움을 청하는 것을 두려워하지 않는다. 왜냐하면 다른 사람들의 경험과 예측과 지식에 의존할 때 자신의 폭이 그만큼 더 넓어진다는 것을 알기 때문이다.

도움을 구하는 것은 두 가지 방식으로 나타날 수 있다. 이 두 가지 방식 모두 당신의 사업에 결정적인 힘을 실어 준다. 첫째, 외부의 사람들을 영입해서 당신 자신은 능력이 부족해서 직접 수행할 수 없는 과제들을 대신 수행하게 한다. 이 경우는 당신에게 도움이 필요하다는 사실을 당신이 아는 경우다. 하지만 당신에게 도움이 필요한지 당신이 알지 못하는 분야에서도 당신은 도움을 청할 수 있다. 물론 여기에서의 과제는 당신에게 도움이 필요한지 알지 못하면서 도움을 청하는 것이다. 자기에게 취약한 영역들이 있다는 사실을 전혀 모르고 있을 때 이 부분에 대한 도움을 어떻게 청할 것인가?

해답은 이렇다. 일단 그런 영역들이 있다고 가정하라. 결정적일 정도로 중대한 무지의 영역이 당신에게 있다는 사실을 완전히 배제할 필요가 없다. 그 영역이 어떤 영역이든 간에 당신이 부족한 그런 영역이 어쨌거나 있다는 것을 알고 나서, 이 영역이 어떤 영역인지 찾아내고 문제를 바로잡아 달라고 도움을 청해라.

함께 일하는 동업자가 이 역할을 어느 정도까지는 해줄 수 있다. 예를 들어, 우리 두 사람은 너무도 확연하게 달라서 각자 상대방이 미처 바라보지 못하는 부분을 잘 포착해서 지적해 준다. 하지만 동업자라는 존재의 한계는 그 역시 회사의 한 부분이기 때문에 회사 바깥에 있는 사람보다 객관성이 떨어진다는 점이다. 따라서 멘토나 코치나 마스터마인드 그룹(두뇌 협력 집단)의 객관성이 필요하다.

이 두 번째 범주에 속하는 사람들은 당신의 학습에 커다란 도움을 주며, 그러지 않았다면 도저히 확보할 수 없었을 온갖 자원들을 당신에게 제공한다. 특히 중요한 사실은, 당신 혼자서는 본 적이 없었던 것들을 보게 도와주며, 또한 당신 혼자서는 도저히 이룰 수 없을 정도로 훨씬 큰 성과를 이룰 수 있게 해준다는 점이다. 우리는 여태까지의 경험을 통해서 멘토나 코치 혹은 마스터마인드 그룹이 기업의 흥망성쇠를 좌우했던 사례들을 숱하게 보았다. 사실 우리는, 당신의 성공을 기원하는 멘토, 코치 혹은 마스터마인드 그룹을 확보하는 것이야말로 당신 자신의 비전에 초점을 맞추고 당신 뇌 속의 여러 생각들을 통제하는 능력 다음으로 중요하다고 믿는다.

도움의 두 가지 방법

도움이 필요한 줄 아는 당신을 돕는다	도움이 필요한 줄 모르는 당신을 돕는다
동업자	멘토
직원 채용	코치
위임	마스터마인드 그룹
아웃소싱	파트너

크게 생각하는 사람들에게는 멘토가 있다

크게 생각하는 사람들은 멘토를 찾아서 도움말을 청한다. 성공에 이르는 열쇠 가운데 하나는 이미 자기들이 원하는 것을 이룩한 누군가를 역할 모델로 삼는 것임을 이들은 잘 알고 있다.

　때로 사람들은 엉뚱하게 잘못된 곳으로 가서 도움말을 들으려 한다. 예를 들어서 회계사, 대학교수, 변호사 등에게 조언을 구한다. 그런데 이 사람들은 높은 수준의 교육을 받고 많은 지식을 가지고 있을지는 몰라도 성공한 사람일 수도 있고 아닐 수도 있다. 만일 성공한 사람이라면 이들의 의견은 가치가 높다. 그리고 만일 이들의 전문적인 도움말이 순수하게 이론적이기만 하다면, 이런 사실을 염두에 두어야 한다.

　크게 생각하는 사람들은 일단 상당한 정도의 성공을 거두고 나면 기꺼이 다른 사람들을 이끌어 주는 멘토가 되고자 한다. 이런 사람들에게 가서 도움말을 들어야 한다. 당신도 성공한 중견 사업가가 되면 깨우친 것을 다른 사람들에게 나누어 주겠다는 마음이 들 것이다.

크게 생각하는 사람들에게는
코치가 있다

만일 단체 구기 운동을 해본 적이 있다면 코치가 어떤 사람인지 잘 알 것이다. 코치는 당신의 팀이 경기에서 이기게 하겠다는 의지를 가지고서, 그 구기 운동의 전문가 관점에서 당신 팀의 구성원들에게 각자 임무를 부여하고, 또 각 구성원들이 맡은 바 임무를 다해서 목표를 달성할 수 있도록 지도하고 다그치는 권위를 가진 사람이다.

한때는 운동 경기에만 코치가 존재하던 때가 있었다. 하지만 지난 20년 동안 경영을 포함한 수많은 분야에서 코치라는 개념이 새로이 등장했다.

전형적인 지도자-피지도자 관계 속에서 코치와 당신은 정기적으로 (예를 들면 한 주에 한 번) 만나서 의견을 나눌 것이다. 때에 따라 인터넷이나 전화 및 기타 방식으로 일주일 내내 만날 수도 있다. 그리고 당신은 코치에게 보수를 지급할 것이다. 사업을 통해서 경제적 자유를 얻고 남들과 다른 특별한 삶을 살고자 하는 사람에게는 누구나 코치가 필요하다고 말해도 결코 과장이 아니다. 우리는 강력한 코치의 존재가 사업가에게는 매우 중요하다고 확신했기 때문에, 각자 하던 일을 정리하고 함께 회사를 설립해서 최소한 수백만 명이나 되는 사업가, 전문직 종사자들에게 전문적인 컨설팅을 해주겠다고 나섰다. 우리는 고객들에게, 사업을 하면서 코치를 초빙할 때 가장 좋은 점이 무엇인지 물었다. '펀더멘탈 피트니스'의 수전 토마스는 다음과 같이 말한다.

"코치를 초빙함으로써, 회사가 성장하는 데 절대적으로 필요했던 부분들에 내가 집중할 수 있도록 엄청난 도움을 줄곧 받을 수 있었습니다. 나로서는 도저히 감당할 수 없을 것처럼 보이는 문제들이 발생할 때마다, 코치들이 나서줬습니다. 나 혼자서 문제의 본질을 파악하려면 몇 달이 걸릴지도 모를 일을 코치들에게 전화로 이야기하면, 이들은 불과 30초 만에 파악하곤 했습니다."

'캐나다 고위 자문 아카데미'의 론다 라트레일은 회사에 어려운 일이 생길 때 기대고 상의할 수 있는 사람이 있다는 것만으로도 엄청난 도움이 된다고 말한다.

"회사 하나를 경영한다는 것은 매우 고독한 일입니다. 특히 회사가 어려울 때, 어디서부터 어떻게 문제를 풀어 나가야 할지 전혀 알 수 없을 때는 더욱 그렇습니다. 새벽에 악몽에 시달리다 깨어나서, 아무리 해도 난관에서 벗어날 수 없다는 절망적인 생각이 엄습할 때, 당신이라면 어떻게 하겠습니까?

그런데 전화 한 통화만으로 내가 잘되기만을 원하는 사람들에게서 도움말과 격려를 받을 수 있다는 것은 정말 축복입니다. 코치들이 나를 도우려고 온갖 애를 쓴 적이 한두 번이 아니었습니다. 그들은 여러분의 회사 구조 안에서는 도저히 얻을 수 없는 것을 제공합니다. 회사를 경영하면서 수준 높은 지원을 받을 수 있다면 적극적으로 활용하는 것도 좋은 방법입니다."

크게 생각하는 사람들은 마스터마인드 그룹을 활용한다

뛰어난 많은 사업가들이 삶과 사업에서 의사 결정을 할 때 마스터마인드 그룹을 활용해 왔다. 마스터마인드의 생각은 정부의 내각에서처럼 권력과 권위를 갖춘 사람들 사이에서의 공동 실천을 반영한다. 이런 발상이 유명하게 되고 또 성공을 거둘 수 있었던 것은 나폴레옹 힐이 《생각하라, 그러면 부자가 되리라》에서 강조했던 '마스터마인드' 덕분이다.

마스터마인드를 지탱하는 원리는 단순하다. 이 원리를 힐은 다음과 같이 설명했다.

"두 사람이 모여서 의견을 내놓으면 언제나 예외 없이 눈에 보이지 않고 손으로 만질 수 없는 제3의 힘이 형성된다."

두 사람이 의견을 모으면 혼자 하는 것보다 낫고, 다섯 사람이나 여섯 사람이 의견을 모으면 훨씬 더 나아진다.

실질적으로 도움이 되는 마스터마인드 그룹의 규모는 아홉 명까지 가능하다. 하지만 우리가 보기에 여섯 명이 가장 적당한 것 같다. 우리는 보통 한 주에 한 번씩 전화로 90분 동안 모임을 가진다. 처음 약 5분 동안에는 모임의 목적을 환기하고 지난번 모임 이후로 한 주 동안 있었던 일들을 간략하게 보고한다. 그 다음에는 그날 모임의 회장(회장은 돌아가면서 한 번씩 맡는다)이 그날의 의제를 큰 소리로 읽는다. 그 다음에는 차례로 한 사람씩 10분 정도씩 자기의 문제에 초점을 맞추어서 말하며 다른 사람들에게 제안이나 도움말 혹은 자료를 요청한다. 그리고 마지막 5분이나 10분 동안 정리를 한다.

마스터마인드 그룹에 초대할 사람을 선정할 때는 당신과 비슷한 수준의 능력을 갖춘 사람들을 선택하는 게 좋다. 하지만 구성원들의 성향은 다양할수록 좋다. 하지만 절대로 언제나 "네."라고만 말하며 당신과 생각하는 방식이 같은 사람을 찾아서는 안 된다. 당신이 처한 상황을 타개하는 방안으로 당신이 전혀 생각도 하지 못했던 특이

한 관점을 내놓는 사람이 당신에게는 필요하다.

회의가 시작되면 구성원 각자가 다른 사람들이 쉽게 이해할 수 있도록 자기 의제를 드러내야 한다. 당신의 목표는 무엇인가? 현재 당신이 진행하는 일에서 어떤 것을 창출하고 싶은가? 당신에게 정말 중요한 것은 무엇인가? 당신이 가장 절실하게 필요로 하는 것은 무엇이고, 당신이 가장 소중하게 여기는 가치는 무엇인가. 모인 사람들끼리 더욱 많은 사항들을 공유할수록, 더욱 빠르게 진행될 것이다. 우리가 경험한 바로는 서너 차례 모임을 가지고 나면 그 다음부터 이 집단은 원활하게 돌아간다. 이런 경험은 당신 사업에 기초가 된다. 가능하면 빨리 시작해라. 그리고 가능하면 더욱 조심스럽고 철저하게 해라. 그러면 성과가 나타날 날도 그만큼 빠르게 다가올 것이다.

마스터마인드 그룹을 어떻게 운영할까?

우리가 경험한 바로는 매번 모임 때마다 선명한 의제를 미리 정해 놓는 게 중요하다. 그리고 시간을 재는 사람을 따로 임명해 두는 것도 중요하다. 시간을 재는 사람이 어떤 발언자에게 할당된 시간이 끝났다고 말하면, 그 사람의 발언은 거기에서 끝난다. 만일 전체 구성원이 발언자에게 자기 생각을 마무리할 수 있도록 1~2분 더 시간을 주자고 하면 그렇게 할 수 있지만, 그렇지 않으면 그 발언자의 발언은 거기에서 끝난다. 이렇게 하는 게 전화로 하는 회의를 원활히 돌아가게 한다.

브레인스토밍과 마찬가지로 "그건 좀 웃긴다, 말도 안 돼."와 같은 부정적인 코멘트가 나오기 쉽다. 생산적인 분위기를 유지하려면 상대방이 한 발언을 긍정적으로 인식하고 또 그렇게 코멘트를 하는 게 중요하다. 어떤 코멘트가 나올 때마다 "이게 우리 모임에 도움이 될까?" 하는 질문을 자기 자신에게 하는 버릇을 들이는 것도 이런 분위기를 형성하는 좋은 방법이다. 만일 당신이 어떤 사람이 한 발언의 생각에 동의하지 않거나 혹은 다른 사람이 무슨 말을 했는지 잘 알아듣지 못했을 때는 말을 분명하게 다시 해달라고 요청해라.

마스터마인드 그룹이 활성화되게 하는 열쇠는 전력을 다해서 열심히 하는 것이다. 마스터마인드 그룹은 당신이 하는 사업이나 당신 자신에게 그 어떤 것보다 강력한 영향력과 도움을 줄 수 있다. 각자 양자장의 무한한 지성으로 연결되어 있는 여섯 개의 뇌가 하나로 합쳐져 있다는 것 자체가 놀라울 정도로 어마어마한 자원을 구성원 각자가 활용할 수 있다는 뜻이다. 마스터마인드 그룹을 통해서 연대를 한 덕분에, 각자 개인의 힘만으로는 도저히 열 수 없었던 문이 우리 앞에 활짝 열렸다는 사실을 참고하기 바란다.

가상 마스터마인드

또 다른 유형의 마스터마인드가 있다. '가상 마스터마인드virtual mas-termind'다. 이것은 역사 속에 존재하는 위대한 지도자와 스승들을 선택해서 이들을 상대로 가상의 모임을 가지며 이들에게서 영감과 지도를 받는 것이다. 얼핏 들으면 허구적인 상상에 지나지 않을 것처럼 비칠지도 모른다. 하지만 상상력이라는 게 얼마나 강력한 힘을 발휘하는가. 우리의 뇌는 무한 지성의 무한한 자원에 접근할 수 있는 능력을 가지고 있다. 그리고 자기 자신의 가상 마스터마인드를 만든다는 것은 바로 이렇게 할 수 있는 매우 강력하고도 극단적으로 효과적인 방법이다.

존 아사라프의 가상 마스터마인드에 참가하는 인물은 마하트마 간디, 마틴 루터 킹 주니어, 존 F. 케네디 그리고 앤드루 카네기이다. 그가 이 사람들을 택한 이유는 다음과 같다. 간디는 모든 상황에 사랑과 열정을 가져다줄 수 있는 능력 때문에, 킹은 비전을 달성하기 위한 신념과 열정과 단호함 때문에, 케네디는 평정과 삶의 기쁨, 미래에 대한 비전, 지칠 줄 모르는 활력 그리고 커다란 지도력 때문에, 카네기는 박애적인 정신과 인간 활동 속에서 작동하는 우주 법칙들에 대한 이해 그리고 특히 기꺼이 나폴레옹 힐의 멘토가 되고자 한 그의 태도 때문에 선택했다.

새로운 이벤트를 마련하거나 새로운 전략을 개발하거나 혹은 새로운 도전을 맞이할 때 존은 텅 빈 방에 앉아서 몇 분 동안 명상을 하면서 마음을 정숙하게 한다. 그 다음에 이 네 사람의 모습을 차례로 한 명씩 떠올리고 이들의 지성이 통합된 장場 안으로 들어간다. 그리고 맨 먼저 자기가 직면해 있는 문제를 질문 형태로 제기함으로써 '토론'을 시작한다.

"당신들이라면 이 문제를 어떻게 처리하시겠습니까? 이런 상황에서는 어떻게 하는 게 좋겠습니까?"

그러고는 자기가 감지하는 모든 지도 지침들을 받아들인다. 그는 이 가상 마스터마인드 그룹과 상담할 때마다 늘 혼자 생각해서는 도저히 얻을 수 없었을 통찰력을 얻곤 했다.

크게 생각하는 사람들은
더욱 풍족한 삶을 추구한다

크게 생각하는 사람들이 생각하는 방식과 관련된 마지막 공통점이 남았다. 다른 어떤 것보다 중요한 사항이라고 할 수 있는데, 그것은 바로 단지 사업에 크게 성공하기를 원하는 게 아니라 '매우 풍족한 삶'을 바란다는 점이다.

사람들은 때로 성공한 사업가들을 일 중독자로 바라보는 경향이 있다. 이들은 길을 가다가 아름다운 꽃을 보고도 발길을 멈출 줄 모른다고 생각하는 것이다. 하지만 크게 생각하는 사람들은 그렇지 않다. 크게 생각하는 사람은 '가끔씩' 발길을 멈추고 아름다운 꽃에 얼굴을 가까이 대고 냄새를 맡지 않는다. 만약 당신이 진정으로 크게 생각하는 사람이라면, 아마도 당신은 아름다운 꽃을 볼 때마다 '늘' 발길을 멈추고 향기를 맡을 것이다.

기쁨을 주는 것이면 무엇이든 모두, 그리고 삶을 충만하게 해주는 것이면 무엇이든 모두 비전보드에 적어 넣어라. 우리는 당신이 가능하면 큰 꿈을 꾸기 바란다. 그리고 그 꿈을 현실에서 이루기 바란다. 하지만 이 꿈은 당신 자신이 스스로 규정하고 묘사하고 또 만들어 내야 한다. 당신의 목표가 오로지 비싼 자동차와 커다란 집이 되어서는 안 된다. 당신의 목표는 중요하다. 하지만 이 목표가 중요한 이유는 이 목표를 향한 여정이 가치 있도록 해주는 추구 대상이기 때문이다. 우리가 삶의 마지막 지점에 다다를 때 우리가 얻게 될 유일한 것은 우리의 경험, 다른 사람과의 관계 그리고 기억뿐이다. 우리 삶은 이런 것들이 종횡으로 엮여서 빚어진다.

크게 생각하는 사람들이 꿈꾸는 성공은 조화롭고 균형이 잡혀 있다. 이들은 삶에 다양한 차원이 존재한다는 사실을 이해한다. 그리고 이 '모든' 차원을 다 즐기고자 한다. 그렇기 때문에 이들은 커다란 성공을 거두었다 하더라도 돈에서만 행복을 구하지 않는다. 자식들과 함께 시간을 보낸다거나 배우자와 함께 산책을 즐긴다거나 따뜻한 불 옆에서 책을 읽는다거나 해변에서 모래로 성을 쌓는다거나 하는 삶 속의 아주 사소하고 소박한 것들 속에서도 커다란 기쁨을 느낄 줄 안다.

궁극적으로 말해서 성공이라는 것은 사업이나 경제적인 능력과 관련된 목적을 달성하는 게 아니다. 삶의 경험과 관련된 목적을 달성하는 것이다. 늘 꿈꾸던 일을 제대로 해보려는 진정한 목적은 당신이 되고자 하는 진정한 자아를 표현하려는 것이고 또한 이 자아를 지지하려는 것이다.

크게 생각하는 사람들의 10가지 습관

1. 큰 그림을 본다
2. 돈보다 열정으로 움직인다
3. 집중한다
4. 행동한다
5. 자기 권한과 책임을 위임할 줄 안다
6. 일을 합리적으로 나눈다
7. 도움을 청한다
8. 멘토와 코치가 있다
9. 마스터마인드 그룹을 활용한다
10. 더욱 풍족한 삶을 추구한다

에필로그
남은 인생을 어떻게 살 것인가

앞에서 살펴보았듯이 우리는 자신을 더욱 풍성하게 표현하기 위해서 성장을 추구하는 한편, 호메오스타시스를 유지하려고 한다. 성장을 추구하는 측면은 우리의 정신적인 부분이다. 그것은 더욱더 큰 '나'로서, 우리의 기원을 순수 의식의 양자장으로 재연결시키려 한다. 그러나 유기체적인 영역은 다르다. 이 부분은 무의식적인 뇌의 여러 작용을 반영해 현 상태의 보전을 목적으로 안정적인 평형 상태를 추구한다. 우리 안의 이 두 측면은 늘 긴장 상태로 줄다리기를 한다. 이 줄다리기의 목적은 다툼이 아니다. 이미 예전에 결정된 운명일 뿐이다.

사실, 안정적인 평형이라는 것은 환상일 뿐이다. 우리는 태어나고,

성장하고, 살아가며 또 이 삶의 육체적인 껍데기를 벗어던진다. 밤 하늘을 화려하게 수놓는 불꽃놀이처럼 우리의 삶은 우리의 생애 동안 다채롭게 빛을 내다가, 결국 우리가 태어난 땅으로 돌아간다. 셰익스피어의 희곡 《템페스트The Tempest》에 등장하는 인물인 프로스페로는 이런 사실을 다음과 같이 아름답게 표현한다.

"우리는 꿈으로 점철된 존재일 뿐이다. 우리의 변변찮은 삶은 온통 잠으로 둘러싸여 있나니."

인간은 언젠가 죽어 사라진다. 우리가 이 작은 행성에 머무는 시간은 우주의 시간에 비하면 극히 짧다. 영원히 변하지 않으려고 애쓰는 유기체의 영웅적인 노력은 충분히 이해할 만하다. 하지만 삶이 영원하지 않듯이 안정적인 평형이 순간적임을 우리는 처음부터 알고 있다. 에너지의 속성은 언제나 단 하나뿐이다. 변한다는 것이다. 우리는 늘 성장하고 있다. 혹은, 죽어가고 있다. 진정한 평형이라는 것은 존재하지 않는다. 변화의 파도가 잠시 유예된 순간에만 안정적인 평형이 있을 뿐이다.

헨리 데이비드 소로우는 《월든Walden》에서 다음과 같이 썼다.

"사람들은 대부분 조용한 절망의 삶을 살고 있다."

대부분의 사람들은 자기들이 이 줄다리기에 매달려 있다고 느낄 때 단순히 줄을 놓아 버리고 자기 보존과 평범에 묵종하는 길을 조용히 선택한다. 하지만 당신은 아니다. 당신은 놀랍고 특별한 성공을 거둠으로써 경제적 해방감과 개인적인 충족감으로 가득한 삶을 추구하는 예외적인 존재다. 당신은 변화를 이끌 수 있는 고삐를 손에 쥐고서 깊은 의미가 있으며 위대하고 영향력이 넘치는 삶을 만들겠다고 결심한 사람이다. 당신의 인생 행로는 변화와 평형 사이, 성장과 보존 사이, 그리고 새로운 지평과 '평균'이라는 안전 사이에서 벌어지는 줄다리기의 긴장을 느끼는 것이다. 이 속에서 당신은 자기 자신과 자기의 비전을 더욱 풍성하게 표현하려고 과감하게 혹은 무모하게 달려간다. 왜냐하면 비록 우리의 삶은 순간적일지라도 우리의 비전은 영원하기 때문이다.

이것이 바로 남은 당신의 인생이 지향하는 목적이다.

우리는 이 책을 다음 질문을 제기하는 것으로 맺을까 한다.

"당신은 당신에게 남은 삶을 어떻게 보낼 참인가?"

'남은 삶을 보낸다'는 표현에서 당신은 삶이라는 게 한정되어 있고 이것을 우리는 날마다 '소비한다'는 사실을 추론할 수 있을 것이다. 우리의 인생이라는 지갑 속에는 시간이 마치 지폐처럼 빼곡하게 들어차 있다. 그리고 날마다 경험하고 기억하는 것에 대한 대가로 이 시간의 지갑을 꺼내서 우리에게 남은 시간을 마치 지폐처럼 지불한다.

사람들은 매순간 무엇인가를 만들기도 하고 경험하기도 하는데, 여기에 대한 대가로 자기에게 남은 삶의 한 부분을 지불한다. 당신이 삶을 대가로 지불하면서 얻고 싶은 것은 무엇인가? 그 거래가 과연 가치가 있는가? 당신은 선택을 하게 된다. 아니, 사실은 선택을 해야만 한다. 숨을 쉴 때마다 당신이 보내 버리는 순간에 대한 대가로 어떤 것을 선택해서 취한다. 예를 들면 함께 남은 삶을 보내는 사람들이 그렇고, 남은 삶을 보내면서 하는 활동들과 생각들이 그렇고 또 그 경험들이 그렇다.

만일 당신이 어떤 사업을 성공으로 이끄는 데 소중한 삶의 순간들을 '소비'하겠다고 선택했다면, 거기에 '영원히' 주저앉지 마라. 그 사업을 당신의 가치와 목적을 완벽하게 표현하는 것, 다시 말해서 당신 자신을 완벽하게 표현하는 것으로 만들어라. 그 사업은 당신이 꿈꾸던 바로 그것이 되어야 한다. 당신이 늘 꿈꾸던 사업을 해라. 그리고 당신의 꿈이 현실에서 이루어지도록 해라. 놀라운 성공을 거둘 수 있도록 온몸을 던져라.

당신은 상상을 초월하는 온갖 도구와 자원을 가지고 있다. 무한한 정보와 지성과 지식의 양자 바다인 영점장을 가지고 있다. 끌어당김의 법칙, 행동의 법칙 그리고 보상의 법칙이라는 누구도 거부할 수 없는 보편적인 법칙들의 막강한 힘을 가지고 있다.

당신은 우주에서 가장 강력한 전자기적 미세 조정 장치인 뇌를 가지고 있다. 인간의 뇌가 무엇인가? 양자 우주의 무한한 지혜를 받아들여서 처리할 수 있는 무한한 능력을 가지고 있는 기관이 아닌가. 또 당신은 이 뇌를 이용해서 원하는 것은 무엇이든 실현할 수 있는 생각과 믿음과 사고방식을 만들어 내는 데 필요한 온갖 도구들도 가지고 있다.

당신은 늘 꿈꾸던 사업을 구체적으로 구상하고, 이 사업에 이상적인 고객들이 몰려들게 하고, 이 사업의 본질적인 가치와 USP를 분명하게 파악하고, 또 당신이 이상적으로 설정하고 있는 고객들을 향한 여러 유통 경로와 미디어를 통해서 이 가치를 매력적인 메시지와 연결하는 핵심적인 단계들을 이미 알고 있다.

그리고 또한 당신은 이 모든 단계에서 당신에게 도움을 주어서, 부족한 부분은 물론이고 의식적인 인식이 도달하지 못하는 부족한 부분까지 극복할 수 있도록 해주는, 이상적인 지지 집단을 형성하는 데 필요한 여러 열쇠들도 가지고 있다. 이뿐만인가? 당신은 크게 생각하는 사람들이 어떻게 생각하는지 알고 있다. 또한 당신의 커다란 생각에 목소리와 표현이라는 날개를 달아 주기 위해 필요한 여러 가지 도구들도 가지고 있다.

당신은 이미 해답을 가지고 있다. 이제 그 해답을 활용해라! 그리고 이 과정에서 당신이 기울이는 노력과 어려움을 우리에게 알려 주기 바란다. 우리는 언제든 당신 곁으로 달려갈 준비가 되어 있다.

옮긴이 이경식

서울대학교 경영학과와 경희대학교 대학원 국문학과를 졸업했다. 옮긴 책으로《문샷》《스노볼》《두 번째 산》《거짓말하는 착한 사람들》《신호와 소음》《소셜 애니멀》, 쓴 책으로《1960년생 이경식》《청춘아 세상을 욕해라》《나는 아버지다》외 다수가 있다. 오페라〈가락국기〉, 영화〈개 같은 날의 오후〉〈나에게 오라〉, 연극〈춤추는 시간 여행〉〈동팔이의 꿈〉, TV드라마〈선감도〉등의 각본을 썼다.

부의 해답

1판 1쇄 발행 2008년 12월 17일
2판 1쇄 발행 2022년 3월 2일
2판 5쇄 발행 2023년 8월 16일

지은이 존 아사라프, 머레이 스미스
옮긴이 이경식

발행인 양원석 **편집장** 김건희 **책임편집** 서수빈
디자인 필요한 디자인 **영업마케팅** 조아라, 이지원, 정다은, 백승원

펴낸 곳 ㈜알에이치코리아
주소 서울시 금천구 가산디지털2로 53, 20층(가산동, 한라시그마밸리)
편집문의 02-6443-8903 **도서문의** 02-6443-8800
홈페이지 http://rhk.co.kr
등록 2004년 1월 15일 제2-3726호

ISBN 979-89-255-7882-8 (03320)